欠发达山区可持续发展实现路径研究

黄春林　宋晓谕　高　峰　赵雪雁等　著

科学出版社

北　京

内 容 简 介

本书针对欠发达山区可持续发展面临的挑战与机遇,以国家可持续发展议程创新示范区云南省临沧市为案例区,按照理论梳理–进展评估–实现路径的逻辑轴线,利用多源数据评估欠发达山区可持续发展目标进展,剖析欠发达山区可持续发展目标间的权衡/协同关系,探索欠发达山区可持续发展目标实现路径,以期为推进全国乃至全球欠发达山区可持续发展提供借鉴。

本书可供高校、科研院所从事可持续发展理论研究和实践应用人员以及政府管理人员参考。

图书在版编目(CIP)数据

欠发达山区可持续发展实现路径研究/黄春林等著. —北京:科学出版社, 2024.7
ISBN 978-7-03-077043-1

Ⅰ.①欠⋯ Ⅱ.①黄⋯ Ⅲ.①贫困山区–区域发展–可持续性发展–研究–中国 Ⅳ.①F127

中国国家版本馆 CIP 数据核字(2023)第 219611 号

责任编辑:石 珺 / 责任校对:郝甜甜
责任印制:徐晓晨 / 封面设计:无极书装

科学出版社 出版
北京东黄城根北街 16 号
邮政编码:100717
http://www.sciencep.com
北京九州迅驰传媒文化有限公司印刷
科学出版社发行 各地新华书店经销
*
2024 年 7 月第 一 版 开本:720×1000 1/16
2024 年 7 月第一次印刷 印张:14 1/2
字数:278 000
定价:188.00 元
(如有印装质量问题,我社负责调换)

序

在资源日益短缺、环境不断恶化的背景下，可持续发展已经成为世界各国和联合国的共识。从 2000 年第 55 届联合国首脑会议通过的《联合国千年宣言》，到 2015 年联合国发布《变革我们的世界：2030 年可持续发展议程》，可持续发展的理念和实践得到了极大推进。

千年发展目标是自联合国成立以来在全球最具影响力和凝聚力的全球议程。联合国《变革我们的世界：2030 年可持续发展议程》则是人类社会基于历史经验和对未来期望所提出的全面、系统、开拓进取的发展框架，为未来 15 年全球和各国的发展指明了方向，勾画了蓝图，成为继千年发展目标之后全球可持续发展的重要指引。如何实现可持续发展目标，各个国家和地区都在进行积极地探索，也取得了良好成效。但是，作为欠发达的山地区域，其实现 2030 可持续发展目标的道路面临更多曲折和困难，因此应予以更多的关注和支持。

在中国科学院战略性科技先导 A 类专项"地球大数据科学工程"之课题"全景美丽中国数据综合集成与知识服务系统"、科技部重点科技研发项目"地球大数据支撑城市人居环境监测关键技术研究与示范"之课题"城市人居环境可持续发展综合评估与应用示范"、可持续发展大数据国际研究中心卓越科学家项目"SDG 多目标相互作用及其优化路径研究"的资助下，黄春林研究员联合国内高等院校和科研院所相关专家组成可持续发展研究团队，在地球大数据支撑可持续发展目标评估方面开展了持续研究工作，特别是在 SDG6、SDG11、SDG15 等单目标评估和多目标综合评估方面，有多个案例收录在《地球大数据支撑可持续发展目标评估》系列报告中，得到了同行的认可，取得了良好社会效益；同时，他们围绕临沧市国家可持续发展议程创新示范区的建设，也做出可圈可点的研究工作，得到了地方政府的充分肯定。

该书呈现给大家的是黄春林研究团队的最新研究成果，他们在评述国内外欠发达山区可持续发展目标研究工作基础上，从多个角度对欠发达山区可持续发展目标的评估进行了创新性的研究。我衷心祝贺该书出版，并相信这本专著的研究成果不仅对相关后续研究工作具有抛砖引玉的作用，也将对欠发达山区地方政府推进可持续发展实践具有重要指导意义。

可持续发展大数据国际研究中心主任

中国科学院院士

2023 年 10 月

前　言

可持续发展是当今人类社会面临的共同挑战。1962年，《寂静的春天》一书的出版，将保护与发展这一主题引入了人类社会的议事厅。1972年，《增长的极限》中略带悲观色彩的预测，让人类社会意识到了资源枯竭的隐忧。1987年，《我们共同的未来》（又称《布伦特兰报告》）首次提出了可持续发展的概念，明确了当代人必须为后代的利益改变发展模式。之后《里约宣言》《21世纪发展议程》《京都议定书》等一系列文件的签署，进一步提升了人类社会对可持续发展问题的关注，加快了可持续发展的进程。2000年，联合国千年发展目标的提出，将可持续发展明确成了具体量化指标，第一次实现了全球层面的可持续发展协作实践。2015年提出的联合国2030年可持续发展议程是联合国千年发展目标的延续与提升，为全球未来15年的发展勾勒了蓝图，也为衡量全球各国可持续发展水平提供了标尺。

过去半个多世纪，人类社会的认知经历了从"增长"向"发展"再向"绿色发展"的范式转变。对于生态环境保护实现了从"现象"到"机理"再到"行动"的突破。实现永续发展已成为全球范围内的共同愿景。加快落实联合国2030年可持续发展议程，成为推进当下全球可持续发展最为重要的抓手。中国政府始终重视可持续发展，习近平主席在参加2015年联合国峰会时就中国支持联合国2030年可持续发展议程作出了郑重承诺。2016年，中国政府积极出台了《中国落实2030年可持续发展议程国别方案》，并在全国范围内遴选建设国家可持续发展议程创新示范区，探索可持续发展的中国路径，传播可持续发展的中国经验。

全球山地面积占地球陆地面积的24%，拥有至少1/3的陆地植物种，是生物多样性最丰富的地区，为全球一半人口提供水资源。我国山地面积达650万 km^2，占全国土地面积的67.7%。与此同时，由于地形等因素限制，山区可持续发展较平原地区面临经济发展水平滞后、交通不便、基础设施建设成本高等更多挑战。解决好山区可持续发展问题，是实现联合国"不让一人掉队"（no one left behind）可持续发展理念的重要基础。

2019年5月，国务院正式批复同意临沧市建立国家可持续发展议程创新示范区，临沧市成为我国践行联合国可持续发展目标的先行者。低纬度高海拔的地理特征，"多山少平"的地貌特点，孕育了临沧市多样的生态系统，也为临沧市提供了丰富的生态资源，不仅包括茶叶、澳洲坚果等优质农产品，还包括大雪山、南衮河等保护区提供的水源涵养、土壤保持、水质净化、气候调节等生态系统调节服务，以及多民族文化和旅游资源。然而，临沧市也面临"特色资源转化能力弱"的瓶颈问题，丰富的民族文化资源、自然生态资源、优质农产品资源和沿边区位优势未能转化为发展优势。这些特征使得临沧市成为开展山区可持续发展实践的绝佳场所，如何创新发展路径，实现生态环境保护与社会经济发展的双赢成为摆在临沧市及其他山区面前的重要问题。

本书以临沧市为典型案例区，在系统梳理可持续发展概念与研究进展的基础上，利用多源大数据对临沧市可持续发展水平进行全面评估，识别临沧市可持续发展面临的核心问题，规划临沧市可持续发展路径，谏言关键产业健康发展模式，力图为以临沧市为代表的山区可持续发展提供科学决策基础。全书共分十章，第1、2章重点梳理可持续发展研究历程及山区可持续发展的机遇与挑战；第3～7章重点开展临沧市可持续发展目标进展评估；第8、9章重点分析临沧市可持续发展目标间的相互关系；第10章重点探索特色产业助力山区可持续发展的实现路径。其中，第1章由牛艺博、魏彦强完成；第2章由王鹏龙、王宝、高峰完成；第3章由宋晓谕、权学烽完成；第4章由宋晓谕、苗俊霞完成；第5章由周亮、袁子锋完成；第6章由魏彦强完成；第7章由黄春林、冯娅娅完成；第8章由苗俊霞、宋晓谕完成；第9章由钟方雷、魏瑶完成；第10章由赵雪雁、王鹤霖完成。全书总体框架构想由黄春林、宋晓谕、高峰、赵雪雁、王鹏龙、王宝完成并对初稿进行了统稿和修订。科学出版社的编辑为本书的出版付出了辛勤劳动，在此一并感谢。

谨希望以本书抛砖引玉，增强决策部门与研究人员对欠发达山区可持续发展的关注，通过各类研究和行动实践助力欠发达山区可持续发展，为实现"不让一人掉队"的联合国可持续发展理念添砖加瓦。鉴于著者的知识局限和时间仓促，书中难免存在不足之处，敬请读者谅解并批评指正。

著　者

2023 年 12 月

目　　录

第1章　全球可持续发展愿景

可持续发展已成为人类社会的共识及孜孜追求的宏伟目标。为了促进全球可持续发展，联合国在 2000 年制定了千年发展目标，2015 年又发布了《变革我们的世界：2030 年可持续发展议程》（简称 2030 年可持续发展议程），为全球发展制定了一个发展框架和一套新的发展目标，其核心内容集中于粮食和食品安全、疾病防控及社会公平与人权、水安全、能源安全、土地安全及生态环境安全等方面，成为继联合国千年发展目标之后全球可持续发展的重要指引。为促进中国可持续发展进程，亟须将可持续发展目标本土化，并与中国政府的中长期发展战略规划相衔接，将其全面融入中国的发展政策和工程建设中，同时，与国际社会广泛合作，共同分享发展经验，共同面对全球性发展问题。

1.1　可持续发展研究缘起

1987 年联合国世界环境与发展委员会（World Commission on Environment and Development，WCED）在日本东京出版被称为《布伦特兰报告》的《我们共同的未来》及《东京宣言》，呼吁全球各国将可持续发展纳入其发展目标；1992 年联合国环境与发展大会（United Nations Conference on Environment and Development，UNCED）在巴西里约热内卢通过《里约宣言》，102 个国家首脑签署了《21 世纪议程》。自此，传统的发展理念得到了颠覆性的变革，一种全新的发展观——可持续发展，终于成为整个人类的共识。概念界定上，早在 1980 年 3 月，由联合国环境规划署（United Nations Environment Programme，UNEP）、国际自然及自然资源保护联盟（International Union for Conservation of Nature and Natural Resources，IUCN）和世界自然基金会（World Wide Fund for Nature，WWF）共同发起、多国政府官员和科学家参与制定的《世界自然资源保护大纲》，初步提出了"可持续发展"的思想，强调"人类利用对生物圈的管理，使得生物圈既能满足当代人的最大需求，又能保持其满足后代人的需求能力"。而在《布伦特兰报告》中，

"可持续发展是既满足当代人的需要，又不对后代人满足其需要的能力构成危害的发展"，其对可持续发展定义的权威性和概括性得到了共同的认可，也使可持续发展真正成为一种具有逻辑内涵和完整内容的思想体系。近年来，可持续发展研究已从原来一直以生态学、经济学等多个学科共同支撑的状态逐步发展成为一门拥有自己的理论和研究方法及丰富多彩研究个案的学科——可持续性科学或可持续发展学。自从 2000 年联合国千年发展目标（millennium development goals，MDGs）的提出到 2015 年可持续发展目标（sustainable development goals，SDGs），在联合国的倡导下，首次以具体的、可考量指标和完成期限为导向，在资源、环境、经济等多个维度实现全球共同可持续发展，成为全世界的总体发展框架。

1.2　联合国千年发展目标

在 2000 年 9 月联合国第 55 届首脑会议上，189 个国家代表和领导人就全球消除贫困、饥饿、疾病、文盲、环境恶化及妇女地位等问题达成了共识，通过了《联合国千年宣言》。为促使其转化为切实的行动，联合国成立了一个专门的工作小组并于 2001 年公布了《执行〈联合国千年宣言〉的路线图》，形成了一套有完成时限的千年发展目标，其中包括了 8 个目标（goals）、18 个具体目标（targets）和 48 个技术指标（United Nations，2015）。其中涵盖了消灭极端贫穷和饥饿，普及小学教育，促进男女平等并赋予妇女权利，降低儿童死亡率，改善产妇保健，与艾滋病毒/艾滋病、疟疾和其他疾病作斗争，确保环境的可持续能力及全球合作促进发展等方面，作为 2000 年后全球发展的核心和基本框架。

千年发展目标是自联合国成立以来在全球最具影响力和凝聚力的全球议程。其实施的 15 年，是人类历史上减轻贫困与饥饿，普及初等教育、促进性别平等、改善饮用水源、控制传染性疾病蔓延及遏制环境恶化等成就最大的 15 年。其凝聚了国际社会在发展领域的诸多共识，是全球发展总目标与国际合作的重要落脚点，另外，首次提出了具体目标（targets），指标和实施期限明确，具有很大的可操作性和针对性，有利于行动的落实和考核。2015 年发布的《联合国千年发展目标进展报告》指出，通过 15 年的全球合作和共同努力，仅消除贫困一项，发展中国家的极端贫困人口比例从 1990 年的 47%下降至 2015 年的 14%，极端贫困人数从 19 亿减少到 8.36 亿，全球极端贫困人口从 1990 年的 19 亿下降至 2015 年的 8.36 亿，取得了显著的进步，显示出 MDGs 在指标设定、完成期限及目标考核上的重要突破（United Nations，2015）。

尽管 MDGs 在全球发展中发挥了巨大的推动作用，但随着在全球的实施，在许多方面仍存在巨大的差距且取得的进展很不均衡，随着发展环境的变化，一些新的挑战逐渐凸显。另外，从 MDGs 自身来看，在总体设计上也存在许多缺陷：①从不均衡来看，全球仍然有 8 亿多贫困人口，且日益向撒哈拉以南非洲集中，该地区集中了全球贫困人口的一半以上，贫困发生率高达 35%。②地区间及城乡间贫富差距急剧加大。在发展中国家农村人口 50%缺乏改进的卫生设施，16%没有清洁饮用水，而城市人口仅为 18%和 4%，且收入差距在持续加大。③性别不平等依然顽固，全球女性的报酬比男性低 24%，女性贫困发生率高于男性，就业难于男性，政治参与度低。④气候变化趋势加剧、环境退化没有减轻。生态系统持续恶化势头没有改变、极端天气和社会风险加大，世界上 40%的人口受水资源短缺困扰。森林仍在减少，生物多样性丧失的趋势没有逆转。⑤冲突依旧是对人类发展最大的威胁。冲突已迫使近 6 000 万人放弃他们的家园，平均每天有 4.2 万人被迫流离失所需要寻求保护，这几乎是 2010 年 1.1 万人的 4 倍。⑥许多新的发展挑战逐渐凸显。如慢性病、老龄化、资源瓶颈、恐怖主义等对全球发展的挑战加剧（United Nations，2015）。随着全球经济一体化的发展和越来越多的来自资源环境承载力对经济发展的约束，经济发展的风险性和不均衡越来越凸显，各国政府更为关心的是如何在新形势下在国家层面落实千年发展目标（Black et al.，2008）。此外，在将千年发展目标转化为国家目标时，许多指标已明显过时且缺乏有力的实施手段。

1.3　联合国 2030 年可持续发展目标

2013 年 9 月联合国大会召开了专门会议，呼吁国际社会面向未来，以普适性为基本原则制定"一个发展框架，一套发展目标"的可持续发展目标。开放工作组经历一年多的政府间磋商后于 2014 年 7 月形成了关于全球可持续发展目标的建议，该建议包括了 17 大目标，共 169 个指标（表 1-1）。2015 年 1 月，联大就 2015 年后发展议程召开特别会议并通过了决议，8 月 2 日各国谈判代表就 2015 年后发展议程的内容达成一致，最终名称确定为《变革我们的世界：2030 年可持续发展议程》，2015 年 9 月 27 日联合国峰会正式批准通过（United Nations，2015）。

表 1-1　联合国 17 个可持续发展目标（SDGs）及其与千年发展目标的对比

可持续发展目标（SDGs）	是否新增	对应的 MDGs 目标
1 无贫穷 1.1 在全球所有人口中消除极端贫困 1.2 按各国标准界定的陷入各种形式贫困的各年龄段男女和儿童至少减半 1.3 全民社会保障制度和措施在较大程度上覆盖穷人和弱势群体 1.4 确保所有男女，特别是穷人和弱势群体，享有平等获取经济资源的权利，享有基本服务 1.5 增强穷人和弱势群体的抵御灾害能力，降低其遭受极端天气事件和其他灾害的概率和易受影响程度	否	
2 零饥饿 2.1 消除饥饿，确保所有人全年都有安全、营养和充足的食物 2.2 消除一切形式的营养不良，解决各类人群的营养需求 2.3 实现农业生产力翻倍和小规模粮食生产者收入翻番 2.4 确保建立可持续粮食生产体系并执行具有抗灾能力的农作方法，加强适应气候变化和其他灾害的能力 2.5 通过在国家、区域和国际层面建立管理得当、多样化的种子和植物库，保持物种的基因多样性；公正、公平地分享利用基因资源	否	MDG 1
3 良好健康与福祉 3.1 全球孕产妇每 10 万例活产的死亡率降至 70 人以下 3.2 消除新生儿和 5 岁以下儿童可预防的死亡 3.3 消除艾滋病、结核病、疟疾和被忽视的热带疾病等流行病，抗击肝炎、水传播疾病和其他传染病 3.4 通过预防等将非传染性疾病导致的过早死亡减少三分之一 3.5 加强对滥用药物包括滥用麻醉药品和有害使用酒精的预防和治疗 3.6 全球公路交通事故造成的死伤人数减半 3.7 确保普及性健康和生殖健康保健服务 3.8 实现全民健康保障，人人享有基本保健服务、基本药品和疫苗 3.9 大幅减少危险化学品以及空气、水和土壤污染导致的死亡和患病人数	是	
4 优质教育 4.1 确保所有男女童完成免费、公平和优质的中小学教育 4.2 确保所有男女童获得优质幼儿发展、看护和学前教育 4.3 确保所有男女平等获得负担得起的优质技术、职业和高等教育 4.4 大幅增加掌握就业、体面工作和创业所需相关技能 4.5 消除教育中的性别差距，确保残疾人、土著居民和处境脆弱儿童等弱势群体平等获得各级教育的职业培训 4.6 确保所有青年和大部分成年男女具有识字和计算能力 4.7 确保所有进行学习的人都掌握可持续发展所需的知识和技能	是	MDG 2
5 性别平等 5.1 在世界各地消除对妇女和女孩的一切形式歧视 5.2 消除公共和私营部门针对妇女和女童一切形式的暴力行为 5.3 消除童婚、早婚、逼婚和割礼等一切伤害行为 5.4 认可和尊重无偿护理和家务 5.5 确保妇女全面有效参与各级政治、经济和公共生活的决策，并享有进入以上各级决策领导层的平等机会	否	MDG 3
6 清洁饮水和卫生设施 6.1 人人普遍和公平获得安全和负担得起的饮用水 6.2 人人享有适当和公平的环境卫生和个人卫生 6.3 改善水质 6.4 所有行业大幅提高用水效率，确保可持续取用和供应淡水 6.5 在各级进行水资源综合管理，包括酌情开展跨境合作 6.6 保护和恢复与水有关的生态系统，包括山地、森林、湿地、河流、地下含水层和湖泊	否	MDG 7

续表

可持续发展目标（SDGs）	是否新增	对应的 MDGs 目标
7　经济适用的清洁能源 7.1 确保人人都能获得负担得起的、可靠的现代能源服务 7.2 大幅增加可再生能源在全球能源结构中的比例 7.3 全球能效改善率提高一倍	是	
8　体面工作和经济增长 8.1 维持人均经济增长率 8.2 实现更高水平的经济生产力 8.3 推行以发展为导向的政策支持生产性活动和创新 8.4 逐步改善全球消费和生产的资源使用效率 8.5 所有人实现充分和生产性就业 8.6 大幅减少未就业和未受教育或培训的青年人比例 8.7 根除强制劳动、现代奴隶制和贩卖人口，禁止和消除童工 8.8 保护劳工权利，创造安全和有保障的工作环境 8.9 制定和执行推广可持续旅游的政策，以创造就业机会 8.10 加强国内金融机构的能力，扩大全民获得金融服务的机会	是	
9　产业、创新和基础设施 9.1 发展优质、可靠、可持续和有抵御灾害能力的基础设施 9.2 大幅提高工业在就业和国内生产总值中的比例 9.3 增加小型工业和其他企业获得金融服务的机会 9.4 升级基础设施，改进工业以提升其可持续性 9.5 提升工业部门的技术能力	是	
10　减少不平等 10.1 逐步实现和维持最底层 40% 人口的收入增长 10.2 增强所有人的权能，促进他们融入社会、经济和政治生活 10.3 确保机会均等，减少结果不平等现象 10.4 采取财政、薪资和社会保障政策逐步实现更大的平等 10.5 改善对全球金融市场和金融机构的监管和监测 10.6 确保发展中国家在国际经济和金融机构决策过程中有更大的代表性和发言权 10.7 促进有序、安全、正常和负责的移民和人口流动	否	MDG 8
11　可持续城市和社区 11.1 确保人人获得适当、安全和负担得起的住房和基本服务 11.2 向所有人提供安全、负担得起的交通运输系统，改善道路安全 11.3 加强包容和可持续的城市建设及管理能力 11.4 努力保护和捍卫世界文化和自然遗产 11.5 大幅减少各种灾害造成的死亡人数和受灾人数及损失 11.6 减少城市的人均负面环境影响 11.7 向所有人普遍提供安全、包容、无障碍、绿色的公共空间	是	
12　负责任消费和生产 12.1 落实《可持续消费和生产模式十年方案框架》 12.2 实现自然资源的可持续管理和高效利用 12.3 减少生产和供应环节的粮食损失，包括收获后的损失 12.4 实现化学品和所有废物在整个存在周期的无害环境管理 12.5 通过预防、减排、回收和再利用，大幅减少废物的产生 12.6 鼓励各个公司将可持续性信息纳入各自报告周期 12.7 推行可持续的公共采购做法 12.8 确保获取可持续发展及与自然和谐的生活方式的信息并具有上述意识	是	

可持续发展目标（SDGs）	是否新增	对应的MDGs目标
13 气候行动 13.1 加强各国抵御和适应气候相关的灾害和自然灾害的能力 13.2 将应对气候变化的举措纳入国家政策、战略和规划 13.3 加强气候变化减缓、适应、减少影响和早期预警等方面的教育和宣传	是	
14 水下生物 14.1 预防和大幅减少各类海洋污染 14.2 可持续管理和保护海洋和沿海生态系统以免产生重大负面影响 14.3 通过合作等方式减少和应对海洋酸化的影响 14.4 有效规范捕捞活动，终止过度捕捞、非法捕捞 14.5 根据国内和国际法保护至少10%的沿海和海洋区域 14.6 禁止某些助长过剩产能和过度捕捞的渔业补贴 14.7 增加小岛屿发展中国家和最不发达国家通过可持续利用海洋资源获得的经济收益	是	
15 陆地生物 15.1 保护、恢复和可持续利用陆地和内陆的淡水生态系统及其服务 15.2 推动对所有类型森林进行可持续管理 15.3 防治荒漠化，恢复退化的土地和土壤，包括受荒漠化、干旱和洪涝影响的土地 15.4 保护山地生态系统及其生物多样性，加强山地生态系统的能力 15.5 减少自然栖息地的退化，遏制生物多样性的丧失 15.6 公正和公平地分享利用遗传资源产生的利益，促进适当获取这类资源 15.7 终止偷猎和贩卖受保护的动植物物种 15.8 防止引入外来入侵物种并大幅减少其对土地和水域生态系统的影响 15.9 把生态系统和生物多样性价值观纳入国家和地方规划、发展进程、减贫战略和核算	否	MDG 7
16 和平、正义与强大机构 16.1 在全球大幅减少一切形式的暴力和相关的死亡率 16.2 制止对儿童进行虐待、剥削、贩卖以及一切形式的暴力和酷刑 16.3 促进法治，确保所有人都有平等诉诸司法的机会 16.4 大幅减少非法资金和武器流动，打击一切形式的有组织犯罪 16.5 大幅减少一切形式的腐败和贿赂行为 16.6 在各级建立有效、负责和透明的机构 16.7 确保各级的决策反应迅速，具有包容性、参与性和代表性 16.8 扩大和加强发展中国家对全球治理机构的参与 16.9 为所有人提供法律身份，包括出生登记 16.10 依法确保公众获得各种信息，保障基本自由	是	
17 促进目标实现的伙伴关系 具体包括了筹资、技术、能力建设、贸易、政策和体制的一致性、多利益攸关方伙伴关系、数据、监测和问责制等方面19个具体目标	否	MDG 8

注：本表依据联合国可持续发展网（https://unstats.un.org/sdgs/）整理。

1.3.1 SDGs核心内容概述

自2000年千年发展目标提出以来，有关可持续发展的文献呈现出急剧增长的态势。从该方面研究的论文数量来看，2000 年的论文数量为 64 篇，而 2016 年为 616 篇，增长了近 9 倍 [图 1-1 (a)]。从学科分布来看，主要的研究热点集中在环境科学和生态学领域，占论文数量的 35.41%，其次为工程和技术两大领域的研究，分别占论文数量的 30.3% 和 13.79%，反映出在技术创新和改进领域对该问题的关注。其他方面主要集中在计算机科学、能源、水资源、农业、经济及公共环境健康等方面 [图 1-1 (b)]。这几个方面总体上涵盖了可持续发展的核心领域和主要问题。其中主要的研究领域如环境和生态系统、能源、水资源、农业及公众环境和健康等，都是 MDGs 及 SDGs 所强调的重点和核心问题，反映出对这些方面的广泛关注及深入研究。

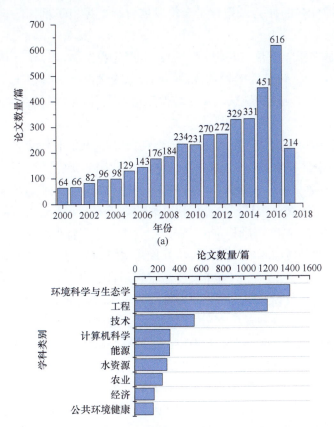

图 1-1　(a) Web of Science 数据库 2000 年 1 月至 2017 年 12 月间 SDGs 论文发表情况统计和 (b) 按学科分类的论文数量及百分比

相较于千年发展目标中的 8 个目标（goals）、18 个具体目标（targets）和 48

个技术指标（technical indicators），新的可持续发展议程则包括了 17 个可持续发展目标（goals）和 169 个具体目标（targets），300 多个技术指标，是联合国历史上通过的规模最为宏大和最具雄心的发展议程。世界各国领导人从未承诺为如此广泛和普遍的政策议程共同采取行动和做出努力。2030 年可持续发展议程是对千年发展目标的超越，其继承和发展了完成千年发展目标尚未完成的事业，除了保留如脱贫、健康、教育、粮食安全和营养等发展优先事项外，还提出了更为广泛的食品安全、能源安全、土地安全、生态环境安全、基础设施和居住保障、应对气候变化在内的经济、社会和环境目标。从整个可持续发展框架来看，其涵盖的经济、社会和环境三个方面是整体的、不可分割的。另外，议程还承诺建立更加和平和包容性更强的社会，相较于千年发展目标，提出了目标的执行手段。17 个目标中，除了目标 1、2、5、6、10、15、17 外，其余 10 项目标均为新增目标，可以说是在千年发展目标基础上的完全深化和发展，且目标体系更为庞大和完善（表 1-1）。新设目标和具体目标相互紧密关联，有许多贯穿不同领域的要点，体现了统筹兼顾的做法。从安全保障层面来看，SDGs 主要集中于以下几个方面：

（1）粮食和食品安全、疾病防控及社会公平与人权。作为可持续发展的基础和基本前提，粮食和食品安全被列为首要的安全保障。其首要的三个目标："目标 1：在全世界消除一切形式的贫困；目标 2：消除饥饿，实现粮食安全，改善营养状况和促进可持续农业；目标 3：确保健康的生活方式，促进各年龄段人群的福祉"，基本上涵盖了消除饥饿和贫困、保障粮食生产及确保健康生活等几个重要方面。这几个方面是各国政府及地区经济发展所围绕的核心目标和基础，是实现人的全面发展和社会安定有序的基本保障。粮食和食品安全的地位是前置的和首要的，是可持续发展目标实现的根本和前提，也是未来可持续发展目标实现与否的基本判别标准。由粮食和食品安全引起的饥饿、地区动荡及发展不均衡等问题又和营养不良、亚健康、疾病控制与防御、地区经济稳定、社会公平等目标紧密相关，是决定可持续目标能否实现的前提。

此外，健康问题一直是人类发展的核心和首要命题，与 MDGs 中"目标 6：与艾滋病、疟疾和其他疾病作斗争"中明确表述的"到 2015 年遏制并开始扭转艾滋病毒/艾滋病的蔓延、向所有需要者普遍提供艾滋病毒/艾滋病治疗、到 2015 年遏制并开始扭转疟疾和其他主要疾病的发病率"等明确的具体目标相比较，SDGs 中的提法如"消除饥饿，实现粮食安全""确保健康的生活方式"，则较为笼统和宏观，更具发展雄心。在具体指标设计上则涉及到控制孕产妇死亡率、新生儿死亡率、防治肝炎、治疗中的滥用药物、生殖健康服务、全民医保和疫苗、控制烟草、增加医疗资金和人员培训、提高防御健康风险能力等，指标体系设计更为全面和复杂。

社会公平及人权一直是联合国所强调的发展重点内容。在 MDGs 中，其中"目标 2：实现普及初等教育；目标 3：促进两性平等并赋予妇女权利"就教育和妇女权利及公平以"确保到 2015 年，世界各地的儿童，不论男女，都能上完小学全部课程"和"争取到 2005 年消除小学教育和中学教育中的两性差距，最迟于 2015 年在各级教育中消除此种差距"做了明确表述。而在 SDGs 的目标中，其中"目标 4：确保包容和公平的优质教育，让全民终身享有学习机会；目标 5：实现性别平等，增强所有妇女和女童的权能"是对这两项内容的继承和延伸。而其他的目标中，如"目标 8：人人获得体面工作""目标 10：减少国家内部和国家之间的不平等""目标 16：创建和平、包容的社会以促进可持续发展，让所有人都能诉诸司法，在各级建立有效、负责和包容的机构"都是新增和扩展内容，无不体现出对"公平"和"人权"的强调。粮食及食品安全、疾病防控和健康，以及社会公平和人权三个方面是一个有机的整体，层层推进且缺一不可，是人类发展的基础和前提，是从 MDGs 到 SDGs 所一直强调的主题，从根本上形成了可持续发展的最基本保障。

（2）水资源安全。水资源安全是仅次于粮食和食品安全的关乎人的自身健康和经济、社会、生态环境可持续的基本保障，其"目标 6：为所有人提供水和环境卫生并对其进行可持续管理"是对这一重要资源的强调。当前全球至少有 11 亿人无法获得经改善的水源，到 2025 年，全球将有 18 亿人生活在水资源稀缺的地区，其中欠发达国家的贫困人口面临的风险最大（United Nations，2015），而全球 80% 的废水和在发展中国家中超过 95% 的废水资源都没有经过污水处理被直接排进了环境中（United Nations，2017）。因此，"人人都能公平获得安全和可负担的饮用水"是对水资源安全最低和最根本的要求。除了水资源量的短缺，水质性缺水也是重要的方面，水污染治理与污水回用显得尤为重要，也是随着技术进步和经济发展，所能提高和突破的重要抓手。在此基础上，水资源利用效率和单位水经济产出、水资源综合管理效率的提升等，是结合了现代新兴技术手段和设备，以及面临的水资源胁迫等环境问题而提出的有效解决途径，是可持续从技术角度进行推进的重要方面。此外，水资源的不合理开发利用使得河流、湖泊、湿地等水生态系统发生深刻变化。世界各国不同程度地出现了河道断流、湖泊和湿地萎缩、地下水水位下降、土地沙化、水土流失加剧、生物多样性减少等水生态问题。

当前各国已经充分认识到生态系统在保持水量和水质方面的关键作用，强调水资源安全和生态系统安全（"目标 15：保护、恢复和促进可持续利用陆地生态系统，可持续管理森林，防治荒漠化，制止和扭转土地退化，遏制生物多样性的丧失"）密不可分。在保障生活用水、工业用水的同时，平衡生态环境用水是水资源安全及可持续利用的重要内容。

（3）能源安全。能源尤其是常规化石能源，是当前各国和地区经济发展的基本保障和重要安全前提，SDGs 中"目标 7：确保人人获得负担得起的、可靠和可持续的现代能源"是对这一重要资源的再次强调。目前，世界各国对能源的争夺愈来愈烈，已成为国家之间竞争与冲突的重要根源。在能源中，石油消费量占所有能源的比例一直在 40% 左右，一些强国对石油的争夺已经达到了白热化的程度（World Bank，2015）。能源制约着经济的健康、快速发展，成为经济发展的重要瓶颈，尤其常规化石能源的分布不均及消费失衡、化石能源面临的不可再生及碳排放等环境问题，已成为全球可持续发展中的重要短板（Ang et al.，2015）。提高能源利用效率、发展可更新能源、发展清洁能源及减少碳排放等从技术上改变能源短板成为实现可持续发展的重要途径。可持续发展在强调利用好现有常规能源、减少碳排放的同时，发展可更新的能源，利用现代新兴材料和技术提高能源储存、运输及利用，使能源利用走向环境友好型和可持续性，为 SDGs "目标 12：采用可持续的消费和生产模式；目标 13：采取紧急行动应对气候变化及其影响"等的实现提供最根本的保障。

（4）土地安全。土地是实现 SDGs 各个领域具体目标的最基本保障。其"目标 15：保护、恢复和促进可持续利用陆地生态系统，可持续管理森林，防治荒漠化，制止和扭转土地退化，遏制生物多样性的丧失"就是对这一根本要素的最基本表述。当前，一方面，随着水资源短缺、水土流失、土壤侵蚀、土地退化、荒漠化及沙尘暴、生态系统退化等，土地面临着加速退化的巨大风险；另一方面，越来越强的经济活动和人口密度的增加，使得土地资源，尤其是可利用的耕地、湿地等生态用地、自然保护区等的面积急剧压缩，城市的扩张使得地表硬化，有效可利用土地严重短缺，从而使生态用地和建设用地之间相互挤占加剧。耕地、水域、湿地、生态用地、建设用地、基础设施用地等土地需求均需要落实到有限的地表上，可持续发展在一个国家和地区内能否实现，其中关键的一个方面就是所有目标实现时土地资源是否能够满足各个类别的土地需求。Gao 和 Bryan（2017）利用 648 个环境、社会经济、技术及政策路径等模型对澳大利亚的土地需求情景进行了模拟，并通过 Trade-Offs（LUTO）模型对各类土地间的权衡进行了路径优化和选择，研究结果显示，澳大利亚在各类发展情景的模拟中，其实现可持续发展目标时对土地的需求将远远超出当前的国土面积及可利用土地面积，因此澳大利亚实现设定的可持续发展目标，其土地资源的支撑将是很大的限制，需要在各类土地需求间进行平衡和选择最优化土地利用组合。而这也将是困扰全球各个国家和地区实现 SDGs 的重要问题，尤其是在高人口密度的国家。土地资源的有限性和稀缺性，以及面临的退化风险等，是决定着未来能否实现可持续发展各项具体指标的重要保障。

（5）生态环境安全。生态环境的可持续性一直是可持续发展的重要内容。从"MDG7：确保环境的可持续能力"，到"SDG15：保护、恢复和促进可持续利用陆地生态系统，可持续管理森林，防治荒漠化，制止和扭转土地退化，遏制生物多样性的丧失"，生态环境的服务功能及其可持续性一直被强调和重视。一方面，随着人口增长对资源环境压力的增加，以及来自经济增长背后的资源短缺、城市扩张、水资源匮乏、土壤污染等对生态环境的可持续提出了重要挑战；另一方面，气候变化下的极端天气如热浪、干旱、洪灾、沙漠化、沙尘暴、土地退化等加剧了生态环境安全的风险性。生态环境安全和 SDGs 的"目标 6：为所有人提供水和环境卫生并对其进行可持续管理"紧密关联，密不可分，互为保障，是 SDGs 中环境的服务功能中最为重要的环节。

1.3.2 各领域及主题层核心问题

从以上分析可以看出，SDGs 基本涵盖了全球在发展领域的各个方面，其复杂而庞大的指标系统覆盖了从资源环境到经济发展、社会公平等主要领域。总体来看，土地、水资源、粮食、能源等资源和生态环境安全构成了在行星边界内（planetary boundaries）的人类生存基础与安全保障系统（Robert et al.，2014）。而技术进步、就业、经济发展及活力则构成了全球经济繁荣的基本保证，处于可持续发展的中间层。在这两个层次的基础上，作为人类发展的重要度量，健康、生活水平及福利、社会公平等则构成了人类社会发展最高目的及需求的最高层次，处于可持续发展金字塔的最顶层。从各个领域的核心内容来看，这与我国十八大报告第一次提出的"五位一体"社会主义生态文明建设总体布局、社会主义"新农村"建设、"美丽乡村"建设、"健康中国"及"美丽中国"建设等目标相一致。总体上，SDGs 的 17 个具体目标及其在各个领域层与主题层的分布及关系如图 1-2 所示。

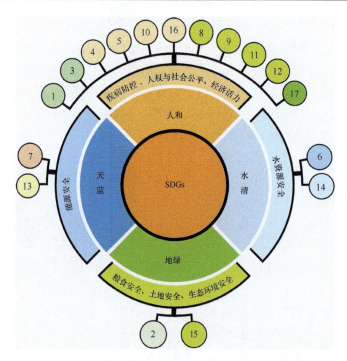

图 1-2　17 个 SDGs 具体指标在领域层的分布及与四个主题层的关系

1. 天蓝

"天蓝"指健康的大气环境及合理的能源结构。该主题层涉及两个 SDGs 指标，即 "SDG7：确保人人获得负担得起的、可靠和可持续的现代能源；SDG13：采取紧急行动应对气候变化及其影响"。重点关注能源变革和气候变化两个核心问题。SDG7 的具体目标中主要包括：7.1 到 2030 年确保人人都能获得负担得起、可靠的现代能源服务，7.2 到 2030 年大幅增加可再生能源在全球能源结构中的比例，以及 7.3 到 2030 年全球能效改善率提高一倍。可以看出，SDG7 从可负担性、能源结构和能源效率三个角度开展评估。事实上，能源 "是全球面临的每一个重大挑战和机遇的核心"的定位已毋庸置疑。无论是工作、安全、气候变化、粮食生产还是收入增长，人人享有能源都是至关重要的。而随着近些年来化石能源利用带来的碳排放的增加，以及由此引发的气候加速暖化问题，已引起了各国政府的高度关注。在 SDG13 的具体目标中，13.1 加强各国抵御和适应气候相关的灾害和自然灾害的能力，13.2 将应对气候变化的举措纳入国家政策、战略和规划，13.3 加强气候变化减缓、适应、减少影响和早期预警等方面的教育和宣传。全球所有国家都已切身体会到气候变化对国家经济、人民生活带来的巨大影响，使个人、社区和国家均已付出昂贵的代价，未来的代价甚至会更大。其中最显著的影响，包括天气模式的变化、海平面上升和更多的极端天气和气候事件。而人类活动产生的温室气体排放正在推动气候变化，排放量继续保持上升。适应气候变化，最根本的则应该从提高能源利用效率、发展可更新能源，以及减少碳排放为出发点，这也是 SDG7 和 SDG13 之间紧密关联和相互促进的核心。

2. 地绿

"地绿"指稳定和持续改善的陆地生态系统，包括了其功能和服务两个方面。该主题层涉及到两个 SDGs 指标，即"SDG2：消除饥饿，实现粮食安全，改善营养状况和促进可持续农业；SDG15：保护、恢复和促进可持续利用陆地生态系统，可持续管理森林，防治荒漠化，制止和扭转土地退化，遏制生物多样性的丧失"。这也是 MDG1 和 MDG7 的延伸和发展，构成了在粮食安全、土地安全及生态环境安全三个领域层的核心内容。一方面，其中粮食和土地安全尤其是人类赖以生存的最基本保障，具体指标中 2.1 到 2030 年消除饥饿，2.2 消除营养不良，2.3 农业产量和收入翻倍，2.4 可持续食品生产系统及 2.5 保持种植及饲养物种的多样性等将粮食数量及营养状况、食品丰富性都做了强调，尤其在全球面临人口激增、城市化加速侵占农用地、气候变化影响下土地退化风险加大等的挑战下，粮食安全和食品安全被提高到了新的警戒程度。而另一方面，生态环境安全则是人类生存的背景和保障。随着气候变化风险的加大、经济增长对生态环境压力的增加、人口增长、城市扩张等对森林、湿地、野生动植物栖息地的挤占和干扰加大等问题的凸显，保持生态环境安全是可持续发展中的核心内容。其具体指标中 15.1 保护、恢复和可持续利用陆地和内陆的淡水生态系统及其服务，特别是森林、湿地、山区和旱地，15.2 促进各类森林的可持续管理实施，遏制森林砍伐、恢复退化森林，15.3 遏制沙漠化，恢复退化土地和土壤，15.4 保护山地生态系统等，主要从生态系统保护的角度强调环境管理、恢复和提高生态系统服务功能。在生物多样性及其栖息地保护方面，15.5 减少自然环境退化，阻止生物多样性丧失，15.6 公正和公平地分享利用自然遗传资源，15.7 遏制偷猎和贩卖受保护的动植物物种 3 个目标将生物多样性作为生态系统健康及稳定的一个重要内容。生态安全方面，15.8 防止引进外来入侵物种并减少这些物种对生态系统的影响。生态服务功能及其价值核算方面，15.9 核算中列入生态系统和生物多样性的价值。以上指标从扭转生态环境恶化、保护生物多样性、提高生态系统安全、加强生态系统服务功能等方面都进行了详细的设计，形成了具体的核算和考核指标。但限于数据的可获取性，部分指标难以统计和实现，只能起到在该领域的指引性作用。

3. 水清

"水清"指保障生存和发展的水资源量、优良的水环境、健康的水生态系统。该主题涉及到两个 SDGs 目标，即"SDG6：为所有人提供水和环境卫生并对其进行可持续管理；SDG14：保护和可持续利用海洋和海洋资源以促进可持续发展"。相较于 MDGs，SDGs 在水资源的可持续发展方面在关注范围和深度上有明显提升。MDGs 中水资源相关的内容主要集中在 MDG7.c：截至 2015 年，全球范围内无法享受安全饮用水及基础卫生设施的人口减半。具体包括两个指标，分别关注饮用水安全及卫生设施的普及。在 SDGs 中除了继续保持对饮用水（6.1）、卫生设施（6.2）的关注外，进一步增加了关于水体质量（6.3）、水资源利用效率（6.4）、水资源集成管理（6.5）、涉水生态系统（6.6）和水资源管理国际合作（6a、6b）的相关目标。SDGs 中相关水方面的关注点与我国最严格水资源管理制度中关注点一致，涉及了水资源、水环境、水生态及水管理四个主要方面，并与"美丽中国"建设中的水清目标相协调。因此，以 SDG6、SDG14 各具体目标为建设方向，并系统开展监测、评价，是实现"美丽中国"和水生态文明建设的有效途径。

4. 人和

"人和"指和谐、稳定、包容的社会体系和人类住区环境。该主题层所覆盖的领域最多，17 个目标中有 11 个相关目标，占总指标的 2/3。从疾病防控、经济发展到人权与社会进步，处于可持续发展的顶层。总体来看，SDG1 消除一切形式的贫困和 SDG3 确保健康的生活方式，促进各年龄段人群的福祉两个目标从生活保障和福利两个方面强调人自身的生存状态改善。而公平与人权方面则包括了 SDG4 公平的优质教育（教育公平），SDG5 实现性别平等，增强所有妇女和女童的权能（性别公平），SDG10 减少国家内部和国家之间的不平等（区域公平），以及 SDG16 创建和平、包容的社会以促进可持续发展，让所有人都能诉诸司法，在各级建立有效、负责和包容的机构（司法及社会公平）4 个主要方面。健康和福利，以及公平两个主题强调了发展中国家和发达国家在全球发展中的权利和责任，反映出在全球一体化快速发展中通过消除歧视和分歧，以政府间的谈判沟通为纽带，通过贸易互惠和资金、技术、人力协助，实现公平开放的包容式发展，让每个国家和地区的人民在可持续发展的道路上不要掉队,实现充分发展。为此,经济的活力是其核心和保障。该领域层有 4 个目标:SDG8 可持续的经济增长,促进充分生产性就业和人人获得体面工作,和 SDG9 促进包容性的可持续工业化,从工作、生产性就业和工业化角度将经济发展作为社会活力和稳定的基础;而 SDG11 建设包容、安全、有抵御灾害能力和可持续的城市和人类住区,以及 SDG12 采用可持续的消费和生产模式则是区别于 MDGs 对消费观的全新考量。以降低对食品等的浪费,提高生产环节废弃物的产生,加强废弃物处理、降解、回收利用等为措施,培养健康的生活方式,最小化人类生产和生活对自然环境的影响,将人和自然的关系发展成为一种和谐的协同进化关系。而 SDG17 加强执行手段,重振可持续发展全球伙伴关系则是从全球经济一体化的角度,强调地区间及国家间在财务、金融、投资、贸易、技术、人才等领域的合作,在实现全球可持续发展中,应发挥发达国家在这些领域的引领和带动、示范作用,将发展的实惠、经验、技术等扩散到欠发达国家和地区,通过资源、劳动力、技术等方面的优势互补和互惠共赢发展模式,携手发展中国家一同走向可持续发展。综观可持续发展目标,其在"人和"领域层的指标增加最多,其对经济发展的活力、公平性、人权等方面的强调远远高于 MDGs 的泛泛而谈,其在 SDGs 指标中占 2/3 的指标系统就能充分说明对该领域层的重视程度,展现了在新的发展阶段全球发展对这一领域的空前关注。

1.4　生态环境类相关 SDGs 研究进展

2015 年 9 月,在联合国成立 70 周年之际,各国元首和代表在联合国总部通过了《变革我们的世界:2030 年可持续发展议程》。该议程是人类社会基于历史经验和对未来共同期望的背景下提出的全面、系统的发展框架,为未来 15 年全球和各国的发展指明了方向,描绘了发展蓝图。该议程的核心是实现全球可持续发展目标(sustainable development golds,SDGs),其指标体系已被全球所接受并采取各自的国别方案积极落实。SDGs 是一个复杂、多样、动态和相互关联的庞大体系,本节梳理了可持续发展目标 SDG2 零饥饿、SDG6 清洁饮水和卫生设施、SDG7 经济适用的能源供应,SDG11 可持续城市和社区、SDG13 气候行动、SDG14 水下生物和 SDG15 陆地生物 7 个与环境相关 SDGs 指标的研究进展、态势和战略规划部署,以准确把握全球生态环境类 SDGs 研究水平和动向,推动研究深度,为全球生态环境相关的 SDGs 提供研究支撑。

1.4.1 全球生态环境可持续发展文献计量分析

文献作为科研活动重要而直接的产出形式，能够在一定程度上科学反映科技发展脉络、现状和趋势，采用文献计量学的方法，通过对 2015 年以来全球生态环境可持续发展领域研究论文的分析，揭示生态环境可持续发展的研究现状和趋势，反映该领域发展的总体格局，但文献计量也有数据偏差和本身的局限性。由于可持续发展领域是一个广泛的概念，既有内涵，又有外延，在界定检索式时，通过多次调整和核验，尽量涵盖全球生态环境可持续发展的研究范畴，以真实展示出全球生态环境可持续发展研究概况。

1. 数据来源与分析方法

运用了文献计量学方法，通过 TDA、Excel、SPSS、Ucinet 等工具，分析了全球环境可持续发展目标的研究现状、研究国家、研究机构、研究热点、高水平论文、高被引论文及学科分布等内容，以揭示全球环境可持续发展目标研究的总体发展态势。分析采用 Web of Science 数据库作为数据源，利用主题组合检索策略构建检索式。

2. 发展态势

自从 2015 年可持续发展目标提出以来，国际上生态环境相关的可持续发展目标研究可谓是井喷式发展。本节分析了 2015 年以来生态环境可持续发展目标的演化态势，并借助统计、网络和聚类等文献计量学方法分析其学科演化、学科地位、国际合作等，揭示近年来环境 SDGs 国际研究论文发展态势。

从图 1-3 增长趋势来看，自全球可持续发展目标提出以来，生态环境可持续发展目标相关的研究论文年发文量总体呈持续增长态势。

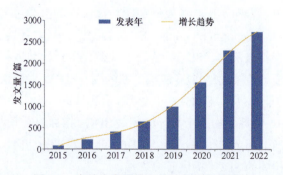

图 1-3 全球生态环境可持续发展文献统计

3. 研究力量布局

对全球生态环境可持续发展目标相关的核心论文进行分析，从 TOP20 国家/地区论文发文量来分析主要国家的研究水平和学科地位。从图 1-4 可以看出，生态环境相关的可持续发展目标领域研究活跃的地区主要为中国、美国和英国，其次为澳大利亚、印度、西班牙、德国、意大利、加拿大、荷兰、南非、巴西等。中国领跑世界生态环境可持续发展目标相关领域的研究。

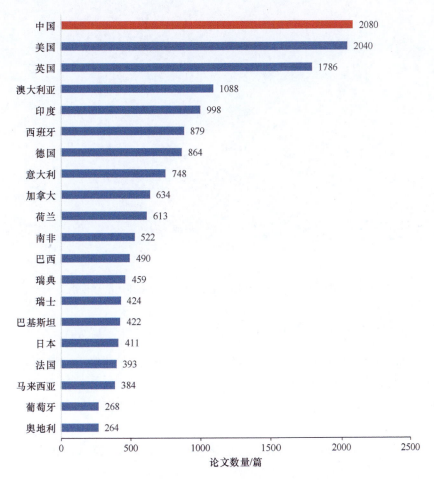

图 1-4　全球生态环境可持续发展领域国家发文量

对 2015～2022 年间各年高被引论文（ESI TOP5%论文）进行聚类分析，国际合作方面，美国、英国、中国位于世界可持续发展领域合作研究的核心地位，其中美国与澳大利亚、加拿大、英国和中国的合作最多，中国与美国、澳大利亚的合作较多，但相比美国，中国在生态环境相关可持续发展目标方面的国际合作还有待进一步加强（图1-5）。

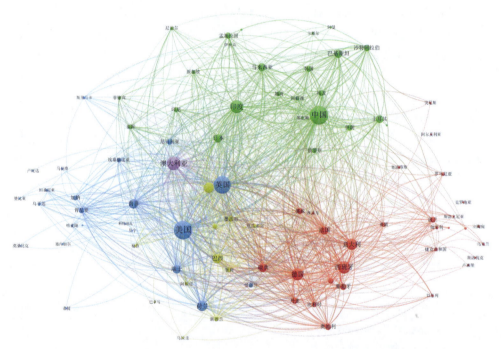

图1-5　全球生态环境可持续发展领域发文国家和地区合作情况

4. 研究领域及研究热点分析

研究重点在环境科学、绿色可持续科学与发展、环境研究、能源燃料、工程环境、生态学等领域。对2015～2022年高被引论文（ESI TOP5%论文）进行聚类分析，发现可持续发展研究更倾向于气候变化、可再生能源、城市化等方面（图1-6）。

为了掌握国际生态环境相关可持续发展目标近年来研究前沿的变化情况，从TOP5%论文关键词中抽取具有实际意义的关键词进行文本聚类。具体操作是将去重的关键词矩阵导入VOSviewer软件进行系统聚类，得到相应关键词主题簇和聚类结构，发现生态环境相关可持续发展目标研究所涉及的关键词除可持续发展

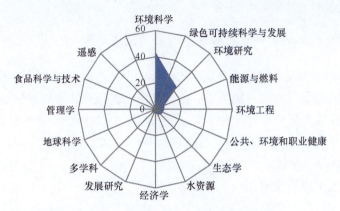

图 1-6　全球生态环境可持续发展研究领域分布

（sustainable development）、可持续性（sustainability）本身外，还包括气候变化（climate change）、能源（energy）、可再生能源（renewable energy）等。可见，区域可持续发展研究主要聚焦在不同地区的气候变化、能源、可再生能源等方面（图 1-7）。

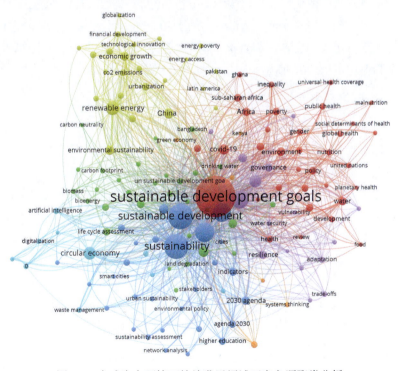

图 1-7　全球生态环境可持续发展领域研究主题聚类分析

1.4.2 全球生态环境可持续发展目标进展及发展态势

生态环境既是人类生存最为基础的条件，也是人类文明发展的基础，保护生态环境是国际社会面临的共同挑战。近年来，气候变化、人口贫困、粮食安全、城市发展问题成为焦点。面向地区的 2030 年可持续发展行动持续推进，可持续发展目标间相互关系研究得到重视，在减贫、母婴健康、电力供应和性别平等方面取得了进展，但不足以达到 2030 年的目标，在减少不平等、降低碳排放和解决饥饿等方面出现了停滞或逆转。

1. SDG2：粮食安全与可持续农业

过去的几年来，全球受粮食危机影响的人数逐年上升，因 COVID-19 疫情致使雪上加霜，乌克兰战争进一步加剧了全球粮食供应链的安全和稳定，造成了自二战以来最大的全球粮食危机。COVID-19 疫情还加剧了各种形式的营养不良，尤其是儿童营养不良，气候变化、疫情、政治、战争与冲突，以及日益严重的不平等现象相互交织，破坏全球粮食安全。全世界大约 1/10 的人口正在遭受饥饿，近 1/3 的人口无法定期获得足够的食物，粮食价格飙升影响了 47%的国家[①]，消除饥饿、实现粮食安全和促进可持续农业仍然是国际社会面临的一大挑战。

1）全球部署及进展

为了实现消除饥饿、实现粮食安全和农业可持续发展目标，各国政府从提高农业支出比重、保障粮食安全、部署农业碳中和政策、开展粮食系统灾害应对与恢复力研究、减少食物浪费等方面开展了新一轮的战略规划部署。

a. 粮食危机凸显，国际组织和多国正在开展新一轮的粮食安全部署

2022 年 7 月，联合国粮农组织、国际货币基金组织、世界银行（World Bank，WB）、世界粮食计划署和世界贸易组织等机构发布关于全球粮食安全危机的联合声明，呼吁采取紧急行动应对全球粮食安全危机[②]。为避免可持续发展目标的实现遭受进一步挫折，需要在以下四个关键领域采取短期和长期行动：①为弱势群体提供即时支持；②促进贸易和国际粮食供应；③采取行动鼓励发展中国家和发达国家的农民和渔民促进可持续粮食生产；④投资气候适应型农业。

---

①UN.2022.The Sustainable Development Goals Report 2022. https://unstats.un.org/sdgs/report/2022/.
②FAO. 2022. Joint Statement by the Heads of the Food and Agriculture Organization. https://www.fao.org/newsroom/detail/joint-statement-by-the-heads-of-the-food-and-agriculture-organization-international-monetary-fund-world-bank-group-world-food-programme-and-world-trade-organization-on-the-global-food-security-crisis/en.

2021 年 3 月，美国参议院发布了《美国农业救援计划法案》，预计将拨款约 104亿美元用于加强农业和食品供应链的计划；购买和分发农产品给非营利组织、餐馆或其他食品相关实体的额外资源；增加农村社区获得医疗保健的机会；并为社会弱势农民和牧场主提供债务减免（United States Senate，2021）。同月，英国环境、食品和农村事务部发布了《农业转型计划》，提出到 2024 年，将全面推出可持续农业激励、自然恢复和景观恢复 3 项新的环境土地管理计划，旨在实现改善自然环境、减少碳排放提高养殖动物的健康和福利[1]。俄罗斯农业部长帕特鲁舍夫表示，2021年俄罗斯将拨付 347 亿卢布（约合 4.7 亿美元）专项资金用于落实"农村地区综合发展"国家规划，比 2020 年增加近 10 亿卢布（约合 1300 万美元）。6 月，欧洲议会和理事会就新的欧盟共同农业政策（Common Agricultural Policy，CAP）达成的临时政治协议，引入更公平、更环保、对动物更友好和灵活的政策（CAP，2021）。

b. 随着全球碳中和共识的形成，各国农业碳中和政策正陆续登上历史舞台

2022 年 6 月，经济合作与发展组织（Organization for Economic Co-operation and Development，OECD）与联合国粮食及农业组织（Food and Agriculture Organization of the United Nations，FAO）联合发布了《2022—2031 年全球农业展望》（*OECD–FAO Agricultural Outlook 2022-2031*）报告（OECD，2022）[2]。该报告对全球主要国家、主要区域和各级农产品和鱼类市场的未来十年发展前景进行了评估，并做了相关前瞻性的政策分析，为全球各国未来农业发展规划提供参考。

2021 年 4 月，欧盟委员会（European Commission）发布的《实施欧盟碳农业倡议》（*Operationalising an EU Carbon Farming Initiative*）探讨了欧盟如何建立和实施碳农业机制及发展碳农业的关键问题、挑战和设计方案[3]。5 月，世界资源研究所（World Resources Institute，WRI）发布的《丹麦农业碳中和路径》（*A Pathway to Carbon Neutral Agriculture in Denmark*）为丹麦如期实现农业碳中和目标制定了一套具有成本效益的措施[4]，以在 2050 年前实现其承诺的"碳中和"目标。9 月，联合国粮食及农业组织（FAO）推出了两项实用工具，旨在鼓励土壤有机碳维持和封存，这是气候行动的关键工具（FAO，2021）。

---

① Department for Environment Food & Rural Affairs. 2021. Agricultural Transition Plan.https://assets. publishing.service.gov.uk/government/uploads/system/uploads/attachment_data/file/940434/atp-adviser-pack.pdf.

② OECD.2022. OECD-FAO Agricultural Outlook 2022-2031. https://www.oecd-ilibrary.org/docserver/ f1b0b29c-en.pdf?expires=1660789766&id=id&accname=guest&checksum=9A9800CFABC385B0E1838EA7BB 797E83.

③ European Commission. 2021. Operationalising an EU Carbon Farming Initiative.https://op.europa.eu/en/ publication-detail/-/publication/b7b20495-a73e-11eb-9585-01aa75ed71a1.

④ WRI. 2021. A Pathway to Carbon Neutral Agriculture in Denmark.https://files.wri.org/d8/s3fs-public/2021-05/carbon-neutral-agriculture-denmark.pdf?VersionId=LRoNzLYZUZW1qHDMm3yMdgtefm5O2PRj.

c. 营养不良问题激增，多国注重粮食安全与健康饮食

2022 年 10 月，联合国粮农组织（FAO）、联合国环境规划署（UNEP）、世界卫生组织（World Health Organization，WHO）和世界动物卫生组织（World Organization for Animal Health，WOAH，前身为 Office International des épizooties，OIE）四方发起了一项新的"同一个健康"联合行动计划，即《同一个健康联合行动计划（2022—2026 年）》（One Health Joint Plan Of Action 2022—2026），简称"五年计划"①。该计划是第一个关于"同一个健康"的联合计划，五年计划的重点是支持和扩大六个领域的能力："同一个健康"下的卫生协作能力、新出现和重新出现的人畜共患病、地方性人畜共患病、被忽视的热带和病媒传播疾病、食品安全风险、抗菌素耐药性和环境。

2020 年 12 月，英国研究与创新署（UK Research and Innovation，UKRI）以人类和环境健康为目标资助 2400 万英镑设立改变英国饮食体系创新研究项目②，该项目由战略优先基金（Strategic Priorities Fund，SPF）资助，将主要聚焦于肥胖、可持续农业等重大问题，通过水培和改善供应链等干预措施，帮助社区和个人做出更好、更健康的饮食选择，转变城市、地区和国家的饮食体系。2021 年 8 月，美国农业部（United States Department of Agriculture，USDA）发布的节俭食品计划③，是对良好营养的承诺，目标是把营养、实用饮食的成本效益提高 21%。

d. 从粮食体系的角度思考粮食安全

2022 年 8 月，欧盟委员会（European Union，EU）批准了面向丹麦、芬兰、法国、爱尔兰、波兰、葡萄牙和西班牙 7 个国家的第一批《共同农业政策》（CAP）战略计划。新的 CAP 计划将结合广泛的针对性干预措施，解决其具体需求，推动欧洲农业部门向可持续、有弹性和现代化过渡，并在欧盟层面的目标方面取得切实成果，同时为绿色协议作出贡献。

应对不断加剧的气候变化和自然灾害是农业和粮食系统面临的 10 大挑战之一（FAO，2017）。2020 年 9 月，WMO 和其 20 个合作方联合启动南部非洲气象灾害应对计划"充分优化南部非洲以用户为中心的气候服务价值链"（FOCUS–Africa），旨在为南非发展共同体（Southern African Development Community，SADC）地区提

---

①UNEP. 2022. One Health Joint Plan of Action to address health threats to humans, animals, plants and environment. https://www.unep.org/news-and-stories/press-release/one-health-joint-plan-action-address-health-threats-humans-animals.

②UKRI. 2020. Healthier food, healthier planet: transforming food systems. https://www.ukri.org/news/healthier-food-healthier-planet-transforming-food-systems.

③USDA. 2021. Thrifty Food Plan, 2021. https://fns-prod.azureedge.net/sites/default/files/resource-files/TFP2021.pdf.

供量身定制的气候服务，以增强该地区在农业与粮食安全、水、能源和基础设施 4 个关键领域的气象灾害适应能力[①]。

2）研究热点及发展态势

近几年以来，主要受 COVID-19 大流行和俄乌冲突的影响，全球粮食安全与可持续农业的发展面临巨大挑战，世界尚未走上在 2030 年实现所有 SDG2 目标的正轨[②]。

a. 愈多的不稳定因素导致严重的粮食危机

粮食危机继续受到多种综合因素的驱动，这些因素往往相互加强，但冲突/不安全仍然是主要驱动因素。2021 年，在冲突/不安全被认为是主要驱动因素的 24 个国家/地区，约有 1.39 亿人面临危机或更严重。这比 2020 年显著增加，当时 23 个受冲突影响的国家/地区有 9900 万人处于危机或更严重（IPC/CH 第 3 阶段或以上）或同等水平。冲突/不安全是埃塞俄比亚、南苏丹和也门处于灾难状态（IPC 第 5 阶段）的关键驱动因素。此外，经济冲击也是很多国家出现粮食危机的主要驱动因素，其中 3020 万人处于危机或更严重（IPC/CH 第 3 阶段或以上）或同等水平。极端天气是 8 个非洲国家严重粮食不安全的主要驱动因素，有 2350 万人处于危机或更严重（IPC/CH 第 3 阶段或以上）或同等水平。

b. 全球受高粮价影响的国家连年下降的趋势出现反转

2016 年以来，全球受高粮价影响的国家比例相对稳定，但在国际市场趋势的作用下，2019～2020 年间从 16%骤升到 47%。2020 年下半年，一些国家放松了疫情防控限制措施，国际谷物、植物油、食糖和乳制品需求随之回升，受此提振，国际食品价格猛涨，涨幅完全抵消了当年前 5 个月的跌幅。国内市场因素也对价格形成了上行压力。一些国家主要食品价格暴涨，是因为第一波疫情期间，疫情防控限制措施相继出台，人们纷纷大肆采购囤粮。货运和农资成本猛增，对国内市场食品价格构成了额外的上行压力。2020 年，中亚及南亚粮食价格异常高和相当高的国家比例最高（67%），东亚及东南亚最低（33%）。拉丁美洲及加勒比食品价格高企的国家比例同比上升 31%，前几年的下降态势不再。在中亚及南亚和西亚及北非，疫情扰乱了市场运行，进一步加剧了本已严峻的形势。由于掌握的大洋洲国家的价格指数信息较少，因此，难以判断大洋洲食品价格波动情况[③]。

①WMO. 2020. FOCUS-Africa launched. https://public.wmo.int/en/media/news/focus-africa-launched.
②GRFC. 2022. Global Report on Food Crises 2022. http://www.fightfoodcrises.net/fileadmin/user_upload/fightfoodcrises/doc/resources/GRFC_2022_FINAI_REPORT.pdf.
③FAO. 2021. FAO's digital report (2021). https://www.fao.org/sustainable-development-goals/indicators/2c1/.

c. 不稳定因素和粮食危机进一步加剧了营养不良

在受粮食危机影响的国家，营养不良仍然处于严重水平，这是多种因素复杂相互作用的结果，包括严重粮食不安全和不良儿童喂养方式导致的低质量粮食、儿童疾病的高发率，以及难以获得卫生设施、饮用水和医疗保健。

2020 年各种形式的营养不良依然广泛存在，儿童遭受严重影响。2020 年，估计有超过 1.49 亿五岁以下儿童发育不良，或身高不达标；超过 4500 万五岁以下儿童身体消瘦，或体重不达标；近 3900 万五岁以下儿童超重。整整 30 亿成年人和儿童仍然无法获取健康膳食，主要原因是经济负担过重。近 1/3 的育龄妇女患有贫血症。在全球范围内，尽管在某些领域取得了进展，例如全母乳喂养的婴儿数量有所增长，但世界尚未走上在 2030 年实现所有营养指标目标的正轨①。

d. 粮食系统是结束世界饥饿的关键

目前，世界上有 8 亿多人在挨饿，20 亿人缺乏微量营养素，20 亿人超重或肥胖。但这些群体不一定是截然不同的，并非所有的营养不良都是食物不足的结果。因此，当我们把食物视为全球健康的一个组成部分时，它不仅仅是一个数量问题。

实用的、基于自然的解决方案完全在我们的控制范围内，但需要彻底的、变革性的改变。世界已经生产了足够的粮食来养活地球上的每个人。但是，联合国环境署最近的一份报告发现，超过 17% 的食物被浪费了。食物浪费占全球温室气体排放量的 10%。它可能发生在消费者端，即食物被扔掉的地方，也可能发生在收获后的储存、运输、包装或食物到达餐桌之前的其他阶段。联合国环境规划署发现，全球人均每年浪费粮食 74kg，中低收入国家和高收入国家相差无几，这意味着大多数国家都有改善的空间②。

2. SDG6：水问题和水安全

水不是一种孤立的元素，而是一种复杂自然过程的组成部分，它包括蒸发、沉淀和土壤的水分吸收等。由于人口增长、经济发展和消费方式转变等因素，全球对水资源的需求正在以每年 1% 的速度增长，而这一速度在未来 20 年还将大幅加快。目前，约有 36 亿人口居住在缺水地区，到 2050 年缺水人口可能增长到 48 亿～57 亿人之多。由于气候变化，洪水和干旱等与水相关的灾害正在增加，人口的增加和水资源的减少，遭受水资源压力的人数预计将会激增。未来数十年，

---

① FAO. 2021. The State of Food Security and Nutrition in the World. https://www.fao.org/news/story/en/item/1415595/icode/.

② UNEP. 2021. Food systems hold key to ending world hunger. https://www.unep.org/news-and-stories/story/food-systems-hold-key-ending-world-hunger.

水质还将进一步恶化，对人类健康、环境和可持续发展的威胁只增不减。关注基于自然的解决方案，通过使用或模仿自然过程，着眼于管理水的可获得性、水质和涉水风险，致力于改善水资源的管理成为未来趋势。水和环境卫生的可持续管理支撑着为消除贫困和促进可持续发展而做出的广泛努力。但是，气候变化的影响通过水循环和与水有关的极端事件凸显，为了确保人类生产和生活用水，同时实现全球气候和可持续发展目标，决策者和监管者采用一种新的弹性水管理模式，以应对未来的不确定性。

1）全球部署及进展

针对水资源出现的问题，很多国家出台了重点计划和相应的部署，但未来还必须建立适应国情的规划并把 SDG6 的具体目标纳入国家规划过程、政策和战略中，并根据当地具体情况设定具体目标，确定水资源科学面临的挑战，以及全球水资源存在的问题和应对的创新技术，将会是 SDG6 目标实现的努力方向。

a. 全球重点部署水资源管理规划

水一直被认为是地球上生命存在的基础，安全、充足的淡水供应对一个国家的繁荣和生活质量至关重要。2021 年 11 月，美国地质调查局（Unite States Geological Survey，USGS）发布《水资源研究行动计划 2020—2030 年》，报告提出了 WRRA 计划的 10 年愿景及优先事项。2022 年 3 月，联合国环境规划署（UNEP）发布《2022—2025 年淡水战略优先事项》的战略文件旨在促进全球对水资源的紧迫理解、优先排序和行动，关注淡水与气候行动提出需要健康的淡水生态系统来帮助适应气候变化的影响；而且认为保持水、自然和人之间的健康关系比以往任何时候都更重要；重视水污染与人类和生态系统健康的关系。

2021 年 3 月，联合国水机制（UN-water）发布《2020 年世界水发展报告》，分析了气候变化对水的可用性的影响、应对气候变化带来的水风险挑战，并提出未来气候变化背景下水资源可持续使用的发展建议。2021 年 1 月，联合国教科文组织（United Nations Educational, Scientific and Cultural Organization，UNESCO）发布题为《自下而上规划水资源恢复力，以实现气候和可持续发展目标》的报告[①]，分析了实现《巴黎协定》"可持续发展目标"和"《仙台减灾框架》目标"的挑战；提出从理论走向实践的解决不确定性的方法，并对自下而上解决方法及应用案例进行阐述。

---

①UNESCO. 2021. Innovative Solutions Needed for Wetlands in Crisis. https://unesdoc.unesco.org/ark:/48223/pf0000375328.locale=en.

联合国在 2018 年 3 月发布《水行动十年计划（2018—2028 年）》[①]，又称为"可持续发展水'十年'"，旨在进一步改善合作、伙伴关系和能力发展，以应对雄心勃勃的 2030 年议程。十年目标主要聚焦于：水资源的可持续发展和综合管理，实现社会、经济和环境目标；相关方案和项目的实施和推广；促进各层次的合作伙伴关系，实现国际商定的与水有关的目标，包括 2030 年可持续发展议程的目标。

b. 改善水资源基础设施开始实施

美国国家科学院发布《美国未来水资源科学优先研究方向》的研究报告提出未来 25 年美国水资源科学面临的挑战及优先事项。2021 年 9 月，世界气象组织（World Meteorological Organization，WMO）正式启动全球水文监测支持设施计划（HydroHub）第二阶段项目。瑞士发展合作署（Swiss Agency for Development and Cooperation，SDC）为 HydroHub 计划第二阶段项目提供 240 万瑞士法郎资金支持[②]。美国环保署（Environmental Protection Agency，EPA）发布信息称，将为小型、农村和部分污水处理系统提供培训和技术援助，资助金额为 1200 万美元[③]。这笔资金将有助于减少污染、保护水质，并改善各地处于困境的脆弱社区的公共卫生。

c. 水资源循环利用和开发继续发力

2020 年 3 月世界银行发布题为《废水：从废物到资源》的报告[④]，旨在鼓励废水再利用的一种范式转变倡议，主张在废水管理中采用循环经济原则。为了实现这一范式转变，已经在报告中确定了四项关键行动：①制定废水计划，将其作为流域规划框架的一部分，以实现效益最大化，提高效率和资源配置并吸引利益相关者。②废水处理厂向水资源回收设施的转变来建设未来的效用，从而实现废水的价值。③探索并支持行业创新融资和可持续商业模式的发展。④实施必要的政策、制度和监管框架，以促进范式转变。

d. 多国借助水应对气候变化

2021 年 10 月，斯德哥尔摩水研究所（Stockholm International Water Institute，SIWI）发布信息分享各国借助水推动气候行动的具体措施[⑤]，确定各国借助水解

---

①UN. 2018. Water action decade 2018-2028. http://www.wateractiondecade.org/wp-content/uploads/2018/03/UN-SG-Action-Plan_Water-Action-Decade-web.pdf.

② WMO. 2021. HydroHub improves hydrological monitoring. https://public.wmo.int/en/media/news/hydrohub-improves-hydrological-monitoring.

③EPA.2021. EPA Announces Recipients of $12 Million in Grant Funding to Support Small, Rural, and Tribal Wastewater Systems. https://www.epa.gov/newsreleases/epa-announces-recipients-12-million-grant-funding-support-small-rural-and-tribal.

④World Bank. 2020. Wastewater? From Waste to Resource.https://www.worldbank.org/en/topic/water/publication/wastewater-initiative#casestudies.

⑤SIWI. 2022. 8 ways countries can boost climate action with the help of water. https://siwi.org/latest/8-ways-countries-can-boost-climate-action-with-the-help-of-water/.

决方案来减少温室气体排放并提高其抵御能力的 8 种优先方式：①了解水务部门的作用；②加强与水、环境卫生和个人卫生相关的基础设施气候防护能力；③让土著居民参与决策；④关注水治理；⑤加大对基于自然的解决方案的投资；⑥集成不同的措施；⑦改进跨部门分析；⑧应该强调跨界考虑。

2）研究热点及发展态势

自 2020 年来全球新型冠状病毒危机笼罩之下，水、环境卫生和个人卫生对人类健康的重要性凸显，全球都积极采取行动旨在提高水利用效率，采取措施改善环境卫生和个人卫生等，但是使用安全水的服务在全球范围区域差异明显。此外，以目前的进展速度预计大多数国家在 2030 年还不能实现可持续的水资源管理。为加快进展，各国与多方利益相关者合作，了解主要障碍并确定优先行动。伴随全球水安全及水危机的加剧，与水相关的多维系统受到关注，与农业、农村生活污水治理等人居环境的保障再次成为可持续发展的关注点。在气候变化导致的全球水资源管理背景下，水的变化逐渐成为气候适应及气候改善的关键。

a. 淡水及生态系统保护日益受到关注

保持水、自然和人之间的健康关系比以往任何时候都更重要。健康的弹性生态系统，如湿地和森林，与获得丰富而清洁的水密切相关。生态系统提供的价值表明，它们的收益远远超过保护成本。淡水生态系统的生物多样性尤其突出，支持所有已知物种的6%和依赖淡水生态系统生存的鱼类物种的55%。

2022 年 3 月，联合国环境规划署（UNEP）发布了一份新的战略文件，概述了实施 UNEP 2022～2025 年中期战略（medium team strategic，MTS）的淡水相关优先事项，旨在促进全世界对水资源的紧急理解、优先排序和行动[1]。5 月，世界自然保护联盟（International Union for Conservation of Nature，IUCN）发布消息称，由于全球河流、河口、泥炭地、湿地和流域生态系统的大规模改变，使淡水资源及其维持的生命和多样性面临越来越大的压力，同时，气候变化的影响使情况变得更糟[2]。

2021 年 9 月，荷兰环境评估署（PBL Netherlands Environmental Assessment Agency）发布"气候变化时期的河流系统管理"的信息[3]。开展一项由中国环境

①UNEP. 2022. Freshwater Strategic Priorities 2022-2025. https://wedocs.unep.org/bitstream/handle/20.500. 11822/39607/Freshwater_Strategic_Priorities.pdf.
②IUCN. 2022. Freshwater for the Future. https://www.iucn.org/news/protected-areas/202205/freshwater-future.
③PBL. 2021. Managing river systems in times of climate change. https://www.pbl.nl/en/news/2021/managing-river-systems-in-times-of-climate-change.

与发展国际合作委员会提出,并由荷兰环境评估署协调组成的一个国际专家小组共同实施的研究气候变化下的河流系统管理的项目。

b. 新技术助力水资源管理

水资源在不同地区不同情况下如何被管理,已成为水资源外部环境的一个重要组成部分,因此它是决定所有用水者相关"水风险"的一个至关重要的因素。水资源公共管理政策数据缺失不仅使得水资源风险评估变得不够完整,并且影响了相关缓解措施的制定与实施。

2022 年 4 月,美国国家航空航天局(National Aeronautics and Space Administration,NASA)发布信息称,美国科研小组一项发表在期刊《科学报告》(*Science Reports*)上的研究发现监测地下水流失的新方法[1],解决了困扰科学家的地下水量变化与地面变形之间的关系问题,这种新方法有望改善地下水管理。9 月,联合国粮农组织(FAO)发布消息称,由于荷兰外交部对联合国粮农组织的贡献,一种创新的水资源管理工具 WaPOR 将推广到世界各地。如今气候变化背景下水资源预测成为热点。

气候变化正在改变水循环,其影响正通过经济、粮食系统、生态系统和社区产生连锁效应,并影响可持续发展的最终成败。2020 年 6 月,斯德哥尔摩水研究所(SIWI)发布一份新的政策简报,以水治理为例就如何继续推进将土著居民的观点融入气候行动提出了关键建议。

2020 年 12 月美国国家科学基金会(National Science Foundation,NSF)发布《百年一遇的洪水将在本世纪末成为常态》报道称,当前百年一遇的洪水位到 21 世纪中叶(2030~2050 年)将变为 9 年洪水位,到 21 世纪后期(2080~2100 年)将变为 1 年洪水位。2021 年 1 月荷兰政府、OCED 和世界自然基金会在气候适应峰会召开前发布了《以水为杠杆》的报告[2],指出获得水资源是可持续发展和人类生存的基石,气候变化和快速城市化加剧了水资源管理方面前所未有的挑战,并使水成为应对这种脆弱性的重要来源。8 月,《自然》(*Nature*)发表题为《卫星成像显示受洪水影响的人口比例增加》的文章指出,全球遭受洪灾的人口比例增加了 20%~24%,比以前的估计高出 10 倍。

2022 年 11 月,世界气象组织(WMO)发布了首份《全球水资源状况报告》[3],

---

[1] NASA. 2022. NASA Finds New Way to Monitor Underground Water Loss. https://www.nasa.gov/feature/jpl/nasa-finds-new-way-to-monitor-underground-water-loss.

[2] WWF. 2021. Water is central to global efforts to adapt to climate change.https://wwf.panda.org/wwf_news/?1284391/Water-is-central-to-global-efforts-to-adapt-to-climate-change.

[3] WMO. 2022. State of Global Water Resources report informs on rivers, land water storage and glaciers. https://public.wmo.int/en/media/press-release/state-of-global-water-resources-report-informs-rivers-land-water-storage-and.

对气候变化背景下全球可用淡水资源进行盘点。旨在评估气候、环境和社会变化对地球水资源的影响，以便在需求增长和供应有限的时代支持全球淡水资源的监测和管理。报告概述了河流流量以及主要的洪水和干旱，它提供了对淡水储存变化热点的见解，并强调了冰冻圈（雪和冰）的关键作用和脆弱性。

c. 水污染成为研究焦点

水污染是由有害化学物质造成水的使用价值降低或丧失。水污染主要是由人类活动产生的污染物造成，它包括工业污染源、农业污染源和生活污染源三大部分。近年来，随着气候变化及人类对于淡水资源的过度利用和对环境的污染，对于河流、湖泊、地下水等淡水资源的污染也快速增加，塑料污染成为普遍的污染类型，因此，国际上对于水污染的研究也快速增加。

2022 年 2 月，PNAS 期刊发表的《世界河流的药物污染》，来自多个国家的科研人员对各大洲 104 个国家 258 条河流上的 1052 个取样点进行了监测，研究表明在全球 1/4 以上的研究地点地表水中存在对环境和人类健康产生影响的药物污染物[①]。8 月，《水研究》（*Water Research*）期刊在线发布的《大都市城市水网中微污染物变化的系统研究》的文章[②]，来自中国澳门、香港一项首次开展的沿海大都市城市水域中微塑料综合研究，研究发现香港污水样本中的微塑料含量在全球范围内大致处于中等水平。9 月，英国自然环境研究理事会（Nature Environment Research Council，NERC）资助 840 万英镑用于一项为期四年的河流水质研究项目，该项目着力于河流中污染物的来源、转化及与河流生态系统之间相互作用方面的研究[③]。10 月，欧盟委员会（European Commission）通过了有关修订环境空气、地表水和地下水污染，以及城市废水处理指令的 3 项提案[④]，建议制定更严格的法规治理空气和水污染，力争到 2050 年实现零污染。城市废水处理方面，欧盟委员会提议修订欧盟《城市废水处理指令》（*Urban Wastewater Treatment Directive*），该提案建议到 2040 年实现废水处理部门的能源中和，提高污泥质量，促进循环经济。11 月，由美国国家科学基金会（NSF）资助的佛蒙特大学、科罗拉多大学、堪萨斯大学的科学家承担的研究项目成果发表在《环境研究快报》（*Environmental Research Letters*），该研究成果表明美国超过 40%

---

① PNAS. 2022. Pharmaceutical pollution of the world's rivers. https://www.pnas.org/content/119/8/e2113947119.

②Water Research. 2022. A systematic study of microplastic occurrence in urban water networks of a metropolis.

③UKRI. 2022. NERC appoints new UK Freshwater Quality Champions. https://www.ukri.org/news/nerc-appoints-new-uk-freshwater-quality-champions/.

④European Commission. 2022. European Green Deal: Commission Proposes Rules for Cleaner Air and Water. https://ec.europa.eu/commission/presscorner/detail/en/ip_22_6278.

的国土区域水质将面临着因气候变暖导致的极端天气引起径流变化致使水质富营养化的危险[1]。

d. 地下水资源储量变化及地下水安全备受关注，创新技术方法被用于地下水监测

地下水约占地球上所有液态淡水的 99%，地下水不仅具有重要的资源属性和生态功能，还是重要的水资源战略储备。全球的地下水资源是一项总储量丰富的淡水资源。联合国发布的《2021 年可持续发展目标报告》提出，当前世界普遍缺乏与地下水相关的监测和数据，强调地下水监测是目前一个"尚未足够重视的领域"。2021 年 4 月，《科学》（Science）杂志发表封面文章，标题为"隐藏的危机就在我们脚下"。针对全球 40 个国家的大约 3900 万口井的地下水建设数据的分析发现，世界上 20% 的地下水井在不久的将来面临干涸的风险。同时，面临深层含水层的水质差，以及深层地下水开采建设成本高昂等挑战。《科学》上同一期研究指出，水井干涸引起的地下水枯竭会对粮食安全、数百万至数十亿人的健康和生计，以及环境带来重大威胁。地下水资源的消失可能会引发暴力冲突，并有可能引发气候难民潮。2022 年 3 月联合国水机制（UN-Water）发布《联合国世界水发展报告 2022》，题为"地下水：让无形可见"[2]。聚焦地下水并描述了与全球地下水开发、管理和治理相关的挑战和机遇。印度地区地下水资源储量变化及地下水资源管理取得新认识与新进展。世界银行发布近年来对于世界银行协助印度政府在水资源管理方面的进展评述[3]，指出正在印度实施一项有关地下水保护的项目，帮助改善地下水管理和应用。《自然通讯》（Nature Communications）上的一项研究发现，气候变化直接影响 21 世纪德国地下水资源，德国的地下水位在未来几十年内可能会下降。4 月，《自然地球科学》（Nature Geoscience）发表题为《巴基斯坦及印度西北部一个世纪来的地下水变化》的文章，发现过去百年（1900～2010 年）印度和巴基斯坦地下水位呈上升变化。7 月，《地球和行星科学快报》（Earth and Planetary Science Letters）发表《研究发现了一种新方法可以更精确的监测地下水储量变化》，将 GRACE 和 GRACE–FO 卫星的重力场数据与其他测量方法进行了比较，巧妙地结合不同的方法来获得可靠的地下水数据。10 月来自荷兰等国的研究评估了气候变化对地下水系统构

---

①Environmental Research Letters. 2022. As winters warm, nutrient pollution threatens 40% of U.S. https://beta.nsf.gov/news/winters-warm-nutrient-pollution-threatens-40-us.

②UN-Water. 2022. UN World Water Development Report 2022. https://www.unwater.org/publications/un-world-water-development-report-2022/.

③Worldbank. 2022. World Water Day 2022: How India is addressing its water needs. https://www.worldbank.org/en/country/india/brief/world-water-day-2022-how-india-is-addressing-its-water-needs.

成的竞争性挑战和机遇，通过回顾当前不同区域和时间尺度的人类活动、气候和影响地下水数量和质量的水文循环之间复杂相互作用，来思考地下水在适应气候变化中的重要作用。

3. SDG7：可持续与现代化能源

过去十年间，用电范围扩大，电力部门可再生能源的使用增长，能源效率提高。然而，仍有数百万人无法用电，全球 1/3 的人口缺乏清洁的烹饪燃料和技术。各地区在确保能源获取方面的进展很不均衡，使得最弱势的群体更加落后。

1) 全球部署及进展

疫情使进展发生逆转，导致数百万人无法用电。此外，低迷的石油和天然气价格可能会阻碍人们对清洁能源技术的采纳。从积极的一面来看，较低的化石燃料价格为政府改革化石燃料补贴提供了机遇。旨在促进经济增长、保护工人和创造就业岗位的刺激计划可以扩大清洁能源技术的部署。

在热力和运输领域需要加强现代化可再生能源研发和占比，以实现"双碳"目标。可再生能源在最终能源消费总量中的比例从 2010 年的 16.4%逐渐增加到 2018 年的 17.1%。主要贡献来自于电力部门，其可再生能源的比例现在超过了 25%。尽管如此，电力只占最终能源使用的 21%左右。其余部分集中在热力和运输部门，2018 年现代可再生能源分别渗透到其全球市场的 9.2%和 3.4%。传统生物质使用——如燃烧木材获取热量，仍占全球热力消费的近 14%。

排除传统生物质的使用，拉丁美洲和加勒比地区现代可再生能源在最终能源消费总量中的占比最高。这主要是由于大量的水力发电，以及在工业过程中使用生物能源和在运输中使用生物燃料。2018 年，全球现代可再生能源消费年度增长的 1/3 以上发生在东亚，其风力和太阳能发电在增长中占主导地位。

提高能源效率连同加大可再生能源的部署是减少温室气体排放全球目标的核心。2030 年目标要求将 1990～2010 年间能源强度的历史年度改善率翻一番。全球一次能源强度，定义为单位国内生产总值的总能源供给，从 2010 年的 5.6MJ/美元下降到 2018 年的 4.8MJ/美元，年改善率为 2%，这远低于实现具体目标所需达到的 2.6%。因此，从现在到 2030 年，能源强度的改善需要达到平均每年 3%。但只有系统性地对成本效益高的能效改进进行大量投资，这才有可能。虽然对 2019 年的早期估算表明改善率为 2%，但对 2020 年的展望显示进展水平很低，只有 0.8%。从近期来看，由于投资持续，能效的提升将得以继续。

2）研究热点及发展态势

2020 年，全球仍有 7 亿多人生活在黑暗中，24 亿人使用有害和污染的燃料烹饪。虽然可再生能源的使用和能源效率有所改善，但进展还不够快，无法实现可持续发展目标 7[①]。乌克兰战争推高了全球能源价格，加剧了欧洲的能源危机。2010~2020 年期间，全球可使用电力的人口从 83%上升至 91%，有 13 亿人可使用电力。仍然有 7.33 亿人生活在黑暗中——其中 3/4 以上生活在撒哈拉以南非洲地区。2020 年，全球 69%的人口能够获得清洁烹饪燃料和技术。虽然无法获得清洁烹饪燃料的人口中有一半以上生活在亚洲，但在能够获得清洁烹饪的人口比例最低的 20 个国家中，有 19 个是非洲最不发达国家。2019 年，可再生能源占全球最终能源消费总量的比例为 17.7%，比 2015 年提高不到一个百分点。电力部门在可再生能源最终消费总量中所占比例最大（2019 年为 26.2%）。2020 年，发展中国家的可再生能源发电装机容量达到创纪录的人均 245.7W。自 2015 年以来，可再生能源的人均产能增长了 57.6%，但小岛屿发展中国家、最不发达国家和内陆发展中国家要达到发展中国家在 2020 年的平均水平，最不发达国家和内陆发展中国家需要近 40 年的时间，小岛屿发展中国家需要近 15 年的时间。

4. SDG11：可持续城市和社区

城市是经济增长的动力，贡献了约 60%的全球生产总值。同时，城市是应对气候变化的重要载体，城市产生的碳排放量约占全球碳排放总量的 70%，资源使用量约占全球总量的 60%以上。联合国可持续发展目标第十一项为"建设包容、安全、有抵御灾害能力和可持续的城市和人类社区（SDG11）"，该目标提出，通过让城市继续蓬勃发展、改善资源利用、减少污染与贫穷等方式克服城市面临的拥挤、缺乏资金、基础设施破坏等挑战。

1）全球部署及进展

面向全球碳中和目标，可持续城市和社区建设有助于推动全球绿色低碳转型。有效实施联合国《新城市议程》将实现可持续城市化的价值，特别是通过构建支持性的城市治理结构、规划和管理，实现可持续发展目标。中亚地区已利用新技

---

①SDSN. 2022. Sustainable Development Report 2022. https://www.sdgindex.org/[2023-09-25]UNEP. 2022. Fragile mountain ecosystems on the mend around the world. https://www.unep.org/news-and-stories/story/fragile-mountain-ecosystems-mend-around-world.

术、创新和绿色融资，快速恢复着被 COVID-19 疫情打击的经济，正在建设绿色、弹性和包容性更强的社会经济；联合国机构发起价值数十亿美元倡议来改造城市、推动实现民生与城市的绿色重建，旨在促使城市更具有包容性、安全性、弹性和可持续性。联合国非洲经济委员会（U.N. Economic Commission for Africa，UNECA）在 2021 年年底推出用于制定城市指标的参考指南，以支持地方政府和国家统计局监测与报告可持续城市发展的进展情况。

a. 联合国推动全球城市绿色重建和转型

2021 年 9 月，联合国环境规划署在《联合国规划署展望简报第 26 版》解释了城市生计背景下更好的重建战略，这一战略意味着"更绿色地重建"。接着，联合国环境规划署与全球环境基金会（Global Environment Facility，GEF）等机构联合发起了全球城市转型（Urban Shift）项目，该项目旨在发起全球倡议，继续推动城市转变为绿色宜居空间，改善人类生活，助力应对气候变化、生物多样性丧失和污染。

b. 联合国发布多份报告致力于促使城市更具有包容性、安全性、弹性和可持续性

联合国发布多份可持续发展目标报告，致力于促进城市更加包容性、安全性、弹性和可持续性。2020 年 5 月，国际可持续发展研究院（International Institute for Sustainable Development，IISD）发布题为《联合国秘书长发布〈2020 年可持续发展目标进展报告〉》的报道①，提出联合国秘书长关于 17 个可持续发展目标的年度报告，并在 2020 年高级别政治论坛之前发布。7 月，联合国经济社会事务部发布《2020 年可持续发展目标报告》，指出 COVID-19 疫情令实现可持续发展目标的难度大大增加，到 2020 年底，可持续发展 169 个具体目标中的有 21 个目标将有序推进。2022 年 3 月，联合国统计委员会（Statistical Commission）批准实施"全球城市监测框架"（Urban Monitoring Framework，UMF），作为联合国全系统监测可持续发展目标（SDGs）和新城市议程（New Urban Agenda，NUA）协调战略的一部分，该框架于 3 月 1 日在联合国统计委员会第 53 届会议上通过，框架协调了现有的城市指标和工具，并为衡量可持续发展目标和全国统一绩效评估提供了一个普遍的框架。

c. 制定城市指标推动可持续城市发展

2021 年 10 月，国际可持续发展研究院发布题为《UNECA（联合国非洲经

---

① IISD. 2020. UN Secretary-General Releases 2020 SDG Progress Report. https://sdg.iisd.org/news/un-secretary-general-releases-2020-sdg-progress-report/.

济委员会）制定城市级指标以监测可持续发展》的报告指出，UNECA 制定了107 个城市级指标，以支持地方政府和国家统计局监测与报告可持续城市发展的进展情况，并到 2021 年末，计划推出用于制定城市级指标的参考指南[①]。这些指标基于《新城市议程》、2030 年可持续发展议程和非洲联盟《2063 年议程》中概述的城市具体承诺。2021 年底，UNECA 计划推出参考指南《非洲城市指标和衡量参考指南》[②]，它包括 17 个类别的 107 个城市级指标，涵盖能源、环境和经济等城市可持续发展的各个方面。该指南将解释如何在区域范围内收集每个指标的数据，并提供数据分类的良好做法。旨在帮助国家统计局形成可靠、准确、相关和及时的城市级数据能力。

2）研究热点及发展态势

城市是应对气候变化的载体，全球约 75%的能源和自然资源消耗在城市，大约60%的生产生活垃圾和 70%的温室气体排放来自城市中心。人们如何设计、建造和改造未来的城市，以及如何更好地利用空间，将在应对气候危机中发挥重要作用。健康、可持续的基础设施建设是可持续发展的核心问题，基础设施的建设可以支撑经济持续增长，是解决就业与改善当地居民生计和福祉的一条重要方式；城市公共、住宅和商业建筑，以及公共和私人交通中的可再生能源为全球能源决策提供参考；从实现路径、发展趋势与挑战、实现方式和智慧型城市解决方案等方面对平等、宜居和智慧型城市进行论述有助于推动 SDG11 发展进程；此外，城市化对粮食系统产生重要影响。因此，全球需要关注城市基础设施、建筑、交通及可再生能源等方面的建设，以实现建设包容、安全、有抵御灾害能力和可持续的城市和人类社区。

a. 城市减排成为落实净零目标的中坚力量

虽然气候变化是一个全球性问题，但通过改善空气质量和减少城市人口接触有害污染物以降低对人类健康和生态系统的影响具有地方特色。2021 年 5 月，碳信息披露项目（Carbon Disclosure Project，CDP）发布题为《迈向 2030 年的城市：为所有人建设零排放、韧性的地球》（*Cities on the Route to 2030：Building a Zero Emissions，Resilient Planet for All*）的报告指出，进行信息披露的城市数量由 2011年的 48 个增加至 2020 年的 812 个，增加了 17 倍，但仍有 43%的城市没有制定应

---

①IISD. 2021. UNECA Develops City-Level Indicators for Monitoring Sustainable Development. http://sdg.iisd.org/news/uneca-develops-city-level-indicators-for-monitoring-sustainable-development/.
②UNECA. 2021. New guide will help African countries measure progress on sustainable development at city scale. https://www.uneca.org/stories/new-guide-will-help-african-countries-measure-progress-on-sustainable-development-at- city.

对气候变化威胁的适应计划。7 月，《环境研究快报》(*Environmental Research Letters*)发表题为《全球城市地区的人为排放：模式、趋势和挑战》的文章，用数据说明了在经济高速发展下，城市化是全球二氧化碳与空气污染物的最主要排放来源地。

b. 城市可持续评估对实现可持续发展至关重要

城市是具有多种特征的实体，其规模、人口密度、气候、法律能力和人口需求在物质、社会、经济和情感方面各不相同，城市也是向可持续未来过渡的关键。政府部门可以利用治理城市的权利，推动城市走上可持续发展的道路，这将需要对城市的可持续发展现状进行诊断，并优先考虑需要更迫切关注的维度和领域。城市可持续发展框架提供了城市发展状态和可持续水平的标准。对一个城市表现的准确评估将为支持可持续转型变化的理论提供信息。

2020 年 12 月，联合国欧洲经济委员会(the United Nations Economic Commission for Europe，UNECE)发布《可持续智慧城市》的报告[1]，围绕平等、宜居和智慧型城市，从实现路径、发展趋势与挑战、实现方式和智慧型城市解决方案等方面进行全面的论述，以推进城市可持续发展目标（SDG11）的进程。2022 年 3 月，由美国国家科学基金会资助，由伊利诺伊大学香槟分校（University of Illinois Urbana-Champaign）和西北大学（Northwestern University）的研究人员共同开发了一种针对城市脆弱性评估与城市恢复力系统方法，简称 SAVEUR。该方法旨在更准确地预测极端天气事件，保护脆弱人群、地区和城市基础设施。减少极端天气事件对全球城市造成的破坏。8 月，斯德哥尔摩环境研究所（Stockholm Environment Institute，SEI）发布《城市可持续发展度量》简讯[2]，介绍了不同的城市可持续发展指标，并概述了城市如何衡量其可持续发展表现，展望了未来可持续城市的愿景。

c. 城市空气污染和环境问题亟须统筹解决

城市环境污染是在城市的生产和生活中向自然界排放的各种污染物，超过了自然环境的自净能力，遗留在自然界，并导致自然环境各种因素的性质和功能发生变异，破坏生态平衡，给人类的身体、生产和生活带来危害。

2020 年 9 月，荷兰环境评估署（PBL）发布题为《城市化对西非和东非粮食系统的影响》的报告[3]，深入分析了西非和东非城市化与粮食系统的预测动态，

---

[1] UNECE. 2020. People-Smart Sustainable Cities. https://unece.org/sites/default/files/2021-01/SSC%20nexus_web_opt_ENG_0.pdf.

[2] SEI. 2022. Urban sustainability metrics. https://www.sei.org/publications/urban-sustainability-metrics/.

[3] PBL. 2020. The Impact of Urbanisation on Food Systems in West and East Africa. https://www.pbl.nl/en/publications/the-impact-of-urbanisation-on-food-systems-in-west-and-east-africa.

并评估了其对农村生计的潜在影响，最后就城市化如何促进农村生计提出相关建议。2022 年 1 月，《柳叶刀–星球健康》（*The Lancet Planetary Health*）期刊发表题为《全球城市细颗粒物（PM$_{2.5}$）和可归因健康负担的时间趋势》。2022 年 2 月，联合国环境规划署发布《2022 年前沿：噪声、火灾和物候不匹配》（*Frontiers 2022：Noise，Blazes and Mismatches*）报告，确定了城市噪声污染、野火和物候不匹配是城市新出现的三大环境问题，这三大环境问题进一步凸显了解决气候变化、污染和生物多样性丧失等全球性危机的紧迫性和必要性。2022 年 3 月，IQAir 全球空气质量数据平台发布《2021 年全球空气质量报告》（2021 *World Air Quality Report*），指出全球 117 个国家和地区的 6475 个城市中只有 3%的城市未超过世界卫生组织最新空气质量指南中的限值。2022 年 4 月，WHO 发布《WHO 空气质量数据库（2022 年更新）》（*WHO Air Quality Database 2022*）显示，全球99%的人口呼吸的空气超过了 WHO 最新空气质量指南中的限值。2022 年 8 月，美国健康影响研究所（Health Effects Institute，HEI）发布《城市空气质量与健康》报告[①]，对全球 7000 多个城市的空气污染和全球健康影响进行了全面而详细的分析，重点关注了细颗粒物（PM$_{2.5}$）和二氧化氮（NO$_2$）两种污染物。《水研究》（*Water Research*）期刊在线发布《大都市城市水网中微污染物变化的系统研究》的文章，通过来自中国澳门、香港的一项研究，首次开展沿海大都市城市水域中微塑料综合研究，发现香港污水样本中的微塑料含量在全球范围内大致处于中等水平。

5. SDG13：气候变化应对及影响

气候变化正在成为未来人类可持续发展面临的主要威胁，并使其成为可持续发展最紧迫的行动领域。如果我们不减少创纪录的温室气体排放量，预计未来几十年全球变暖将达到 1.5℃。气候变化带来的复合效应将是灾难性和不可逆转的，海洋酸化加剧，海岸侵蚀，极端天气条件，更频繁和严重的自然灾害，持续的土地退化，重要物种的丧失和生态系统的崩溃。这些影响将导致普遍的粮食短缺和饥饿，到 2050 年可能会使 1.4 亿人流离失所。对气候变化采取果断行动迫在眉睫。联合国可持续发展目标第十三项为"采取紧急行动应对气候变化及其影响"（SDG13），该目标提出，将通过各国的实际行动，减缓气候变化威胁，增强人类适应能力。

---

① HEI. 2022. Air Quality and Health in Cities. https://www.stateofglobalair.org/resources/health-in-cities.

1）全球部署及进展

在新冠疫情之前，国际社会对扭转气候危机所需承诺持回避态度，但不断上升的温室气体排放量要求将经济转向碳中和。应对气候变化成为后疫情时代全球最为紧迫的议题，全球范围内的碳中和行动正加速世界经济绿色低碳转型大潮。欧盟将碳中和目标纳入立法，并出台相应的资助计划；英国致力于成为绿色脱碳的世界领先者，全面推动绿色工业革命；美国重返气候变化应对领导舞台，在清洁脱碳、能源技术创新、气候危机应对等方面进行布局；韩国、加拿大、西班牙等国也制定了各自的碳中和法案；氢能作为未来关键部门深度脱碳的重要途径受到广泛重视，欧盟、德国、英国都提出了发展氢能的战略。

a. 多国发布气候适应战略以加强气候恢复力建设

欧盟 18 个成员国的 118 个地区和地方当局于 2021 年 6 月宣布参与"欧盟使命：适应气候变化"计划，以支持《欧洲绿色协议》和《欧洲气候适应战略》的实施，该计划到 2030 年将支持至少欧洲 150 个社区实现气候恢复力。美国拜登政府于 2021 年 10 月发布《建立气候适应型经济的路线图》，阐述了气候风险问责框架，提出应对气候金融风险的核心原则，并制定了衡量、披露、管理和减轻金融风险路线图。澳大利亚政府于 2021 年 11 月发布《2021—2025 年国家气候恢复力与适应战略》，提出针对自然、建筑、社会和经济四个领域来构建气候恢复力与适应能力的方法。2022 年 7 月，澳大利亚出台《2022 年气候变化法案》（*Climate Change Bill 2022*），规定了澳大利亚到 2050 年实现温室气体净零排放的目标，并为气候变化进程提供更强有力的监督与问责。新西兰于 2022 年 8 月发布首个国家适应计划，提出了新西兰适应气候变化的愿景、目标，以及未来 6 年（2022~2027 年）新西兰适应气候变化的重点领域，包括基于风险的决策、建立气候韧性、社区适应方案评估、将气候适应纳入政府各级决策等。2022 年 6 月，我国发布《国家适应气候变化战略 2035》，提出完善气候变化观测网络、强化气候变化监测预测预警、加强气候变化影响和风险评估、强化综合防灾减灾等任务举措，气候变化监测预警能力到 2035 年达到同期国际先进水平。

b. 多国制定氢能发展战略

氢气是一种用途广泛的能源和原料，如果使用低排放能源生产氢能，将实现能源和工业部门的深度脱碳。2020 年 6 月，德国联邦经济与技术部（Federal Ministry for Economic Affairs and Energy）制定了《国家氢能战略》，设定了德国氢能战略的目标与雄心，并根据氢能现状与未来市场，提出了德国国家氢能战略的行动计划。2020 年 7 月，欧盟委员会发布《针对气候中和的欧洲的氢能战略》（*A Hydrogen Strategy for a Climate-neutral Europe*），提出了欧盟至 2050 年的氢能发展路线图[①]，为未来 30 年欧盟的氢能发展指明了方向。欧盟氢能战略的核心是把风电、光电产生的可再生氢能广泛用于工业、交通、发电、建筑等部门。2021 年 8 月，英国商业、能源和产业战略部（Department for Business, Energy & Industrial Strategy, BEIS）发布《英国国家氢能战略》[②]，制定了英国发展低碳氢产业的方法，旨在到 2030 年实现 5GW（吉瓦）的低碳氢生产能力，并实现未来碳预算和净零排放目标。

2）研究热点及发展态势

气候危机持续不减，2020 年全球平均气温比工业化前水平高 1.2℃，严重偏离 1.5℃目标的轨道。气候学家已经发出警告，气候紧急状况正在到来。但全球在应对气候风险方面缺乏进展，尤其是较不发达国家和脆弱国家受到的影响更加严重。但是全球行动进展仍不够迅速，各国气候行动绩效指数表现不够好。受新冠疫情的影响，全球温室气体排放量有所下降，但未来的形势取决于国家的绿色复苏情况；加快部署可再生能源将带来很大的减排潜力；提升能效的目标仍落后于全球目标；气候政策行动势头增长与进展停滞的现象共存。因此，全球必须加快气候行动步伐实现《巴黎协定》气候目标，城市、地区和企业的参与至关重要，可持续发展和公平转型成为未来长期低排放发展战略的关键。

a. 碳中和背景下空气污染和气候变化与人群健康研究备受关注

空气污染和气候变化是当前人类健康面临的最大环境威胁（WHO，2021）。碳中和目标下，减污降碳协同是降低空气污染健康损失的必然趋势（Liu，2022）：①在气候变化与健康方面，柳叶刀健康和气候变化倒计时报告发现[③]，气候变化对全球造成的健康损害正在持续恶化，传染病传播、与高温有关的疾病，以及因暴露于空气污染而死亡的风险均在因气候变化而增加。其中，2000～2004 年至 2017～2021 年，与热有关的死亡人数增加 68%。欧洲环境署（European Environment Agency，EEA）报告指出[④]，极端高温是对欧洲人类健康的主要威胁，同时气候敏

---

①EU. 2020. A Hydrogen Strategy for a Climate-neutral Europe. https://ec.europa.eu/energy/sites/ener/files/hydrogen_strategy.pdf.

②UK. 2021. UK Hydrogen Strategy. https://www.gov.uk/government/publications/uk-hydrogen-strategy.

③Thelancet. 2022. The 2022 report of the Lancet Countdown on health and climate change: health at the mercy of fossil fuels. https://www.thelancet.com/journals/lancet/article/PIIS0140-6736(22)01540-9/fulltext.

④EEA. 2022. Climate change as a threat to health and well-being in Europe: focus on heat and infectious diseases. https://www.eea.europa.eu/publications/climate-change-impacts-on-health.

感性传染病也正在增加。②在大气污染与健康方面，世界卫生组织指出①，全球99%的人口生活在超过 WHO 最新空气质量指南 $PM_{2.5}$ 指导值（5μg/m³）的地区。研究发现，如果全球空气污染水平可下降至 WHO 的最新指导值，人类的平均预期寿命将增加 2.2 年。美国科学家研究指出，2019 年全球城市空气污染导致超 180 万人死亡。美国健康效应研究所（HEI）对全球主要空气污染源及其造成的特定疾病负担的首次全面估计发现，化石燃料燃烧导致全球每年约 100 万人因相关疾病而过早死亡，其中 80 万人的过早死亡发生在南亚或东亚地区。世界银行估计②，空气污染相关的全球健康损害成本为 8.1 万亿美元，相当于全球 GDP 的 6.1%。③在气候变化与空气污染协同治理的健康效益方面，美国未来资源研究所（Resource for Future，RFF）的研究指出，美国在 2030 年实现气候目标将创造超过 330 亿美元的健康效益③。中国科学家指出，在 1.5℃温控目标下，中国在 2030 年和 2050 年可分别避免约 11.8 万人和 61.4 万人的 $PM_{2.5}$ 归因死亡（Tang et al.，2022）。

　　b. 气候系统临界点及其高影响风险日益受到国际科学研究关注

　　触发气候临界点会导致严重全球和区域影响，包括大西洋经向翻转流（Atlantic Meridional Overturning Circulation，AMOC）减弱、极地冰盖质量损失加速、亚马孙热带雨林频繁干旱、温水珊瑚大规模死亡，以及多年冻土融化等。最新的联合国政府间气候变化专门委员会（Intergovernmental Panel on Climate Change，IPCC）报告对气候临界点进行评估并指出了当前科学认识的局限：过去和未来温室气体排放造成的许多变化在几个世纪到几千年内是不可逆转的，尤其是海洋、冰盖和全球海平面的变化；随着全球变暖，不能排除气候系统突变和临界点的发生，例如南极冰盖融化和亚马孙雨林干旱；极端天气和气候事件的增加导致了不可逆转的影响，因为这已经处于自然和人类系统的适应能力之外。2022 年《科学》（Science）刊文指出，如果全球气温比工业化前水平上升 1.5℃以上，可能会触发多个气候临界点；即使在目前的全球变暖水平下，地球也已经面临超过 5 个气候临界点的风险。气候系统临界点越来越受到科学界、政策制定者和公众的关注，但目前关于气候系统临界点阈值效应的科学文献仍存在空白，需要在气候风险评估中了解高影响、低可能性气候事件的发展程度，以便及时采取适应行动。

---

①WHO. 2022. WHO Air Quality Database (Update 2022). https://www.who.int/data/gho/data/themes/air-pollution/who-air-quality-database.

②World Bank. 2022. The Global Health Cost of $PM_{2.5}$ Air Pollution：A Case for Action Beyond 2021. https://openknowledge.worldbank.org/handle/10986/36501.

③Rff. 2022. Resources for the Future. The Distribution of Air Quality Health Benefits from Meeting US 2030 Climate Goals. https://www.rff.org/publications/reports/the-distribution-of-air-quality-health-benefits-from-meeting-us-2030-climate-goals/.

c. 碳捕集、利用与封存（carbon capture、utilization and storage，CCUS）技术作为全球气候治理的关键技术将成为未来科技布局的重点之一

全球碳捕集与封存研究院发布《2022 年全球碳捕集与封存（CCS）现状》报告指出[①]，截至 2022 年 9 月，全球商业 CCS 项目数量再创新高，达到了 196 个，这些项目的总捕集规模达到了 2.44 亿 t/a，比上年增加了 44%。美国、欧盟、英国、日本、韩国、加拿大等多国发布 CCUS 技术相关政策与战略，推进 CCUS 技术研发、示范与应用。比如美国参众两院提出 5 项法案，包括《ACCESS 45Q 法案》《碳捕集现代化法案》《封存二氧化碳和降低排放方案》《碳捕集、利用与封存税收抵免修正法案》《资助我们的能源未来法案》，旨在加速美国 CCS 部署；英国商业、能源和产业战略部（BEIS）发布题为《净零战略：绿色重建》《英国净零研究与创新框架》，关注英国工业领域的 CCS 部署，旨在实现关键部门的脱碳。

6. SDG14：保护和可持续利用海洋资源

可持续发展目标 14（SDG14）的核心要义是人类与海洋的相互作用。具体而言，SDG14 提出保护和可持续利用海洋和海洋资源以促进可持续发展。在 SDG14 目标中共涉及 10 个方面的子目标，包括减少海洋污染、保护并恢复生态系统、减少海洋酸化、可持续捕鱼、保护海岸及海洋区域、禁止造成过度捕捞和非法、未报告和不受管制的捕捞补贴、通过可持续利用海洋资源增加小岛屿国家以及最不发达国家的经济效益、增加科学知识并发展研究能力、为小规模手工业渔民提供获取海洋资源与进入海洋市场的机会、通过实施《联合国海洋法公约》中的规定加强海洋保护与可持续利用。

1）全球部署及进展

2021 年 1 月，"联合国海洋科学促进可持续发展十年"（2021～2030 年）正式启动。"联合国海洋科学促进可持续发展十年"的重点是形成科学认识、打造基础设施、提高海洋素养并建立伙伴关系，从而为旨在扭转海洋健康恶化的行动提供支撑。气候将成为关键优先事项，海洋科学在确保社会能够认识和预测未来海洋状况，评估和减少气候变化影响以维持健康和极具韧性的海洋，保护人类社区免受海洋危害，从而确保人人享有安全的海洋与保持海洋的可持续生产力方面发挥关键作用。

---

①Global CCS Institute. 2022. Global CCS institute: Building Momentum as We Shift into A Phase of Action. https://status22.globalccsinstitute.com/.

受气候变化的驱动，威胁了沿海国家的粮食安全和经济发展，可持续渔业发展的重要性逐渐凸显，各国出台相关战略规划部署可持续渔业健康发展，此外，各国开展海岸带修复行动，重视蓝碳生态系统保护，加大对海洋污染治理与研究，同时也加大海洋能开发利用和投资。

a. 美国注重海洋与气候关系，着力提升气候危机应对能力

2022 年 5 月，美国国家科学院（NASEM）发布《美国与"海洋十年"之间的交叉主题》[①]，提出美国可通过包容且公平的海洋、数字海洋、揭示海洋环境、海洋恢复与可持续海洋、有助于实现气候韧性的海洋解决方案和健康的城市海洋这 6 项主题助力实现"海洋十年"的 7 项成果。2022 年 6 月，白宫发布拜登政府海洋保护和海洋健康恢复新举措，提出白宫科技政策办公室、美国环境质量委员会和白宫气候政策办公室将合作制定美国史上首个政府各部门全面参与的海洋-气候行动计划，指导基于海洋的气候减缓和适应重大行动。同月，美国商务部宣布未来 5 年将通过《两党基础设施建设法案》为美国国家海洋与大气管理局（National Oceanic and Atmospheric Administration，NOAA）提供 29.6 亿美元资助，用于打造气候适应型海岸、加强气候数据及其服务，以及恢复渔业和受保护资源[②]。2022 年 8 月，美国国会研究处发布《联邦政府在海洋研发方面的参与》报告，指出国会面临的海洋研究问题包括：①与气候变化相关的海洋数据和研究需求；②深海勘探和测深数据的应用；③深海地质灾害；④深海环境保护；⑤认识深海自然资源。

b. 英国加快推进数字海洋建设，全方位提升海洋数据能力

2022 年 3 月，英国水文局（UK Hydrographic Office，UKHO）与"日本基金会-大洋深度图 2030 年海底计划"签署谅解备忘录，共同推进对海洋测深的认识并支持"海洋十年"。2022 年 5 月，英国发布《英国海洋地理空间数据的未来》，提出需加强 30 多家海洋地理空间数据采集机构之间的协作，并将海洋地理空间视作一个整体领域，通过开展系统性、全球协作式和持续的全球海洋观测和海底测绘加深对海洋的认识。2022 年 7 月，英国与欧盟、巴西、南非、加拿大、美国、摩洛哥、阿根廷和佛得角共同启动大西洋研究与创新联盟，承诺在海洋研究、数据共享和基础设施建设方面开展更紧密的合作。2022 年 8 月，英国政府发布《国家海洋安全战略》，提出未来 5 年英国的海洋安全战略目标，即保护英国国土、应

---

①NASEM. 2022. Cross-Cutting Themes for U.S. Contributions to the UN Ocean Decade. https://nap. nationalacademies.org/catalog/26363/cross-cutting-themes-for-us-contributions-to-the-un-ocean-decade.

②NOAA. 2022. Biden Administration announces historic coastal and climate resilience funding. https://www. noaa.gov/news-release/biden-administration-announces-historic-coastal-and-climate-resilience-funding.

对威胁、确保繁荣、捍卫价值观、支持一个安全且有恢复力的海洋。2022 年 10 月，UKHO 首次向"2030 年海底计划"提供大西洋南部和南极附近水域数据。

c. 欧盟对接《2030 年议程》及其海洋可持续发展目标

2022 年 5 月，欧盟发布《海洋空间规划指令执行情况的报告》[①]，指出海洋空间规划有力推动了《欧洲绿色协议》，将在扩大海洋保护区覆盖面积和推动海洋可持续发展方面发挥重要作用。2022 年 6 月，欧盟发布《为可持续蓝色星球设定航向–关于欧盟国际海洋治理议程的联合公报》[②]（EU，2022），指出欧盟在推动国际海洋治理方面的优先事项。2022 年 7 月，欧盟正式加入联合国环境规划署（UNEP）"清洁海洋运动"（UNEP，2022），助力国际塑料污染治理行动。

d. 澳大利亚持续开展海洋生态系统监测，保持其领域优势

2021 年 11 月，澳大利亚国家海洋科学委员会（National Marine Science Committee，NMSC）发布《2015—2025 年国家海洋科学计划：中期评估与展望》[③]，将通过"维持和扩大国际海洋观测系统"（Integrated Marine Observing System，IMOS）计划支持关键的气候变化及沿海系统研究和为国家研究船提供资助。2021 年启用 RSV Nuyina 号新破冰船，替代 Aurora Australis 号破冰船。下一步将设立国家研究船协调委员会，确保研究船投资收益的最大化。2022 年 8 月，澳大利亚海洋研究所（The Australian Institute of Marine Science，AIMS）发布《2021/2022 年珊瑚礁状况年度总结报告》[④]（AIMS，2022），指出大堡礁北部和中部的珊瑚覆盖率达到了 AIMS 开展监测 36 年以来的最高水平。

2）研究热点及发展态势

近年来，全球海洋科技发展稳步推进，主要国家发布海洋科技战略规划，在海洋塑料污染、物理海洋、海洋生物、海洋观测、海洋可持续发展、海洋安全领域取得瞩目成果。《终止塑料污染决议（草案）》的签署为海洋塑料污染治理提供历史机遇。应对塑料污染的生物修复方法取得进展（中国科学院海洋研究所，2021），能有效降解塑料垃圾的海洋微生物菌群的发现有望突破多种难降解塑料的

---

①European Union. 2022. REPORT FROM THE COMMISSION TO THE EUROPEAN PARLIAMENT AND THE COUNCIL. https://ec.europa.eu/oceans-and-fisheries/news/european-commission-report-implementation-maritime-spatial-planning-directive-good-progress-more-2022-05-03_en.

②EU. 2022. Setting the course for a sustainable blue planet - Joint Communication on the EU's International Ocean Governance agenda. https://oceans-and-fisheries.ec.europa.eu/publications/setting-course-sustainable-blue-planet-joint-communication-eus-international-ocean-governance-agenda_en.

③NMSC. 2021. National Marine Science Plan 2015-2025: The Midway Point. https://www.marinescience.net.au/wp-content/uploads/2021/08/NMSP-2015-2025-reportREDUCED.pdf.

④AIMS. 2022. Highest coral cover in central, northern Reef in 36 years. https://www.aims.gov.au/information-centre/news-and-stories/highest-coral-cover-central-northern-reef-36-years.

降解瓶颈（Gao，2021）。海洋观测技术加速发展。随着"日本基金会–大洋深度图 2030 年海底计划"的推进，全球海底绘制已完成 23.4%。南海及西北太平洋海域深海蛇尾新物种、墨西哥湾新鲸鱼物种的发现为揭示生物多样性提供新线索。海洋可持续发展势头强劲。28 个国家成立"联合国海洋科学促进可持续发展十年"委员会，政府间海洋学委员会（IOC）通过 3 轮行动呼吁批准数百项计划。

a. 海洋生物学研究得到广泛关注

美国研究机构合作制定了一项科学和管理战略，以保护和促进北大西洋露脊鲸的恢复，同时以负责任的方式开发海上风能。英国南极调查局（British Antarctic Survey，BAS）牵头完成的新研究指出，在靠近季节性海冰边缘的南大洋中层海域，鱼类的生物量或总重量可能比先前估算的高 1.8～3.6 倍。国际研究小组联合完成的新研究提供了软骨鱼类物种如何利用海洋垂直维度的首个全球分析，揭示了鲨鱼和鳐鱼物种在海水中的活动情况，旨在更好地认识这些物种并对其进行保护。美国牵头完成的新研究指出，南极冷水珊瑚幼虫可能对海水升温有抵抗力，在海水温度较高的情况下，幼虫的发育速度比在温度较低的情况下更快。英国研究人员利用约 1000 个 DNA 序列重建了 175 种灯笼鱼之间的进化关系，揭示了灯笼鱼成为深海中生物多样性最丰富的鱼类之一的原因。美国研究发现，随着海洋整体温度升高，海洋物种的食物链和生态链将随着外界环境的改变而发生重大变化，从而导致全球海洋生产性鱼类减少。英美联合启动"利用公民科学监测人为颗粒和浮游生物"（MAPPS）计划，以增进对英国浮游生物群落的认识。英国研究人员利用北大西洋和北海超过 60 年的硅藻丰度数据，揭示了在气候变化和北大西洋变暖的驱动下，过去 60 年北大西洋浮游植物丰度的巨大变化。

b. 海洋地质地貌研究在持续深入

印度研究人员通过追踪西印度洋大马尔代夫海岭的构造演化及其性质，有助于重建最初冈瓦纳大陆的分裂和扩散活动，该演化过程也导致了现今印度洋大陆的结构、大陆分裂和海洋盆地的形成[①]。美国牵头完成的两项新研究，记录了 2022 年 1 月南太平洋岛国汤加火山爆发的影响，首次同时采集了大型海底火山爆发时的海洋、大气和空间数据（NSF，2022）；在东太平洋海隆壳板块断裂处发现了一个热液场，名为 YBW-Sentry，该发现可能会改变海底热液喷口系统对海洋生命和化学影响的认识（PNAS，2022）。加拿大深海考察地区具有独特的小型活跃近

---

① Weather. 2022. Indian Researchers Trace Tectonic Evolution and Nature of Greater Maldive Ridge in Western Indian Ocean. https://weather.com/en-IN/india/science/news/2022-02-18-researchers-trace-tectonic-evolution-nature-of-greater-maldive-ridge.

岸构造板块，同时集中分布加拿大太平洋海山、热液喷口和冷泉，揭示了加拿大太平洋地区前所未见的生境和样本。英国杜伦大学牵头完成的新研究，通过恢复漂浮在大西洋上的传感器发现了世界上最长的水下雪崩，这些传感器覆盖了1100km 的距离，保存了有关海底沉积物雪崩的数据（Nature，2021）。澳大利亚南极局（Australian Antarctic Division，AAD）正式发布南极东部水下山谷数据，该山谷深 2300m、宽 2000m、长至少 55000m，从范德福德冰川下方延伸至海洋，同时研究人员借助多波束回声测深仪绘制了海床图像[①]。

　　c. 海洋观测技术全面发展

英国部署首批全新生物地球化学剖面浮标（BGC-Argo），占英国对 BGC-Argo浮标贡献总量的 50%，是海洋数据的重要来源，有助于改变对 2000m 深度处海洋过程的理解，也可助力全球 Argo 计划[②]。国际研究利用"卷积神经网络方法"（Convolutional Neural Network）分析卫星数据，并对海冰和开放水域的海水进行分类，通过卫星观测实现了对北极海冰厚度的全年测量。美国蒙特利湾海洋研究所（Monterey Bay Aquarium Research Institute，MBARI）的遥控潜水器（Remotely Operated underwater Vehicles，ROVs）通过搭载 4K 水下成像系统，记录了海洋表面以下数千米处深海动物和栖息地的超高清视频。德国研究团队使用激光直接红外（laser direct infrared imaging，LDIR）化学成像方法对微塑料监测技术进行了显著改进，并通过量子级联激光器快速分析环境样品中的微塑料颗粒，得到第一份关于热带印度洋微塑料浓度的大范围研究报告。英国国家海洋学中心（National Oceanography Centre，NOC）创新团队发布了一款增强版的海洋潮汐预测软件—Polpred[③]，该软件采用大量高度准确且经过科学验证的海洋模型对近海潮汐流及其高度进行预测，从而确保近海运营商增强其规划的可靠度，并有助于减少安全问题。

　　d. 新兴技术助力海洋研究

英德研究人员利用人工智能识别了北极浮游动物的微塑料摄入量，揭示了海洋环境中塑料问题的范围和强度。法国启动"IA-Biodiv 挑战"科学计划，旨在借助人工智能的力量应对地中海和太平洋海洋环境中的生物多样性问题。英国牵头完成的新研究，利用人工智能建立了海洋物理和海洋生物学之间的联系，通过分析与生产力较高的生态系统相对应的洋流以及导致生产力下降的原因，可助推南

---

① Antarctica. 2022. ANTARCTIC SEABED'JIGSAW PIECE'PUBLICLY RELEASED. https://www.antarctica.gov.au/news/2022/antarctic-seabed-jigsaw-piece-publicly-released/.

② NOC. 2021. South African fisheries to benefit from an Artificial Intelligence study of ocean ecosystems.https://noc.ac.uk/news/south-african-fisheries-benefit-artificial-intelligence-study-ocean-ecosystems.

③ NOC. 2022. NOC's innovations team releases new tidal prediction cloud software. https://noc.ac.uk/news/nocs-innovations-team-releases-new-tidal-prediction-cloud-software.

非渔业的可持续发展。美国研究人员利用"元编码"（metabarcoding）技术评估了加利福尼亚沿海的海洋生物多样性，该技术首次部署于长期生态取样环境中，通过遗传学信息可确定影响加利福尼亚沿海表层水域中生物数量的主要因素及分布地点。澳大利亚牵头完成的新研究指出，基因组测序技术和基因工程在保护海洋生物方面有着巨大的潜力，但目前利用不足。国际研究团队利用 3D 打印模拟了不同的珊瑚骨骼孔隙，分析其如何影响过氧化氢的生成，开发出首个能够为共生藻类提供宿主的 3D 打印合成珊瑚组织，从而实现珊瑚恢复。

7. SDG15：陆地生态系统与生物多样性保护

随着社会经济的快速发展，人类对资源的需求量也是越来越大，大多数时候，人类开采资源的过程中或轻或重地都会破坏周围生态系统，随着人类资源开采活动越来越频繁，陆地生物多样性受到了严重的破坏，陆地生态系统对人类的服务质量下降。陆地生态系统的服务质量与陆地生物多样性有着密切的关系，生物的种类越多，生物多样性就越高，生态系统服务的数量和质量也就越高。

1）全球部署及进展

为了应对环境恶化带来的挑战，全球正在作出巨大努力以扩大可持续的森林管理并保护对生物多样性至关重要的地点。各国也在制定法律和核算原则以使自然"有价值"，并应对生物多样性面临的威胁，如外来入侵物种的日益蔓延。在增加生态碳汇方面，2022 年 3 月，韩国海洋水产部宣布全面推进湿地植被恢复工程，在 4 年内投入 600 亿韩元，通过恢复芦苇、姜黄等盐生植物的栖息地恢复湿地生态功能，增强碳吸收能力。4 月，美国总统拜登签署行政命令以加强美国的森林保护能力[1]，并提出了 4 个主要行动领域，其中包括通过全面努力部署基于自然的解决方案来减少排放并建立恢复力，让大自然解决气候危机。5 月，新西兰政府发布首个减排计划，将大规模建立原生森林以开发长期碳汇和改善生物多样性作为关键行动之一。6 月，英国拨款 4700 万英镑用于应对关键环境挑战[2]，资助项目包括了解基地海冰损失如何影响海洋的固碳能力，调查植树造林等气候变化减缓策略。

---

[1]Whitehouse. 2022. President Biden Signs Executive Order to Strengthen America's Forests, Boost Wildfire Resilience, and Combat Global Deforestation. https://www.whitehouse.gov/briefing-room/statements-releases/2022/04/22/fact-sheet-president-biden-signs-executive-order-to-strengthen-americas-forests-boost-wildfire-resilience-and-combat-global-deforestation/.

[2]UKRI.2022. £47m to Address Critical Environmental Challenges Facing the UK. https://www.ukri.org/news/47m-to-address-critical-environmental-challenges-facing-the-uk/.

生物多样性丧失趋势日益严峻，监测体系的构建或完善有助于缓解物种灭绝速率和理解生物多样性丧失机制。2021 年 11 月，英国通过《环境法》修正案，提倡建立物种保护区并监测绘制国家生态环境地图①。2022 年 1 月，加拿大发布的卫星对地观测战略中表示，加拿大卫星监测将致力于识别湿地等生态系统健康程度和入侵物种对生物多样性的威胁等方面。联合国环境规划署 5 月份为扭转物种丧失提供 4300 万美元，139 个参与国将有资格获得 30 万美元资助，用于分析和调整其国家政策和监测系统等（UNEP，2022）。欧盟委员会于 2022 年 6 月通过《自然恢复法》提案，建议各成员国制定国家恢复计划，每隔 3 年对陆地等生态系统进行监测，评估生态系统状况②。9 月底，意大利 Eurac 研究中心在南蒂罗尔启动底栖大型无脊椎动物生物多样性监测计划，每隔 4 年对该区域水域中的无脊椎动物进行采样和分类。2022 年 12 月《生物多样性公约》第十五次缔约方大会（COP15）通过"昆明–蒙特利尔全球生物多样性框架"，为今后直至 2030 年乃至更长一段时间的全球生物多样性治理擘画新蓝图。

根据文献调研，近几年国际陆地生态系统与生物多样性保护领域主要国家的政策、行动布局及趋势主要包括：全球推进建设 2020 年后全球生物多样性治理体系；未来十年全球将联合推进生态系统恢复工作；基于自然的解决方案开始在各领域得到探索应用；生物多样性保护和应对气候变化之间的协同增效成为环境治理的新局面；科学界和多国政府关注采取措施防范昆虫灭绝风险。

2）研究热点及发展态势

全球持续砍伐森林、土地和生态系统退化、生物多样性丧失，对人类生存和可持续发展构成重大威胁。尽管在可持续森林和自然资源管理方面作出了努力，但迫切需要作出旨在保护、恢复和可持续利用森林和生物多样性的承诺和文书，以确保健康和有恢复力的社会。世界森林面积继续减少，但与前几十年相比速度稍慢。森林面积占土地总面积的比重由 2000 年的 31.9%下降到 2020 年的 31.2%。通过建立保护区来保护关键生物多样性地区（key biodiversity areas，KBAs）是对可持续发展目标 14 和 15 的重要贡献。在全球范围内，海洋、陆地、淡水和山地保护区的覆盖率从 20 年前的每一保护区平均覆盖率约 1/4 增加到 2021 年的近一半。自 2015 年以来，世界山脉的植被覆盖率保持在约 73%的稳定水平。按山地等

---

①Legislation.2021. A PART 6 Nature and biodiversity. https://www.legislation.gov.uk/ukpga/2021/30/part/6/enacted.
②EC. 2022. Proposal for a Nature Restoration Law. https://environment.ec.europa.eu/publications/nature-restoration-law_en.

级分类数据显示，山地植被覆盖度随海拔高度的增加呈下降趋势，气候对山地植被覆盖度的影响较大。截至 2022 年 2 月，已有 129 个国家承诺制定实现土地退化零增长的自愿目标，71 个国家的政府已经正式批准了这些目标。总体而言，土地恢复承诺面积估计为 10 亿 hm^2。根据对所有两栖动物、鸟类、哺乳动物、珊瑚（总共约 25000 种）灭绝风险的反复评估，红色名录指数显示世界各地物种灭绝风险持续恶化。该指数从 2000 年的 0.80 上升到 2022 年的 0.72。灭绝风险集中分布在中亚和南亚、东亚和东南亚，以及小岛屿发展中国家。将生物多样性价值纳入国民核算和报告制度的国家数目呈稳步上升趋势。大多数国家都制定了与爱知生物多样性目标 2 相关的国家目标。然而，只有约 1/3 的国家报告说，它们有望实现或超过其国家目标。尽管取得了进展，但爱知生物多样性目标到 2020 年仍未实现。截至 2022 年 3 月，已有 89 个国家和地区实施了环境经济核算体系（the system of environmental economic accounting，SEEA）。

毁林和森林退化、生物多样性持续丧失和生态系统持续退化正在对人类福祉和生存产生深远影响。根据文献调研，近年来国际陆地生态系统与生物多样性保护领域几个前沿热点问题主要包括：虽然毁林速度在过去 30 年中有所下降，但 1990 年以来世界森林面积持续萎缩；全球未能实现 2020 年遏制生物多样性丧失的目标，生物多样性丧失正式从潜在威胁变为现实威胁，生物多样性丧失的驱动因素得到进一步揭示；土地退化与恢复逐渐成为全球关注的热点问题；COVID-19 流行使生物多样性目标的实现难度增加；全球生物多样性状况继续恶化，正式从潜在威胁变为现实威胁，生物多样性丧失的驱动因素得到进一步揭示；基于自然的解决方案开始由理念转变为实践；山区生态系统恢复得到重视；全球变暖背景下陆地生态系统的碳平衡从碳汇向碳源转变成为研究焦点。

1.4.3　面临的挑战与展望

在 2030 年议程的中期，所有可持续发展目标都严重偏离轨道①。从 2015 年到 2019 年，世界在可持续发展目标方面取得了一些进展，尽管这远远不足以实现目标。自 2020 年随着疫情的暴发和其他危机发生以来，全球可持续发展目标的进展停滞不前，但大多数高收入国家通过宏观调控、紧急支出和恢复计划减轻了这些多重危机对社会经济结果的影响。在环境和生物多样性相关的目标方面，包括

---

①SDSN. 2023. Sustainable Development Report 2023: Implementing the SDG Stimulus. https://s3. amazonaws.com/sustainabledevelopment.report/2023/2023-sustainable-development-report.pdf.

SDG12（负责任的消费和生产）、SDG13（气候行动）、SDG14（水下生物）和 SDG15（陆地生态），这些多重危机造成的破坏加剧了低收入国家和中低收入国家的财政问题，导致若干目标和指标的进展出现逆转。尽管出现了这种令人担忧的发展，但可持续发展目标仍然是可以实现的，没有一个目标是无法企及的。虽然目前的发展偏离了轨道，但也更有理由加倍努力实现可持续发展目标。

可持续发展目标的核心是一项投资议程：联合国成员国必须通过和实施可持续发展目标刺激计划，并支持对全球金融架构进行全面改革。为了实现可持续发展目标，世界必须改变目前的投资模式，增加投资总量。该刺激计划的紧迫目标是解决全球可持续发展长期面临的融资短缺问题，到 2025 年，将资金流动至少增加 5000 亿美元。该年度报告还强调了改革复杂的公共和私人金融体系（该体系将世界储蓄引导到投资中，形成全球金融架构）的六个优先事项：

（1）大幅增加国家和地方政府以及私营企业开展可持续发展目标所需的资金，特别是在低收入国家和中低收入国家。

（2）修订信用评级制度和债务可持续性指标，促进长期可持续发展。

（3）修订低收入国家和中低收入国家的资金流动性结构，特别是主权债务结构，以防止银行和国际收支危机。

（4）为所有公共金融机构制定雄心勃勃的、国际公认的可持续金融标准。

（5）通过改进国家规划、监管和监督，使私营企业投资流动与可持续发展目标保持一致。

（6）改革现有体制框架，发展新机制，提高国际合作部署的质量和速度，公开及时监测进展情况。

所有国家，无论贫富，都应在中期阶段自我审视和修订其国家可持续发展目标战略，并致力于加强多边主义。各国政府必须确保实现可持续发展目标的国内实施（包括减少负面溢出效应）和国际实施（通过建立实现可持续发展目标的全球治理和金融架构）。包括 G20 国家在内的各国在可持续发展目标战略和承诺方面的主要差异，需要所有国家基于可持续发展解决方案网络（sustainable development solutions network，SDSN）对政府在可持续发展目标方面的全球调查以及第三方数据开展自我审视和评估。2022 年，联合国秘书长任命了一个有效的多边主义高级别咨询委员会，其任务是制定一系列具体、可操作的建议，以改善国际合作，推进 2030 年可持续发展议程，报告也引入了各国承诺和支持《联合国宪章》多边主义的试点指数。

需要在统计能力和数据素养方面进一步投资，以支持实现关键可持续发展目标转型的长期途径。目前距离 2030 年还有一半的时间，在改进可持续发展目标指标框架的数据和方法方面仍有大量工作。有证据表明，自 2016 年以来，各国的统计能力只取得了有限的进展和趋同，2019 年至 2021 年期间，用于数据和统计的国际资金有所下降。此外，在信息丰富的后真相环境中，公民和决策者需要知识和工具，将数据和科学转化为证据、行动和长期政策。正如 2023 年联合国世界数据论坛和 4 月 27 日《杭州宣言》强调的，投资于统计能力、科学和数据素养是实现可持续发展目标的重要优先事项。

参 考 文 献

Gao R, Sun C. 2021. A marine bacterial community capable of degrading poly(ethylene terephthalate) and polyethylene. Journal of Hazardous Materials, 416.

Liu Y, Tong D, Cheng J, et al. 2022. Role of climate goals and clean-air policies on reducing future air pollution deaths in China: a modelling study. The Lancet Planetary Health, 6(2): 92-99.

Tang R, Zhao J, Liu Y, et al. 2022. Air quality and health co-benefits of China's carbon dioxide emissions peaking before 2030. Nature Communication, 13：1008.

第2章 欠发达山区可持续发展机遇与挑战

山区占世界陆地面积的 22%，全球 75%的国家分布有山区，它以水、水电、木材、生物多样性和生态产品、矿产资源、娱乐和洪水管理等形式提供具有全球意义的产品和服务（Wester et al.，2019），是超过 15%的世界人口以及约 50%的陆地动植物的家园（UN，2021）。山区也是多民族、多语言的地区，因人类活动更加受限于海拔、坡度、降水与温度的变化等，居民往往面临更高的生计风险，也更易陷入贫困。在全球变化影响下，山区的物种与群落变化更加敏感与不稳定，同时，山区面临着比平原区更高的气候变化风险与适应的不确定性（张少尧等，2022），使其生态环境与经济社会环境变得更为脆弱。近年来，新冠疫情又进一步加剧了山区的脆弱性，使其可持续发展面临更大挑战，探索山区可持续发展模式与实现路径已成为全球广泛关注的重要议题。

2.1 欠发达山区可持续发展研究进展

联合国 2030 年可持续发展议程提出 17 项可持续发展目标（sustainable development goals，SDGs），以 SDG15（陆地生物）为核心，提出了涉及山区经济、社会与环境 3 个方面的可持续发展政策。至此，融合山区经济、社会与环境发展成为各国和地区的可持续发展战略的重要内容。山区对全球人类社会发展的重要性、山区生态系统及居民社区的脆弱性，以及 2030 年可持续发展议程提出"不让一人掉队"的目标（Pradhan et al.，2017），都使得山区成为联合国可持续发展目标（SDGs）研究与实施的重点区域，山区的可持续发展事关 SDGs 的发展进程与成效。据此，结合文献计量方法，针对 SDGs 有关山区的发展目标，对全球欠发达山区可持续发展的重点领域进展进行了研究，以期为山区可持续发展研究提供有益信息。

2.1.1　欠发达山区可持续发展研究科研产出

1. 数据源与研究方法

利用"山区"和 SDGs 的关键主题组合检索策略构建检索词和检索式（表 2-1），采集文献覆盖面广和影响力大的科学引文索引（SCI）和社会科学引文索引（SSCI）数据库的文献数据（截至 2022 年 5 月）。经过识别剔除不相关文献，并对关键词等信息进行清洗后，利用文献计量与可视化分析工具，定量分析欠发达山区可持续发展的研究现状与研究主题变化情况。

表 2-1　山区可持续发展文献检索式

SDGs	检索式
无贫困（SDG1）	TS=（mountain* AND （ poverty* OR Livelihood*））
零饥饿（SDG2）	TS=（mountain area* AND （food* security OR sustainable agricult* OR farm* NOT cryospheric NOT glacier*））
良好健康与福祉（SDG3）	TS=（mountain area* AND （human-health* OR disease* OR medic* OR vaccine OR vero OR reproductive-health））
优质教育（SDG4）	TS=（mountain* AND （preschool-educat* OR "primary and secondary school" OR "primary and secondary educat*" OR children-educat* OR higher-educat* OR vocational-educat* OR school））
性别平等（SDG5）	TS=（mountain* AND （women* OR children* OR "gender equal*"））
清洁饮水和卫生设施（SDG6）	TS=（mountain* AND （clean*-water OR water-security OR drinking-water OR water-manage* OR （sanitation OR sanitary）））
经济适用的清洁能源（SDG7）	TS=（mountain* AND （renewable-energy OR wind-power OR solar-power OR hydroelectric OR electricity OR clean energy OR clean fuel* OR energy efficiency OR energy intensity））
体面工作和经济增长（SDG8）	TS=（mountain* AND （"econom* growth" OR "econom* develop*"））
产业、创新和基础设施（SDG9）	TS=（mountain* areas AND （industr* OR infrastructur*OR infrastructur*OR innovat*））
减少不平等（SDG10）	TS=（mountain* AND （inequal* OR development-gap））
气候行动（SDG13）	TS=（mountain* areas AND "climate change" AND （"disaster risk reduction" OR "total annual greenhouse gas emissions" OR educat* OR management））
陆地生物（SDG15）	TS=（（mountain AND （vegetation* OR forest* OR land） AND （desertification OR land degrad*））

2. 欠发达山区可持续发展论文增长趋势

欠发达山区可持续发展研究年发文量变化可以反映出其研究变迁与热度。图

51

2-1 显示，自 1970s 可持续发展理念萌芽以来，山区几乎同步成为可持续发展的研究对象，但有关论文数量非常少。随着 1990 年联合国世界环境与发展大会文件《21世纪议程》的发布，以及 1992 年的里约会议，可持续发展问题开始由理论推向行动，逐步受到国际社会与学界的广泛关注，山区可持续发展研究的发文量开始逐步增长。在联合国千年发展目标（MDGs）实施期间（2000～2015 年），伴随着可持续发展成为学界的研究热点，山区可持续发展发文量亦出现快速增长。2015 年，联合国可持续发展目标（SDGs）发布以来，山区可持续发展研究进一步受到学界和业界的广泛关注，发文量呈现更加快速的增加趋势。不难看出，欠发达山区是可持续发展研究与实践的重要场所，其可持续发展是整个可持续发展研究的重要内容。

图 2-1 欠发达山区可持续发展研究发文量变化趋势

3. 全球国家与机构的科研影响力

欠发达山区可持续发展相关研究论文主要分布在全球近 180 多个国家/地区，表 2-2 统计了其中发文最多和论文总被引频次最高的 25 个机构。发文最多的 25 个机构分布在中国、美国、西班牙、加拿大、瑞士、奥地利等国，其中美国 12 个、中国 4 个、澳大利亚和瑞士各 2 个，西班牙、加拿大、奥地利、德国和尼泊尔各 1 个；论文总被引频次最高的 25 个机构的国别分布及各国机构数与发文最多机构一致，但排序略有差别。总体上，美国关于欠发达山区发展的研究起步较早，在论文数、论文总体影响力、篇均被引频次、高被引论文等指标上都表现较好。从单个机构看，中国科学院在发文量和论文总体影响力方面处于领先地位。

表 2-2　发文量与论文总被引频次最高的 25 个机构

序号	机构	所在国家	论文数量	机构	所在国家	论文总被引频次
1	中国科学院	中国	1101	中国科学院	中国	22003
2	中国科学院大学	中国	392	杜克大学	美国	16792
3	澳大利亚悉尼大学	澳大利亚	224	澳大利亚悉尼大学	澳大利亚	16095
4	美国林务局	美国	176	威斯康星大学	美国	8533
5	科罗拉多州立大学	美国	173	西班牙高等科研理事会	西班牙	7883
6	科罗拉多大学	美国	171	墨尔本大学	澳大利亚	6685
7	西班牙高等科研理事会	西班牙	140	美国林务局	美国	6498
8	美国地质调查局	美国	138	科罗拉多大学	美国	6106
9	北京师范大学	中国	136	科罗拉多州立大学	美国	5979
10	奥地利因斯布鲁克大学	奥地利	119	中国科学院大学	中国	4765
11	伯尔尼大学	瑞士	117	美国地质调查局	美国	4674
12	不列颠哥伦比亚大学	加拿大	106	华盛顿大学	美国	4611
13	杜克大学	美国	103	伯尔尼大学	瑞士	4588
14	威斯康星大学	美国	100	美国疾病控制与预防中心	美国	3905
15	加利福尼亚大学戴维斯分校	美国	98	加利福尼亚大学戴维斯分校	美国	3669
16	墨尔本大学	澳大利亚	96	怀俄明大学	美国	3457
17	华盛顿大学	美国	92	奥地利因斯布鲁克大学	奥地利	2952
18	苏黎世大学	瑞士	91	不列颠哥伦比亚大学	加拿大	2863
19	美国疾病控制与预防中心	美国	90	苏黎世大学	瑞士	2686
20	帕多瓦大学	德国	88	北京师范大学	中国	2545
21	怀俄明大学	美国	88	俄勒冈州立大学	美国	2280
22	特里布文大学	尼泊尔	86	亚利桑那大学	美国	2041
23	兰州大学	中国	85	帕多瓦大学	德国	1936
24	俄勒冈州立大学	美国	84	特里布文大学	尼泊尔	1674
25	亚利桑那大学	美国	79	兰州大学	中国	1628

4. 欠发达山区可持续发展研究热点领域

对欠发达山区可持续发展相关论文的"作者关键词"进行提取，绘制了关键词共现网络（图 2-2）。喜马拉雅山区、东南亚山地、非洲高原山地、安第斯山区、秦岭山区和祁连山区等是全球山区研究的热点区域。中国山区研究的热点区域与

"三区三州"等地区密切相关，如西藏自治区的喜马拉雅山，青海、甘肃省内的祁连山，四川省的凉山，毗邻四川和云南省的横断山区，以及秦巴山区、吕梁山、武陵山、乌蒙山等其他地区。

当前，欠发达山区可持续发展研究主要聚焦在五大领域：生计管理、贫困、移民、旅游发展、农用地弃耕和粮食生产的可持续生计领域；妇女儿童、流行病及发病率、死亡率、营养等居民健康与福祉领域；径流变化、清洁饮用水、流域水资源变化、水土关系和灌溉等水资源供给及水环境卫生领域；土地利用变化、土地退化和森林与草地景观、生物多样性等生态系统保护领域；森林、碳排放、不确定性和敏感性等气候变化及响应研究。

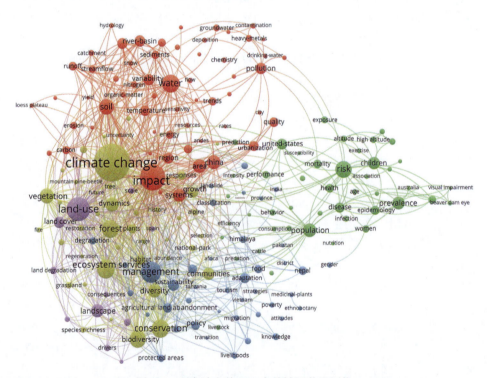

图 2-2 研究论文前 200 个关键词共现网络

2.1.2 欠发达山区可持续发展关键领域与 SDGs 的关系

1. 国际欠发达山区可持续发展关键领域与 SDGs 的关系

作为地球上生态环境最脆弱的区域之一，山区不仅是濒危、珍稀与特有物

种的热点区，也是水、能源、矿产及木材等资源的关键来源区，更是高度依赖
自然资源谋生的最贫困人群的集中区。针对欠发达山区的典型特征及可持续发
展中面临的最严峻挑战，已有研究围绕可持续生计、居民健康与福祉、水资源
供给及水环境卫生、生态系统保护、气候变化及响应等关键领域开展了研究（图
2-3）。

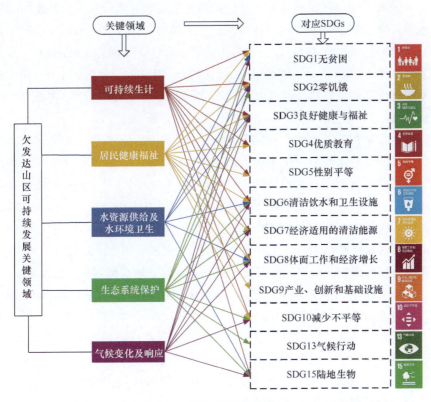

图 2-3　欠发达山区可持续发展关键领域与 SDGs 的关系

　　可持续生计是一种建立在能力、资产和活动基础之上，能够应对并在压力和
打击下得到恢复，并能在当前和未来保持乃至加强其能力和资产，同时又不损坏
自然资源基础的谋生方式，对欠发达山区实现可持续发展至关重要。其中，优质
教育（SDG4）、性别平等（SDG5）、清洁饮水和卫生设施（SDG6）、经济适用的
清洁能源（SDG7）及体面工作和经济增长（SDG8）可为欠发达山区实现可持续
生计奠定良好基础；同时，塑造可持续生计不仅有助于欠发达山区无贫困（SDG1）、
零饥饿（SDG2）、提高居民的健康和福祉（SDG3），更有助于减少山区居民间、

城乡间及山区与其他区域之间的不平等（SDG10），以及促进可持续利用山区生态系统（SDG15）。

提高居民福祉不仅是联合国 2030 年可持续发展议程提出的重要目标（SDG3），更是人类社会发展的终极目标。《千年生态系统评估报告》提出福祉主要包括基础生活资料、安全、健康、良好的社会关系和选择与行动的自由等方面。欠发达山区经济发展水平低、贫困程度高、基础设施及公共服务质量较差，致使山区居民福祉水平较低，制约了山区的可持续发展。提高山区居民福祉不仅要确保无贫困（SDG1）与零饥饿（SDG2），也需为山区居民提供优质教育（SDG4）、清洁饮水和卫生设施（SDG6）、经济适用的清洁能源（SDG7）及体面的工作（SDG8），更需要促进山区居民性别平等（SDG5）、减少不平等（SDG10），并改善山区基础设施（SDG9）。

山区通常承担着重要的水源涵养功能，是大江大河的发源地。山区丰富的水资源供给及安全的水环境卫生不仅为山区维持良好的生产、生活及生态提供着重要的资源支撑，更为中下游地区实现经济增长、社会包容及生态优美提供着必要的资源保障。同时，其不仅有助于山区消除贫困（SDG1）、消除饥饿（SDG2）、提高山区居民的健康和福祉（SDG3）、促进清洁饮水与改善水环境卫生（SDG6），更有助于促进山区经济增长（SDG8）和维护国家生态安全（SDG15）。

山区不仅是濒危、珍稀与特有物种的热点区，更是水源涵养、空气质量调节、粮食、薪柴及木材供给、休闲娱乐等多种生态系统服务的提供者（Korner，2004），保护山区生态系统不仅有助于山区无贫困（SDG1）、零饥饿（SDG2）、提高山区居民的健康和福祉（SDG3）、促进清洁饮水与改善水环境卫生（SDG6）、改善山区能源利用结构（SDG7），更有助于将青山绿水变为金山银山，促进山区经济发展（SDG8）、减少居民及城乡间不平等（SDG10），以及积极应对气候变化（SDG13）与促进可持续利用陆地生态系统（SDG15）。

气候变化加剧了很多国家和地区的脆弱性，人类如何适应气候变化已成为当前全社会普遍关注的话题。山区因对气候变化具有较强的敏感性而成为气候变化研究的热点区域。探明山区气候变化规律及机理、探索气候变化响应策略不仅可为其他区域采取积极行动应对气候变化及影响（SDG13）提供有益经验，也可为无贫困（SDG1）、零饥饿（SDG2）、提高山区居民的健康和福祉（SDG3）、促进清洁饮水与改善水环境卫生（SDG6）、改善山区能源利用结构（SDG7）提供借鉴，更可为促进山区经济增长（SDG8）、减少居民及城乡间不平等（SDG10），以及保护陆地生态系统（SDG15）提供支撑。

2. 中国推动欠发达山区落实 SDGs 的政策举措

自联合国千年发展目标（MDGs）和 SDGs 发布以来，中国政府相继以脱贫和乡村振兴为主要目标，出台了系列政策举措，全力推进欠发达山区在无贫困、零饥饿、良好健康与福祉、优质教育、性别平等、清洁饮水和卫生设施、体面工作和经济增长、产业、创新和基础设施、减少不平等、陆地生物等多个与 SDGs 相关的可持续发展领域取得进展。据《中国落实 2030 年可持续发展议程进展报告（2021）》指出，中国于 2020 年提前 10 年实现联合国 2030 年议程减贫目标，贫困山区的基础设施快速改善，生态环境总体优化，生产生活条件大幅提升，贫困人口在"两不愁三保障"等方面取得长足发展，欠发达山区可持续发展能力显著增强（表 2-3）。

表 2-3　中国推动欠发达山区落实 SDGs 的政策和举措

SDGs	相关政策	相关举措
SDG1 无贫困	《中国农村扶贫开发纲要（2011—2020 年）》 《中共中央-国务院关于打赢脱贫攻坚战的决定》（2015）	"两不愁三保障"；"六个精准""十大扶贫工程"
SDG2 零饥饿	《国家粮食安全中长期规划纲要（2008—2020 年）》 《中国食物与营养发展纲要（2014—2020 年）》 《粮食收储供应安全保障工程建设规划（2015—2020 年）》 《全国农业可持续发展规划（2015—2030 年）》 《社会资本投资农业农村指引》（2020） 《全国高标准农田建设规划（2021—2030 年）》	"保粮食能源安全"；"藏粮于地、藏粮于技"战略；妇幼人群营养干预计划
SDG3 良好健康与福祉	《"健康中国 2030"规划纲要》（2016） 《健康扶贫工程"三个一批"行动计划》（2017） 《中国防治慢性病中长期规划（2017—2025 年）》 《健康扶贫三年攻坚行动实施方案》（2018） 《健康儿童行动计划（2018—2020 年）》 《健康中国行动（2019—2030 年）》	疾病防治六大攻坚行动；健康生活"三减三健"行动
SDG4 优质教育	《关于实施教育扶贫工程的意见》（2013 年）	农村困难户教育补贴；对口支援计划
SDG5 性别平等	《中国妇女发展纲要（2011—2020 年）》 《关于建立健全法规政策性别平等评估机制的意见》（2020 年）	巾帼脱贫行动；农村妇女素质培训计划；农村妇女"两癌"免费检查
SDG6 清洁饮水和卫生设施	《农村人居环境整治三年行动方案》（2018 年） 《全国"十四五"农村供水保障规划》（2021 年）	农村饮水安全工程；"厕所革命"
SDG7 经济适用的清洁能源	《乡村建设行动实施方案》（2022 年）	乡村清洁能源建设工程
SDG8 体面工作和经济增长	《"十四五"职业技能培训规划》（2021 年）	补贴性职业技能培训

续表

SDGs	相关政策	相关举措
SDG9 产业、创新和基础设施	《乡村振兴战略规划（2018—2022 年）》 《国务院关于促进乡村产业振兴的指导意见》（2019 年） 《全国乡村产业发展规划（2020—2025 年）》 《"十四五"推进农业农村现代化规划》（2022 年） 《乡村建设行动实施方案》（2022 年）	一村一品；一县一业；培育"田秀才""土专家""乡创客"；易地搬迁扶贫；农村人居环境八大基础设施工程
SDG10 减少不平等	《关于进一步加强东西部扶贫协作工作的指导意见》（2022 年）	东西部扶贫协作
SDG13 气候行动	《国家适应气候变化战略》（2013 年） 《打赢蓝天保卫战三年行动计划》（2018 年） 《中共中央、国务院关于深入打好污染防治攻坚战的意见》（2021 年）	农村清洁供暖；"煤改气""煤改电"补贴
SDG15 陆地生物	《全国生物物种资源保护与利用规划纲要（2006—2020 年）》 《中国生物多样性保护战略与行动计划》（2011—2030 年） 《关于进一步加强生物多样性保护的意见》（2021 年）	生态保护红线制度；濒危物种拯救工程

2.1.3　面向 SDGs 的欠发达山区可持续发展关键领域研究进展

1. 山区可持续生计

山区贫困发生率较高，居民生计易遭受自然灾害、气候变化和土地退化等威胁，获得基础设施、市场、教育和能力建设的机会有限。提升欠发达山区居民的可持续生计能力，减缓其应对气候变化和自然灾害的风险和脆弱性，对于可持续发展目标在欠发达山区的实践推动具有重要意义。通过分析山区可持续生计与 SDGs 的广泛联系及当前研究进展，欠发达山区可持续生计研究与实践重点与 SDG1、SDG2 密切相关。Dach 等（2018）在尼泊尔、乌干达、吉尔吉斯斯坦、厄瓜多尔等国家山区对 SDGs 进行优先发展评估，结果显示，SDG1.1 消除极端贫困在低收入国家尼泊尔和乌干达尤为重要，SDG1.4 居民享有平等的权利在吉尔吉斯斯坦和厄瓜多尔的重视程度非常高，与建设有韧性的生计途径密切相关的 SDG1.5 和 SDG2.4 受益于其他"高度优先"SDGs 的实现。在 SDG1.5 增强穷人和弱势群体的抵御灾害能力方面，一些全球框架的制定为山区可持续发展提供了指导（Zimmermann and Keiler，2015），如日本在 2005 年通过《2005—2015 年兵库行动框架》后，于 2015 年颁布了其后续政策《2015—2030 年仙台减少灾害框架》等。

在 SDG2 消除饥饿方面，山地综合发展中心（The International Centre for Integrated Mountain Development，ICIMOD）（Wester et al.，2019）从 SDG2.2 消

除营养不良和 SDG2.3 实现粮食安全等方面，对兴都库什–喜马拉雅山区的研究发现，孟加拉国、巴基斯坦和尼泊尔 3 个国家山区粮食不安全发生率较高，且面临地方食品系统恶化、饮食习惯改变、气候变化、持续贫困、人口外迁、可耕种土地废弃、快速城市化、基础设施不足、自然资源耗竭等多重挑战，而养殖本地牲畜、种植高附加值山地作物、自然资源的可持续利用，以及增加非农收入机会等可有效缓解山区粮食安全和营养问题。联合国粮农组织与世界旅游组织共同发布的《山地旅游——向更可持续的方向前行》报告（Romeo et al.，2021）从增加非农收入方面对 SDG2.3 的研究指出，可持续的山区旅游产品和服务能够为山区居民带来额外收入，世界多地正在开展有关实践项目，如喜马拉雅山区的观星及伊朗的游牧生活体验等。在 SDG2.4 建立可持续粮食生产体系方面，山区伙伴关系（Tribaldos，2021）提出，山区通过采用可持续粮食系统能够维护生态系统健康、改善生计和增强韧性，具体做法包括可持续土地利用、多样化生计方式，以及连贯与包容的政策。Mathez-Stiefel（2018）发现巴基斯坦北部的食品体系正在向由非农业生计、政府补贴和外部市场主导的多地方体系转变，粮食危机的整体抗御能力增强。

2. 山区居民健康与福祉

山区妇女、儿童等弱势人群的健康与福祉在学界颇受关注。山区居民良好健康与福祉的研究与实践进展是 SDG3 的核心内容。当前，气候变化的影响及适应是山区居民健康与福祉的研究热点。在 SDG3.3、SDG3.4 流行病、传染病和非传染性疾病方面，研究发现气候变化对山区居民健康和福祉的影响主要表现在心理和生理两方面（Katie and Blake，2018）。在心理层面，气候变化可引发抑郁、焦虑、哀伤等情绪，使个人社会关系紧张，导致创伤后应激障碍和身份感缺失，容易增加药物滥用和自杀等行为。特别是欠发达山区的一些弱势群体，比如土著群体、儿童，以及依赖自然环境的群体会经历不同程度的心理健康影响；生理影响表现为对气候敏感型传染病的增加，热浪引起的发病率和死亡率、非传染性疾病的增加，与极端天气事件有关的伤害和疾病，营养不良和发育迟缓，以及过敏原和污染物增加导致的呼吸系统问题。Dhimal 等（2021）选取了不丹、印度、中国、尼泊尔、孟加拉国等国家山区，发现登革热病毒和引起疟疾的间日疟原虫等对气候敏感的传染病将在喜马拉雅地区广泛传播；霍乱、感染性肠胃炎为主的水源和食源性疾病将在更高海拔地区传播和发病；与极端温度相关的心肺死亡风险增加将更频繁地发生；妇女和儿童适应气候变化影响的能力更弱，其健康方面的压力将普遍增加。也有学者在孟加拉国吉大港山区（Sabeena et al., 2013）、中国云南（Yan et al., 2013）、尼泊尔东部（Dhimal et al., 2014）等地开展了气候变化对疟疾流行传播的研究。

3. 山区水资源供给及水环境卫生

山区提供了世界 60%～80%的淡水资源，用于饮用、灌溉，以及工业和水电等领域，其中水电更是占全球发电量的 20%（Wester et al., 2019）。山区清洁饮水和卫生与 SDG6 直接相关。在 SDG6.1 获得安全和负担得起的饮用水方面，受气候变化等因素的影响，世界各地山区的水资源供给出现了较大变化。尼泊尔昆布地区水流减少、水资源供给不足，已无法满足游客的用水需求（Mcdowell et al., 2013）；安第斯山区玻利维亚将成为受供水减少影响最严重的国家之一（Winters, 2012），80%的农村人口生活在贫困之中，只有 56%的农村人口能够获得安全用水（Jeschke et al., 2012）。山区的水安全对居民的生计尤为重要，兴都库什-喜马拉雅山区大部分国家在改善供水方面表现良好，如孟加拉国、印度和尼泊尔农村饮用水供应占总人口的比例分别达到 78%、84%和 87%（Wester et al., 2019），但是在饮用水安全和卫生方面却远不达标。如安第斯山区厄瓜多尔亚库安比河的水质不适合人类饮用，砷、色素和粪大肠菌群等均不达标（Mercedes et al., 2018）。

在 SDG6.3 改善水质方面，尼泊尔加德满都、印度德里和孟加拉国达卡等地区的水资源普遍受到致病性污染物、重金属和杀虫剂的污染（Wester et al., 2019），废水收集和处理率低，大部分废水被直接排放到河流。在 SDG6.4 提高用水效率方面，兴都库什-喜马拉雅山区的农业灌溉系统正在使用新型水泵和推广蔬菜种植温室等新技术，并加大对设施农业及装备技术的投资（Wester et al., 2019）。在 SGG6.5 跨界合作开展水资源综合管理方面，印度和巴基斯坦于 1960 年签署了《印度河水条约》，确保了印度河流域 80%的流量分配给巴基斯坦（Shah and Shah, 2013）。然而，受到国家利益等方面的影响，大部分跨界管理仍面临多重挑战。此外，虽然 ICIMOD 积极推进山区水资源治理及研究，但是多边或区域水综合治理的情况仍不多见。在 SDG6.b 加强社区参与水资源管理方面，阿富汗北部采用基于社区的水管理系统来管理大多数运河是欠发达山区的一个很好实践（Shah and Tushaar, 2009）。

4. 山区生态系统保护

山区生态系统支持了 25%的陆地生物多样性（Hassan et al., 2005），占全球生物多样性热点区域的一半（Korner, 2004），同时，山区也是生态系统服务的重要提供者，为社会提供了较多的生态、社会、文化和经济利益。山区生态系统的保护、恢复和可持续利用是 SDG15 的核心目标。在 SDG15.1 保护山地生态系统服务方面，受到气候、人口、经济发展及土地利用变化等多种因素的影响，全球山区生态系统的服务能力面临严重威胁，尤其是欠发达山区，如亚洲的喜马拉雅山区和非洲的埃塞俄比亚高地在 2000～2010 年间生态系统服务大量减少（Grêt-Regamey and Weibel, 2020）；城市的快速扩张导致尼泊尔塔瑞东部的耕地和森林面积下降（Rimal et al., 2019），影响生态系统的供给、调节和文化等服务。当前，国际上将生态系统服务纳入自然保护区、与生物多样性进行同等管理的呼声愈发强烈。世界自然保护联盟（International Union for Conservation of Nature, IUCN）对保护区的定义明确提及保护自然生态系统服务（Dudley, 2008）；联合国教科文组织设立的世界生物圈保护区很多位于欠发达山区，旨在开展生物多样性、文化多样性和生态系统服务等的综合保护与研究（Bridgewater and Babin, 2017）。山区的生态系统服务也被逐渐整合到欧盟 Natura 2000 保护区网络管理策略中（Scolozzi et al., 2014；Schirpke et al., 2014）。

在 SDG15.2 推动森林可持续管理方面，印度、尼泊尔、巴基斯坦等分布有欠发达山区的国家推行了系列森林保护的政策和法律框架，并且采用了不同类型的森林管理方式，如尼泊尔的社区林业和租赁林业，印度的联合森林管理，不丹的基于社区的自然资源管理和综合养护和发展方案等。在 SDG15.4 保护山区生物多样性方面，长期以来，土地利用、污染、气候变化和外来物种入侵等因素导致山区生物多样性丧失加剧（Chala et al., 2016）。预计到 2100 年，印度喜马拉雅山区可能会有近 1/4 的特有物种灭绝（Wester et al., 2019）。生物多样性的下降不仅造成山区农、林、牧业的经济损失，也削弱了生态系统服务功能（Balthazar et al., 2015；Palomo, 2017），亦对山区居民的生计造成不利影响。国际上通过在山区建立各类保护区开展生态系统保护，有效保护了地球上近 15%的地表和内陆水域（Watson et al., 2014）。然而，在一些欠发达山区，由于缺乏经济和科技以及专业机构和人员等支撑，保护区内相关措施的执行面临很大挑战（Bawa, 2006），如位于缅甸的 20 个生物多样性保护区存在基础设施落后、管理人员不足和专业性不强等问题，很难开展有效的管理活动（Rao et al.，2002），厄瓜多尔的国家保护区体系仅覆盖安第斯山区重要生物多样性区域的40%，而不丹、尼泊尔和巴基斯坦等国家正在努力实现17%的保护区覆盖率目标。

5. 山区气候变化及响应

气候变化已成为影响欠发达山区可持续发展的重要因素，山区气候变化与SDG13直接相关。目前在SDG13.1加强抵御和适应气候相关的灾害能力方面，气候变化引起的山区水文循环改变（Immerzee et al.，2020）、冰川加速消退（Buytaert et al.，2011；Winters，2012）和积雪面积减少（Chala et al.，2016），对欠发达山区居民的生计产生了很大的威胁，尤其对山区农业生产带来了潜在的负面影响。如夏季降水量的增加和极端高温导致尼泊尔玉米产量下降（Joshi et al.，2013），极端天气导致的病虫害多发严重影响农作物生长（Bhatta et al.，2015）。在提升农业对气候灾害的抵御和适应能力方面，尼泊尔山区的居民开发了农林套合耕作模式来应对当地频发的干旱、山体滑坡和洪水等灾害的影响，而生计更为脆弱的一些山区居民则通过生态移民来改善生计途径（Dekens，2007）。在印度的北阿坎德邦山区，居民通过改变以往更为耗水的种植结构来应对降雨量减少的影响（Kelkar et al.，2008），而锡金山区土著社区通过改善梯田和加固河堤等措施应对不稳定的降雨灾害（Wester et al.，2019）。

在SDG13.2将应对气候变化举措纳入国家政策规划方面，一些有山区分布国家均制定了相应政策，如缅甸《2018—2030年缅甸气候变化政策、策略以及总体规划》，确定了落实SDGs气候变化目标的举措；尼泊尔和不丹的国家气候适应行动方案都涉及到应对山区生态系统的气候风险和脆弱性；联合国环境署与阿富汗政府也曾发起旨在帮助容易受到气候变化（如干旱）影响的社区应对风险的气候变化倡议。在SDG13.5促进最不发达国家进行与气候变化有关的管理方面，资金来源是重点，国际和各国多边信托基金是当前欠发达山区应对气候变化的重要资金来源。全球环境基金（Global Environment Facility，GEF）是生物多样性、气候变化，以及土地荒漠化等多个国际环境公约的资金机制，致力于促进欠发达地区的环境可持续发展。尼泊尔、不丹和阿富汗等国家均获得了相关应对气候变化的资金支持。此外，如孟加拉国设立了气候变化信托基金；不丹的环境信托基金支持开展小规模活动来应对气候变化对生态系统和物种的影响。中国也于2021年成立昆明生物多样性基金，支持欠发达国家和地区的生物多样性保护行动。但应对气候变化的资金缺口仍比较大，"2020 年后全球生物多样性框架"指出将在 2030 年前使资金缺口每年缩小 7000 亿美元。因此，经济合作与发展组织（OECD）强调需加大对私营资金的撬动。

2.2 欠发达山区可持续发展的机遇与挑战

2.2.1 欠发达山区可持续发展面临的主要问题

山区作为中国国土的重要组成部分，是森林、生物多样性等生态资源的富集区，不仅是实现国家生态安全的关键区，也是生态系统的脆弱区；不仅是中国全面建成小康社会的重要支撑区，也是全面建成小康社会的重点和难点区（于法稳和于贤储，2015）。受自然地理、社会经济基础，以及科技支撑、整体文化素质等因素的影响，欠发达山区在经济总体发展水平、城乡居民人均收入、基础设施、文化教育、医疗卫生、养老保险等方面都落后于全国平均水平，其可持续发展面临严峻的挑战。

山区可持续发展面临的主要挑战包括：一是经济发展水平较低。由于山区交通、技术等方面存在严重不足，山区在发展过程中没有形成适应区域特点的产业体系，即使有一定的产业，也是规模小，缺乏市场竞争力，难以支撑地方社会经济的可持续发展。当前产业竞争不再是单纯的市场竞争，而是与人才竞争、技术竞争、生态竞争并存。然而，欠发达山区的生态优势尚未转变为经济优势，再加上科技人才队伍短缺，投资不足，经济可持续发展面临严峻挑战。二是基础设施落后。山区的农业用水、用电、农用机械等的装备水平较差，难以满足现代农业的需要。此外，山区道路建设的成本非常高，国家的财政投入力度低于建设成本，再加上山区总体经济发展水平低下，地方财政能力非常弱，投资能力较低，致使道路交通成为制约山区发展的关键瓶颈。三是山区的文化教育、医疗卫生、社会保障等服务水平亟待提高。欠发达山区除了文化教育、医疗卫生等硬件设施比较落后以外，专业技术人才队伍数量也严重不足。此外，山区社会保障水平较低，难以给山区居民提供有效的保障。

2.2.2 欠发达山区可持续发展面临的关键机遇

进入新时期，欠发达山区可持续发展迎来了前所未有的机遇。首先，随着中国经济的快速发展，总体经济实力的提升，有能力为欠发达山区可持续发展提供财力支撑；其次，优良的生态资源优势为山区生态产业的发展奠定了基础。山区拥有丰富的森林资源、生物多样性、优良的生态环境，在居民生态需求日益增加的背景下，为欠发达山区发展生态农业、生态旅游业等生态产业提供了资源基础；最后，山区发展潜力得到广泛认可。随着矿产资源、能源、水土资源的日益稀缺，山区生物多样性、生态服务功能、生态屏障等的战略地位日益受到重视，优美的资源与环境为山区发展提供了物质基础。

国际社会也开展了一系列推动山区可持续发展的重要举措。1992 年联合国环境与发展大会通过的《21 世纪议程》提出要"管理脆弱的生态系统：可持续的山区发展"。2002 年《约翰内斯堡执行计划》阐述了处理山区可持续发展问题所需的行动，两者初步确立了山区可持续发展的总体政策框架，并据此于同年设立联合国国际山岳年。2012 年联合国可持续发展大会在《我们期望的未来》中，专门对山区生态系统，山区贫穷、粮食保障和营养，山区社会排斥和环境退化等问题作了规定，成为部分国家及地区促进山区可持续发展的基本方略。

2.2.3 欠发达山区可持续发展研究的重点方向

欠发达山区由于自身生态环境的敏感性及经济社会发展的落后性，使其推动可持续发展的能力相对较弱，已然成为联合国可持续发展目标（SDGs）推进的洼地。目前，虽已在欠发达山区可持续生计、居民健康与福祉、水资源供给及水环境卫生、生态系统保护、气候变化及响应 5 个领域的研究与实践中取得较大进展，但仍存在 SDGs 评估体系不完善、SDGs 监测数据不足、SDGs 各目标相互作用机理不清，以及欠发达山区 SDGs 实现路径不明等诸多挑战，未来急需开展相关研究。

1. 完善评价体系推动欠发达山区 SDGs 评估系统化

2030 年可持续发展议程包括 17 个目标，169 个具体目标，以及 231 个指标，刻画维度涵盖了国家和区域可持续发展的经济、社会和环境多方面。其中相关 SDGs 指标亦可用于欠发达山区可持续发展评价，但由于 SDGs 指标体系庞大，以及欠发达山区可持续发展重点的相对差异，尚未建立较为统一的欠发达山区的 SDGs 指标评价体系，导致无法有效开展 SDGs 实施进展评估，以及不同欠发达山区的横向对比研究。未来需聚焦欠发达山区可持续发展重点问题，架构欠发达山区可持续发展评价的理论框架, 以 SDGs 指标为核心, 结合本地化指标, 突出欠发达山区特征, 构建欠发达山区 SDGs 评价指标体系, 以便开展系统化的 SDGs 评估。

2. 利用地球大数据突破欠发达山区 SDGs 监测的数据瓶颈

至 2022 年 2 月, 因方法、数据不完备导致无法开展持续研究的 SDGs 指标仍占到 41%, 数据缺失成为开展 SDGs 研究的关键制约。欠发达山区往往处于经济社会发展相对不平衡区域, 数据采集与研发的体系相对薄弱。当前山区可持续发展研究以统计资料、调研采样等数据为主, 研究尺度多以小区域样点研究为主, 数据稀缺及时空局限性限制了山区 SDGs 的有效研究与监测, 且现有山区数据并非总是符合 SDGs 指标要求, 不同山区数据在质量、分辨率和周期方面抑或有所不同。当前, 地球大数据能够通过生产新的数据集, 扩大 SDGs 指标监测的范围, 并提高 SDGs 指标研究的时空分辨率 (郭华东等, 2021)。未来, 建立山区地区数据监测体系, 同时推动统计、遥感、地理信息、监测、模型模拟以及网络数据等地球大数据的深入应用, 是应对欠发达山区 SDGs 监测与研究的数据短缺的重要途径。

3. 开展 SDGs 相互关系研究推动欠发达山区 SDGs 协同实施

SDGs 之间存在普遍的相互作用关系 (Zhang et al., 2022), 欠发达山区的可持续发展是一个复杂的综合系统, 由人口、资源、环境、经济、科技和社会各子系统组成, 构成系统的诸要素之间既相互促进又相互制约。本研究梳理的 5 个领域是推进欠发达山区 SDGs 研究与实施的重点, 但各领域涉及的具体 SDGs 指标间极有可能存在拮抗 (相互矛盾) 与协同 (相互促进) 关系。因此, 开展欠发达山区综合研究和决策以推动 SDGs 的实现, 须从根本上理解 SDGs 指标之间的相互作用, 这也是 2030 年可持续发展议程评估监测综合性特征的重要体现。未来在开展欠发达山区 SDGs 的进展监测与研究时, 不仅需收集数据并分析其变化特征来评估区域的可持续发展进程, 同时要借助模型的情景分析等过程, 综合考虑山区各目标的协同和拮抗作用, 推动 SDGs 研究与实施。

4. 开展 SDGs 实现路径示范助力欠发达山区 SDGs 政策实施

可持续发展的核心是以人为本, 推动经济–社会–环境的协调发展, 进而不断提升民生福祉，实现区域的高质量发展。因此，推进欠发达山区 SDGs 实施，根本在于保护生态环境的同时，建立高水平的可持续生计，推动山区经济社会可持续发展。立足山区资源禀赋优势的特色产业不仅有助于提高山区农户收入，更对山区经济社会发展及生态环境改善起到促进作用，是实现山区可持续发展的关键手段。当前，有关欠发达山区特色产业发展对 SDGs 相关目标实现的推动作用的研究仍较缺乏。"国家可持续发展议程创新示范区"是中国落实联合国 2030 年可持续发展议程，推进 SDGs 实现的先行示范区。未来以典型欠发达山区的国家可持续发展议程创新示范区为对象，开展山区生态文化旅游、特色农牧业等特色产业，以及乡村振兴、新型城镇化等制度和治理体系完善对 SDGs 的实现路径研究，有助于建立山区 SDGs 与经济社会高质量发展的协同机制，进而推动山区 SDGs 政策实施。

2.3　欠发达山区可持续发展实践模式

2.3.1　武夷山国家公园打造人与自然和谐共生典范

近年来，南平市把开展武夷山国家公园体制试点作为深入贯彻习近平生态文明思想和践行"绿水青山就是金山银山"理念的重要抓手，作为推进国家生态文明试验区建设的首要任务，坚持保护第一、生态优先，着力打造生态文明体制创新、世界文化与自然遗产保护、自然生态系统保护与社区发展互促共赢的典范，武夷山国家公园特色创新做法和亮点多样，联动管理机制协同高效，为进一步建立以国家公园为主体的自然保护地体系提供了模式和范本。

1. 以体制创新促进共建共治

管理体系化。创新构建"管理局–管理站"两级管理体系，在国家发改委批复的体制试点区中，率先组建由省政府垂管的武夷山国家公园管理局，并依托区内乡镇（街道）分别设立管理站，进一步明确管理局、地方政府、省直有关部门职责，实现协同配合、高效管理。

治理规范化。编制《武夷山国家公园总体规划》，对公园空间作出战略性系统安排，配套编制保护、科研监测、科普教育、生态游憩、社区发展等专项规划，细化保护利用措施；制定出台《武夷山国家公园条例（试行）》《特许经营管理暂行办法》等管理制度，以及生态监测、生态保护修复等规范标准，在提供法治保障的同时，实现管理的规范化、标准化、精细化。

管控科学化。将试点区划分为特别保护、严格控制、生态修复和传统利用四个功能区，实行差别化管理；强化资源监管，开展森林资源二类调查，清晰界定生态保护、永久基本农田和城镇开发边界三条红线，形成公园自然资源"一张图"；运用互联网、物联网、卫星遥感、航空摄影、视频监控等技术手段，搭建大数据采集和分析平台，对国家公园范围内生物资源、生态环境实现"天空地"一体化全方位、全天候动态监测，为科学保护管理提供依据。

2. 以系统保护推动永续传承

强力整治。强力推进茶山整治和"两违"专项整治，有力遏制毁林种茶、违法占地、违法建设等现象发生。

系统修复。实施封山育林，全面禁止试点区林木采伐，以自然恢复为主，生物措施和其他保育修复措施为辅，分区分类开展受损自然生态系统修复，因地制宜开展退化林分生态修复，引导生态系统正向演替。

筑牢防线。坚持生态保护第一，将生态功能重要、具有较高保护价值的资源划入生态保护红线，做到应保尽保；协同建立重大林业有害生物省、市、县联合检疫执法和区域联防联治机制；健全完善森林火灾联防机制，制定《武夷山国家公园森林火灾应急预案》，强化林火预警监测。

3. 以协同集成放大试点效应

着力源头保护。坚持山水林田湖草是一个生命共同体的理念，结合实施国家农业可持续发展试验示范区、储备林质量精准提升工程、田园综合体、重点生态区位商品林赎买、闽江流域山水林田湖生态保护修复工程等，加快推进国家公园生态环境综合治理、生物多样性保护、水土流失治理、农业投入减量化等保护工程，从源头上加强山水林田湖等自然资源系统性保护。

突出价值量化。结合推进武夷山生态系统价值核算试点，对国家公园生态系统实物量进行全方位、全口径调查，配套制定涵盖山水林田湖草生态系统数据的核算方法，构建体现生物多样性物种保育服务、文化服务、气候调节服务等山区特色的指标体系与技术规范。

统一确权登记。在全国率先开展健全国有自然资源资产管理体制试点，探索形成"一套表""一张图""一本证"工作体系，并以国家公园为独立单元，对试点区全面开展自然资源资产确权登记和统一管理，有效解决自然资源资产底数不清、碎片化管理、多头管理等问题。

构筑责任链条。将乡镇领导干部自然资源资产离任审计试点形成的"五围绕五突出"和生态审计六大体系工作方法，拓展运用到国家公园区内乡镇（街道），确定被审计党政领导干部任职前后责任链条，以审计倒逼生态环境责任的落实。

4. 以科学利用满足共享需求

绿色发展促共赢。探索开展"生态银行"试点，积极搭建自然资源资产管理、整合、转换、提升的运营平台，在试点区内探索出光泽县"水生态银行"、武夷山五夫镇"文化生态银行"等模式，推动生态产业化、产业生态化。

特色小镇促共融。整合资源优势，高标准分期分批规划建设五夫镇、寨里镇、南源岭村等特色小镇和入口社区，打造"严格保护、世代传承和生态为民、科学利用"的示范样板。

多元增收促共享。通过落实生态效益补偿、创新森林景观补偿、探索经营管控补偿，建立起以资金补偿为主，技术、实物等补偿为辅的生态补偿机制；支持社区居民参与森林人家、民宿、零售等特许经营，增加经营性收入，同时设置生态管护员、哨卡工作人员等公益岗位，增加工资性收入，初步破解生态保护与社区发展、林农增收的矛盾。

5. 以理念培植彰显公园价值

引导社会预期。充分利用各类媒体，广泛宣传国家公园理念和有关政策法规，营造支持国家公园建设氛围，激发区内村民、广大市民尊重、顺应和保护自然的意识，引导社会各方参与国家公园建设。

塑造公园品牌。建立公园门户网站和微信公众号，在全国主流媒体和主要星级酒店全方位推介，在武夷山高速出入口、高铁站、机场、景区等重要节点设立各类公益广告牌等，不断提升公园知名度和辨识度。

普及生态理念。利用武夷山自然博物馆、宣教馆、生态文化长廊等设施，广泛开展野生动植物保护、生物多样性保护等各类主题科普教育，将自然教育融入全域旅游，引导树立人与自然和谐共生的生态理念；加强与周边中小学校交流合作，共建生态文明教育基地，组织开展"上一堂课、捐一本书"活动。

2.3.2　赣州奋力续写赣南苏区"绿色华章"

赣州是原中央苏区的主体和核心区域，也是江西母亲河赣江和香港饮用水源地东江源头，是我国南方地区重要的生态安全屏障。习近平总书记视察江西时强调，绿色生态是江西最大财富、最大优势、最大品牌，一定要保护好，做好治山理水、显山露水的文章。近年来，赣州市纵深推进生态文明试验区建设，协同推进经济高质量发展和生态环境高水平保护，所有县（市、区）地区生产总值实现十年翻番，2022 年，赣州跻身全国百强城市、列第 65 位、较 2011 年前移 43 位，山水林田湖草生命共同体建设创造了"赣州经验"，交出了"典型模式多、生态环境优、绿色动力强、惠民红利实"的靓丽成绩单。

1. 坚持制度为基，打好体制改革"组合拳"

建立"齐抓共管"推进体系。成立党政主要领导任"双组长"的生态文明建设和推动长江经济带建设领导小组，每年度召开领导小组会议和推进会议，专题研究推进重大事项，连续 5 年由赣州市人大审议市政府关于生态文明试验区建设情况报告，形成了党委政府高位推动、各地各部门具体落实、人大代表和政协委员共同监督的齐抓共管大格局。

完善"过程严管"监督体系。出台饮用水水源保护、水土保持、城市管理、文明行为促进、革命遗址保护、客家围屋保护条例等法规，推动生态文明建设步入法治轨道。率先在全省建立环资审判、检察蓝护卫生态绿、生态综合执法等绿色制度，严格实施市县乡村组五级"林长制"和市县乡村四级"河湖长""三线一单"生态环境分区管控，高标准建成运行全市"生态云+双碳"大数据平台，全过程监管体系更加完善。

健全"后果严惩"责任体系。深入实施生态环保工作责任制、责任清单和环保监督执法正面清单，常态化开展领导干部自然资源资产离任审计。在全省率先将生态文明建设纳入市直绩效和县（市、区）综合考评"双重考核"，构建导向鲜明的绿色政绩考评体系。建立了环境损害约谈问责、一票否决、终身追究"责任链条"，生态文明责任体系进一步压实。

2. 坚持保护为先，织密南方屏障"保护网"

矿山修复探索"三治同步"。针对稀土开采造成的矿山环境破坏、水土流失，以及水体污染等环境问题，实践探索废弃稀土矿山治理山上山下同治、地上地下同治、流域上下游同治的"三同治"模式，采取种树、植草，固土、定沙，洁水、净流等生态和工程措施，34.1km^2 废弃矿区回归了绿水青山。

崩岗治理推行"三型共治"。针对不同区域、不同类型的崩岗水土流失问题，按照宜草则草、宜果则果、宜游则游的治理原则，因地制宜采用"生态修复型、生态开发型、生态旅游型"三种方式推进崩岗治理，治理崩岗 4675 座、水土流失4310km^2，实现"叫崩岗长青树、让沙丘变绿洲"，赣州列入全国水土保持高质量发展示范先行区。

流域治理开辟"三化模式"。针对溪流湖泊修复、农村生活污水处理、稀土尾水治理等难题，按照小流域分区治理思路，采取生态化"疏河理水"、多元化"治污洁水"、生物化"消劣净水"，做好"保水护水"文章。农村生活污水治理"石城经验"广泛推广，Bionet 生物处理工艺、双级渗滤耦合技术攻克了稀土尾水治理难题。

3. 坚持发展为要，下好绿色转型"先手棋"

产业低碳化转型。开展传统产业优化升级，有序退出 6 家钢铁企业，陆续关停 128 家高耗能企业，节约能耗 16 万 t 标煤以上。实施绿色低碳循环化改造，获批国家级绿色园区 4 个、绿色工厂 11 家、绿色设计产品 4 个。"十三五"期间，全市单位 GDP 能耗累计下降 16.83%，超额完成下降 15% 的目标任务。2021 年单位 GDP 能耗下降 3.1%，顺利完成省下达年度目标任务。

资源循环化利用。推进工业固废、生活垃圾、畜禽粪污等资源化利用，加快建设国家工业资源综合利用基地，建成投运餐厨废物和无害化处理国家试点项目，年处理餐厨废弃物 7.3 万 t，上网电量可达 1013.5 万度。畜禽养殖废弃物资源化利用率达 97.67%。章贡区机关事务管理局获评全国能效领跑者，11 家单位获评全国节约型公共机构示范单位。普遍推行生活垃圾强制分类，扎实开展限塑行动。赣州成为国家工业资源综合利用基地，赣州高新区列为国家大宗固废综合利用示范基地。

能源绿色化发展。"十三五"期间，全市 10 蒸吨每小时规模以下的燃煤锅炉全部淘汰，煤炭消费量实现三连降。大力发展风电、光伏、生物质等新能源发电，累计建成可再生能源发电装机 479 万 KW，占全口径发电装机的 62.84%，新能源（风电、光伏、生物质）装机 367 万 KW，占全口径发电装机的 48.15%，新能源发电装机和发电量居江西省首位。

4. 坚持惠民为本，奏响共建共享"交响乐"

盘活生态"资产"。在全省率先出台建立健全生态产品价值实现机制行动方案，多渠道探索生态产品价值实现路径，全市林权抵押贷款 544.51 万亩、贷款金额 85.5 亿元，发行绿色债券 30 亿元、绿色信贷余额突破 200 亿元。健全生态补偿机制，实施两轮次跨省东江流域生态补偿，落实省内流域生态补偿机制，石城先行探索国家生态综合补偿机制，累计获得生态补偿资金近 100 亿元，出境断面水质达Ⅱ类以上，实现"两江清水送南北"。

打响生态"品牌"。全面启动全域绿色有机农产品基地创建，获批筹建全省首个富硒产业标准化技术委员会，建成富硒示范基地 110 个，有效期内"两品一标" 591 个。大力推进"互联网+脐橙"发展模式，赣南脐橙品牌价值蝉联全国水果类第一。建成国家油茶产品质检中心，成功注册"赣南高山茶"集体商标。江西崇义建立三产融合示范园、服务站、农企利益联结服务点、电商营销平台，建成刺葡萄、南酸枣等院士工作站，大力推广"龙头企业+基地+个体"合作模式，该做法 2020 年列入国家生态文明试验区改革举措推广清单。

释放生态"红利"。将生态文明建设与脱贫攻坚、乡村振兴紧密结合，通过吸纳、鼓励和引导贫困户参与生态项目建设、发展生态产业、加入公益性岗位等方式，辐射带动 7.1 万户贫困户、25.85 万人增收脱贫。江西大余通过"丫山旅游扶贫模式"直接带动 1760 人，间接带动周边 7 个乡镇近万名贫困户增收脱贫致富，占全县总贫困人口的 30%以上。该模式上榜 2020 年世界旅游联盟旅游减贫案例名单和全国乡村旅游典型案例。

2.3.3 临沧市打造边疆多民族欠发达地区可持续发展样板

临沧地处横断山系怒山山脉南延部分，位于云南省西南部，澜沧江与怒江之间，属滇西纵谷区，亚热带低纬高原山地季风气候，因濒临澜沧江而得名。东邻普洱市，北连大理州，西接保山市，西南与缅甸交界，距省会昆明 598km，是昆明通往缅甸仰光的陆上捷径，有 3 个国家级开放口岸和 5 条通缅公路，具有重要的区位优势。临沧水资源丰富，是国家重要的水电能源基地、云南重要的蔗糖和酒业生产基地，居于世界茶树和茶文化起源中心，是普洱茶原产地和滇红茶、大叶种蒸青绿茶的诞生地、中国最大的红茶生产基地和普洱茶原料基地、中国最大的澳洲坚果基地市。

临沧市辖 8 县（区），面积 2.4 万 km^2。根据第七次人口普查数据，全市常住人口为 225.8 万人。2020 年，地区生产总值 821.32 亿元。临沧是佤族文化发祥地之一，居住着傣族、布朗族、拉祜族等 23 个民族。先后被评为"中国十佳绿色城市""中国恒春之都""中国最佳适宜居住城市"等称号。2019 年，临沧市被批准建设"国家可持续发展议程创新示范区"，以"边疆多民族欠发达地区创新驱动发展"为主题，重点针对特色资源转化能力弱等瓶颈问题，集成应用绿色能源、绿色高效农业生产、林特资源高效利用、现代信息等技术，实施对接国家战略的基础设施建设提速、发展与保护并重的绿色产业推进、边境经济开放合作、脱贫攻坚与乡村振兴产业提升、民族文化传承与开发等行动，统筹各类创新资源，深化体制机制改革，探索适用技术路线和系统解决方案，形成可操作、可复制、可推广的有效模式，对边疆多民族欠发达地区实现创新驱动发展发挥示范效应，为落实 2030 年可持续发展议程提供实践经验。

1. 科技创新引领——为示范区建设注入强劲动能

临沧推进以科技创新为核心的全面创新，加快构建科技链人才链创新体系，深化与华中科技大学、中山大学等高校院所合作，开展技术攻关，攻克以锗、高岭土、硅、磷化工等为主的战略性新兴产业关键核心技术，获认定国家高新技术企业 17 户、省级科技型中小企业 369 户，临沧被认定为国家锗材料高新技术产业化基地，3 个县（区）被列为省级科技成果转化示范县，科技创新带动成为示范区建设的强劲动力。

自 2019 年以来，全面推进区域创新能力提升，全市共建立各类科技创新平台 149 个，认定云南省院士（专家）工作站 20 个。建成具有国际先进水平的中国首个国家级坚果类检测重点实验室、国家澳洲坚果工程技术研究中心、朱有勇院士林下有机中药材乡村振兴科技创新中心等一批高水平科技创新平台。加快推进云南省木本油料（核桃）全产业链创新研究院、国家（临沧）可持续发展示范区创新研究中心建设。

2. 加快沿边开放——为示范区建设提供有效支撑

临沧深入贯彻落实习近平总书记关于"把云南建成我国面向南亚东南亚辐射中

心"重要指示精神,积极对接国家发展战略,积极探索以大开放促进大发展的路子,充分发挥临沧处于我国通往印度洋陆上通道的重要节点,面向南亚、肩挑"两洋"、通江达海的独特区位优势,加快推动对缅开放"政策沟通、道路联通、贸易畅通、货币流通、民心相通",积极探索融入"大循环、双循环"格局的新路径。

主动服务和融入国家发展战略,破解交通瓶颈制约,打通中缅印度洋新通道,深化与缅甸经贸往来、农业合作和跨境园区合作,对周边地区的发展带动作用愈发明显,沿边开放成为示范区建设的有效途径。2022 年 5 月 23 日,中缅新通道(重庆—临沧—缅甸)国际铁路班列成功发车,中缅印度洋新通道建设开启了新的发展局面,临沧沿边开发开放迎来了最好的战略机遇期。

3. 全面推进乡村振兴——为示范区建设提供有力抓手

临沧探索了"万名干部规划家乡行动"、乡村振兴"三步走"、现代化边境小康村建设"三套系统",以及美丽乡村"六园共建"等模式,全力推进乡村振兴的"临沧实践"。以"万名干部规划家乡行动"来布局,一改过去聘请外部第三方公司、购买统一乡村规划方案的传统模式,组织 2.64 万名公职人员集中培训后,为自己家乡编制 6511 个有特色、有温度、有感情、可实施的村庄规划。实施百村示范、千村整治工程,建设非城关乡镇驻地示范村、公路沿线示范村、产业发展示范村、乡村旅游示范村、特色示范村共 500 个,一批小而美、小而干净、小而宜居的美丽村庄不断涌现。

以道路、村庄、组织"三套系统"推进现代化边境小康村建设。将 573km 沿边公路串联成线,591km 村组公路全部实现硬化,把沿边公路建成边防巡逻路、国防路、致富路、自驾旅游线路。把村庄建设作为重要载体,打造产业支撑、文旅融合、人口聚集、口岸和边境贸易、睦邻友好"五种形态"的边境小康示范村,把组织建设作为重要保障,通过采取驻地单位联建、村企联建,一批基础牢、产业兴、环境美、生活好、边疆稳、党建强的现代化边境小康村建设步伐加快。

4. 促进产业绿色发展——为示范区建设注入鲜明底色

临沧市围绕产业链延链补链强链,形成全闭环蔗糖循环发展、坚果产业聚集发展、林药复合生态发展和建设生态茶园等模式;加快布局绿色智能电网、能源互联网等能源基础设施和"风光水储一体化"多能互补基地建设,加快糖、茶、果、菜、牛、咖啡、中药材等优势高原特色产业全产业链聚集发展。

推动绿色低碳发展，加快布局绿色智能电网、能源互联网等能源基础设施和"风光水储一体化"多能互补基地建设，建成光伏电站 5 座，在建光伏电站 9 座，在建风电站 1 个，电力总装机达 877.31 万 kW，云县增量配电改革试点取得电力供电许可证，实现所有电力总装机都是绿色能源。云南临沧鑫圆锗业股份有限公司依托院士（专家）工作站加强自主研发，攻克半导体单晶生产多个关键技术，太阳能锗晶片、砷化镓晶片、磷化铟晶片等产品达到世界先进、国内领先水平。

5. 铸牢中华民族共同体意识——民族团结进步成为亮丽名片

在民族团结进步示范市创建中，临沧还不断加快推进民族文化"双百"工程、少数民族传统文化抢救保护和文化精品工程，整理研究并宣传推介 11 个世居少数民族、9 个跨境民族和临沧独有的俐侎人文化；加大对非物质文化遗产及代表性传承人和文物保护单位保护开发力度，完成勐撒城子村遗址等考古发掘；依托 35 项国家级、省级非物质文化遗产项目和 50 名传承人，培养 47 名民族民间文化优秀传承人，打造 120 个少数民族文化精品项目，开发民族文化旅游产品，积极发展民族服装、传统造纸等民族民间工艺，不断铸牢中华民族共同体意识，为实现中华民族伟大复兴、构建中华民族命运共同体奠定稳固的心理认同。

参 考 文 献

郭华东, 梁栋, 陈方, 等. 2021. 地球大数据促进联合国可持续发展目标实现. 中国科学院院刊, 36(8): 874-884.

于法稳, 于贤储. 2015. 加强我国山区可持续发展的战略研究.贵州社会科学, (8): 144-149.

张少尧, 邓伟, 胡茂桂, 等. 2022. 山区过渡性地理空间人文自然交互性识别与分异解析. 地理学报, 77(5): 1225-1243.

Ahmed S, Galagan S, Scobie H, et al. 2013. Malaria hotspots drive hypoendemic transmission in the Chittagong Hill Districts of Bangladesh. PloS One, 8(8): e69713.

Balthazar V, Vanancker V, Molina A, et al. 2015.Impacts of forest cover change on ecosystem services in high Andean mountains. Ecological Indicators, 48: 63-75.

Bawa K S. 2006. Globally dispersed local challenges in conservation biology. Conservation Biology, 20(3): 696-699.

Bhatta L D, Van O B E H, Stork N E, et al. 2015. Ecosystem services and livelihoods in a changing climate: Understanding local adaptations in the Upper Koshi, Nepal. International Journal of Biodiversity Science, Ecosystem Services & Management, 11(2): 145-155.

Bi Y, Yu W W, Hu W B, et al. 2013. Impact of climate variability on Plasmodium vivax and Plasmodium falciparum malaria in Yunnan Province, China. Parasites & Vectors, 6(1): 1-12.

Bridewater P, Babin D. 2017. UNESCO–MAB Biosphere Reserves already deal with ecosystem services and sustainable development. Proceedings of the National Academy of Sciences, 114(22): E4318.

Buytaert W, Cuesta-Camacho F, Tobón C. 2011. Potential impacts of climate change on the environmental services of humid tropical alpine regions. Global Ecology and Biogeography, 20(1): 19-33.

Chala D, Brochmann C, Psomas A, et al. 2016. Good-bye to tropical alpine plant giants under warmer climates? Loss of range and genetic diversity in Lobelia rhynchopetalum. Ecology and Evolution, 6(24): 8931-8941.

Dach S, Bracher C, Peralvo M, et al. 2018. Leaving no one in mountains behind: Localizing the SDGs for resilience of mountain people and ecosystems. World Mountain Forum.

Dekens J. 2007. The snake and the river don't run straight: local knowledge on disaster preparedness in the Eastern Terai of Nepal. International Centre for Integrated Mountain Development (ICIMOD).

Dhimal M, Ahrens B, Kuch U. 2014. Species composition, seasonal occurrence, habitat preference and altitudinal distribution of malaria and other disease vectors in eastern Nepal. Parasites & Vectors, 7(1): 1-11.

Dhimal M, Bhandari D, Dhimall M L, et al. 2021. Impact of climate change on health and well-being of people in Hindu-Kush-Himalayan (HKH) region-A Review. Frontiers in Physiology, 12: 1139.

Dudley N. 2008. Guidelines for applying protected area management categories. Iucn.

Grêt-Regamey A, Weibel B. 2020. Global assessment of mountain ecosystem services using earth observation data. Ecosystem Services, 46: 101213.

Immerzeel W W, Lutz A F, Andrade M, et al. 2020. Importance and vulnerability of the world's water towers. Nature, 577(7790): 364-369.

Jeschke M, Popp A, Lotze-Campen H. 2012. Adaptation options to climate-induced glacier retreat in Bolivia //Climate Change, Justice and Sustainability. Springer, 195-203.

Katie H, Blake P. 2018. Addressing mental health in a changing climate: Incorporating mental health indicators into climate change and health vulnerability and adaptation assessments. International Journal of Environmental Research & Public Health, 15(9): 1806.

Kelkal U, Narula K K, Sharma V P, et al. 2008. Vulnerability and adaptation to climate variability and water stress in Uttarakhand State, India.Global Environmental Change, 18(4): 564-574.

Korner C. 2004. Mountain biodiversity, its causes and function. AMBIO A Journal of the Human Environment, 11-17.

Maharjan K L, Joshi N P. 2013. Effect of climate variables on yield of major food-crops in Nepal: A time-series analysis//Climate Change, Agriculture and Rural Livelihoods in Developing Countries. Springer, 127-137.

Mathez-Stiefel S L. 2018. Focus Issue: Food security and sustainable development in Mountains. Mountain Research and Development, 38(4): 277.

Mcdowell G, Ford J D, Lehnerr B, et al. 2013. Climate-related hydrological change and human vulnerability in remote mountain regions: A case study from Khumbu, Nepal. Regional Environmental Change, 13(2): 299-310.

Millennium Ecosystem Assessment. 2003. Ecosystem and Human Well-being: A Framework for

Assessment. Washing DC: Island Press.

Millennium ecosystem assessment. 2005. Ecosystems and Human Well-being.Washington DC: Island press.

Palomo I. 2017. Climate change impacts on ecosystem services in high mountain areas: a literature review. Mountain Research and Development, 37(2): 179-187.

Pradhan P, Costa L, Rybski D, et al. 2017. A systematic study of sustainable development goal (SDG) interactions. Earth's Future, 5(11): 1169-1179.

Rao M, Rabinowite A, Khaing S T. 2002. Status review of the protected-area system in Myanmar, with recommendations for conservation planning. Conservation Biology, 16(2): 360-368.

Rimal B, Keshtkar H, Sharma R, et al. 2019. Simulating urban expansion in a rapidly changing landscape in eastern Tarai, Nepal. Environmental Monitoring and Assessment, 191(4): 1-14.

Romeo R, Russo L, Parisi F, et al. 2021. Mountain Tourism–Towards a More Sustainable Path. Rome: FAO.

Schirpke U, Scolozzi R, De Marco C, et al. 2014. Mapping beneficiaries of ecosystem services flows from Natura 2000 sites. Ecosystem Services, 9: 170-179.

Scolozzi R, Schirpke U, Morri E, et al. 2014. Ecosystem services-based SWOT analysis of protected areas for conservation strategies. Journal of Environmental Management, 146: 543-551.

Shah R D T, Shah D N. 2013. Evaluation of benthic macroinvertebrate assemblage for disturbance zonation in urban rivers using multivariate analysis: Implications for river management. Journal of Earth System Science, 122(4): 1125-1139.

Shah, Tushaar. 2009. Climate change and groundwater: India's opportunities for mitigation and adaptation. Environmental Research Letters, 375-383.

Tribaldos T M. 2021. Highlighting sustainable food systems in Mountains for the UN Food Systems Summit 2021. Mountain Partnership, 1-6.

UN. 2022. International Mountain Day 2021: Sustainable mountain tourism.

Villa-Achupallas M, Rosado D, Aguliar S, et al. 2018. Water quality in the tropical Andes hotspot: The Yacuambi river (southeastern Ecuador). Science of the Total Environment, 633: 50-58.

Watson J E M, Dudley N, Segan D B, et al. 2014.The performance and potential of protected areas. Nature, 515(7525): 67-73.

Wester P, Mishra A, Mukherji A, et al. 2019. The Hindu Kush Himalaya Assessment: Mountains, Climate Change, Sustainability and People. Springer Nature.

Winters C. 2012. Impact of climate change on the poor in Bolivia. Global Majority E-Journal, 3(1): 33-43.

Zhang J, Wang S, Pradhan P, et al. 2022. Untangling the interactions between the sustainable development goals in China. Science Bulletin, 67: 977-984.

Zimmermann M, Keiler M. 2015.International Frameworks for disaster risk reduction: Useful guidance for sustainable mountain development? Mountain Research and Development, 35(2): 195-202.

第3章 夜间灯光数据对可持续发展目标 具体指标的替代性研究

快捷准确地开展可持续发展目标评估是掌握可持续发展态势的重要手段，但目前仍面临着评估数据缺乏的困境，急需增加数据源和利用多源数据融合进行可持续发展目标评估。夜间灯光数据是全球范围公认能够较好反映人类社会活动的遥感数据，同时，可持续发展科学卫星1号也搭载着微光成像载荷开始了影像获取。鉴于此，开展夜间灯光数据对可持续发展目标具体指标的替代性研究可为可持续发展目标评估缺少数据问题提供解决路径，并探索遥感数据在可持续发展评估中的应用，实现对SDGs具体指标多元化评价。

3.1 研究进展与分析视角

2015年9月，在联合国大会第七十届会议上193个成员国共同通过了《变革我们的世界：2030年可持续发展议程》，提出了可持续发展目标（Sustainable Development Goals，SDGs），并且通过制定17项可持续发展目标和169个具体目标，期望以迄今为止最为全面和综合的方式解决人类社会面临的社会、经济和环境三个维度的发展问题，全面走向可持续发展道路（中国科学院，2020；Guo et al.，2021；郭华东等，2021）。2016年9月，中国制定发布《中国落实2030年可持续发展议程国别方案》并指出要针对SDGs的169项具体目标进行各项评估工作（中华人民共和国中央人民政府，2016），而数据获取是评估过程中最为基础且重要的部分。由于中国幅员辽阔，经济社会发展不均衡，人口分布呈现两极化，因此在实际评估过程中，一是部分地区存在着指标监测获取难度较大的问题，例如西藏、新疆等地区人口稀少，在数据监测过程中缺少相应的工作人员进行细致的统计；二是评估数据获取资金成本较高，评估数据主要依靠实地调研统计和国家公布的一些统计数据，多数市地级的统计数据没有在网上公布，需要前往当地进行收集，调研的差旅成本较高；三是获取周期长，可持续发展是一个动态评估调整的发展模式，需要根据当前国际形势和国内形势进行动态调整，动态调整的基础在于及时的评估，对时间属性要求较高，而目前的评估方式导致数据获取周期较长；四是国际对比不便捷，发达国家的统计数据统计较为全面并且公布及时，可及时掌握它们在可持续发展方面的进展，而部分发展中国家受经济、文化等因素的影响，相关数据的统计和公布上存在长时间不公布或缺少统计项等问题，导致进行横向对比时缺少数据源。因此，数据获取是制约 SDGs 评估的主要瓶颈（宋晓谕等，2018）。

近年来，随着全球卫星发展进入活跃期，卫星搭载的传感器功能越来越全面，遥感产品愈加丰富，由于遥感数据具有开放性高、获得周期短和资金成本低的优势，被广泛地应用于各类研究。其中，夜间灯光影像被大量应用于人类社会活动研究中（李德仁和李熙，2015；李德仁等，2019），例如人口空间分析（卓莉等，2005；高义等，2013）、城市区域分析（舒松等，2011；Yu et al.，2018；Zhao et al.，2020；余柏蒗等，2021；江原等，2022）、土地利用管理（Rahman，2021）、能源消费与碳排放（苏泳娴等，2013；马忠玉和肖宏伟，2017；杜海波等，2021；牛亚文等，2021）、社会经济发展分析（李峰等，2016；Yang et al.，2019；Li et al.，2019；李翔等，2021；彭博等，2022；姜鲁光等，2022）、空气质量分析（曹子阳，2016；伍亿真等，2021）、身体健康分析（廖书冰等，2020；邓晓庆等，2022）和灾害监测（杜若华等，2020）等方面。这些研究与人类社会可持续发展息息相关，也与可持续发展目标有紧密联系，因此将夜间灯光数据作为可持续发展目标替代性指标具有较高的可行性。

目前，在云南进行可持续发展研究的主题大都集中于旅游、矿产、能源等单一目标发展的优缺点分析，以及给出可持续发展路径优化，对整体可持续发展指标评估的工作较少。同时，云南省为了建设成民族团结进步示范区、生态文明建设排头兵、面向南亚东南亚辐射中心，积极创建了云南省临沧市建设国家可持续发展议程创新示范区（沈熙，2021）。但由于其地处内陆、深处云贵高原之上，境内山川湖泊密布，出行不便，对外交流困难，发展速度较东部地区缓慢，导致该区开展 SDGs 评估存在数据收集困难，基础数据缺失，实地调研难度大、成本高等问题。开展基于夜间灯光数据的 SDGs 评估指标替代性探索研究，有助于实现在复杂区域使用替代性指标评价，拓宽 SDGs 目标评估方法，弥补由于数据不足等问题导致的部分指标无法评估的缺点。鉴于此，本研究以云南省为试验区，分析夜间灯光数据与可持续发展指标的内在联系，探索扩大夜间灯光数据在 SDGs 评估中的使用范围，为最新发射的可持续发展科学卫星 1 号提供数据应用拓展（陆成宽，2021），实现对 SDGs 具体目标多元化评价。

3.2　数据与方法

3.2.1　数据来源

1. 遥感数据

可见光红外成像辐射仪（visible infrared imaging radiometer，VIIRS）是继美国国防气象卫星计划搭载的业务型线扫描传感器（operational linescan system，OLS）后的最新一代地球观测卫星传感器，它搭载于 Suomi 国家极轨卫星，与DMSP–OLS 相比它在微光成像方面有了很大的改进，因此可生产出更高质量的夜间灯光产品。NPP–VIIRS 夜间灯光数据原来在美国海洋大气管理局（Nation Oceanic Atmospheric Administration，NOAA）国家地球物理数据中心（National Geophysical Data Center，NGDC）下的环境信息中心（National Center for Environmental Information）网站下载，且只公布了 NPP–VIIRS 月度数据，以及少量年度数据，因此此前 NPP-VIIRS 年度数据需要使用月度数据进行拼接。自 2019年 10 月 15 日之后，NPP-VIIRS 夜间灯光数据已经由原来的 NOAA 迁移至科罗拉多矿业学院地球观察小组（Colorado School of Mines/ Earth Observation Group，CSM/EOG）网站进行下载（Elvidge et al.，2021）（表 3-1）。

表 3-1　　NPP-VIIRS 数据说明

数据类型	数据说明
月度无云数据	vcm 格式是排除了受杂散光影响的任何数据；vcmsl 则包括散光校正数据，此数据对两极有更多的数据覆盖，但质量会降低
年度 VNL V1 数据	基于 vcm 数据合成并进一步筛选出了短暂的灯光与无光背景
年度 VNL V2 数据	在 Annual VNL V1 基础上做了改进，以月为增量合成年度产品，并利用每个月的中值来校正异常值（max–min），过滤掉了大部分的火光和背景值。修正了之前由于阈值范围的问题导致的某些暗地区灯光特征的丢失，并且通过标准科学处理功能可去除受云污染的像素，并校正 VIIRS 日/夜波段（DNB）辐射对大气，地形，植被，雪，月球和杂散光的影响
DNB 镶嵌数据	每天的 DNB 镶嵌数据和云的情况，0-1 无云；2-3 可能有云；4-5 肯定有云

2. 统计/监测数据

2030 年可持续发展议程各项可持续发展目标和具体目标全球指标框架中要

求可持续发展目标指标应根据《官方统计基本原则》，按收入、性别、年龄、种族、民族、移徙情况、残疾情况、地理位置或其他特征酌情分类，并在指标层次给出了指标的描述信息，但未对具体使用哪一项统计数据中的具体数据给出定义，因此本研究根据描述信息结合《地球大数据支撑可持续发展目标报告（2023）》中部分数据进行了细化，明确了具体数据来源。

统计数据来源于《云南省统计年鉴》《云南省财政收支情况》《中国卫生健康统计年鉴》《云南省粮油价格监测通报》《中国城市建设统计年鉴》。

监测数据来源于中国环境监测总站和中国空气质量在线监测分析平台，如表3-2所示。

表 3-2　监测数据说明

数据来源	数据内容
中国环境监测总站	城市空气质量；水质自动监测实时数据；全国空气质量预报；国家地表水融合数据
中国空气质量在线监测分析平台	AQI；$PM_{2.5}$；PM_{10}；SO_2；NO_2；O_3；CO；温度；湿度；风级；风向；卫星云图

3.2.2　研究方法

1. 总体思路

首先，通过对夜间灯光数据进行处理后提取夜间灯光指数，并对统计数据和监测数据进行整理筛选出可以用于 SDGs 指标评价的相关数据；其次，将整理后的数据按照分类标准划分为社会、经济和环境三个类型与夜间灯光指数进行相关性计算，之后根据计算结果讨论不同类型的指标与夜间灯光指数的关联程度以及可替代性；最后，讨论新冠肺炎对可持续发展的影响及未来在 SDGs 评估中夜间灯光数据的可应用前景。研究流程如图 3-1 所示。

2. 夜间灯光数据处理

1）数据预处理

夜间灯光遥感数据使用数值型（digital numbers，DN）灰度来表示。在使用夜间灯光数据进行分析前需要进行预处理，为避免投影变形对影像面积大小计算影响对其进行 Albers 等面积投影，之后进行重采样和剪裁。在处理云南省夜间灯光数据时发现大面积水域如滇池、抚仙湖和洱海等周围有大量的服务业设施，灯

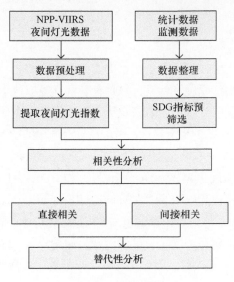

图 3-1 研究流程

光亮度强，面积大，容易使湖面产生灯光反射致使卫星接收到湖面反射灯光使得湖面也具有 DN 值，其灯光亮度最大值为 2.6，而在识别高速公路或山区道路后发现其亮度值在 1 左右，进行统一阈值剔除会将大部分道路灯光剔除，不能体现出客、货运发展变化情况，因此需要提取水域区域后将其 DN 值赋值为 0，本研究参考郑覃（2020）对不同去噪方法对比结果采用噪声阈值法进行去噪。在对其他区域进行去噪时出现负数值，但 CSM/EOG 数据说明未对这一情况进行解释，因此将负数值赋值为 0，其他区域参考相关研究将阈值设为 0.41。

2）夜间灯光指数

现有研究用来表示夜间灯光指数的方法较多，但之前研究显示夜间灯光亮度总值（total nighttime light indx，TNLI）与社会经济、人口增长、气候变化等指标间关联程度较高，因此选用该指标进行研究和评价分析（李峰等，2016；Zhu et al.，2017；Andreano et al.，2021；王正等，2021）。

$$TNLI = \sum_{DN_{min}}^{DN_{max}} \left(DN_i \times n_i \right) \qquad (3\text{-}1)$$

式中，TNLI 为行政单元内灯光 DN 值的总和，DN_i 和 n_i 分别为行政单元内第 i 级灰度像元值和像元数。

3. 指标筛选

夜间灯光是反映人类在夜晚社会活动的有效表现方式之一，夜间灯光亮度和覆盖面积可有效体现社会活跃度和活动区域，社会活跃度取决于当地经济、文化、城市发展程度，城市发展需要政府投入资金用于基本服务。本研究根据联合国可持续发展目标框架中 17 个目标 248 个指标，考虑指标对区域的影响程度以及对灯光数据的可替代性，筛选出 16 个本地化指标（localization indicators，LI）进行关联度分析，16 个本地化指标进一步细化为 34 个可分析变量，如 GDP 细化为 GDP 总量和一、二、三产 GDP。基于郑馨竺和武旭同等学者的研究（Zheng et al., 2021；Wu et al., 2022），为了便于分析指标特征、讨论灯光数据在 SDGs 指标评价中的有效性，本研究将指标划分为经济类指标（基础服务支出、能源消费、旅游收入、GDP、工资指数、进出口额）、社会类指标（就业人数、卫生工作者、床位数、作物种植面积、客货运量、建设用地、公共空间）和环境类指标（用水量、$PM_{2.5}$、PM_{10}），具体划分见表 3-3。

表 3-3　筛选后本地化指标

维度	目标	具体目标	指标	本地化指标	统计对应名称
经济	1	1.a	1.a.2	用于基本服务（医疗卫生、教育、社会保障）的开支在政府总开支中的比例	财政支出
	7	7.3	—	分产业能源消耗量	按三次产业划分能源消费量
	8	8.1	8.1.1	人均国内生产总值年增长率	人均 GDP
	8	8.5	—	分职业年收入	城镇单位分行业年末就业人员劳动报酬
	8	8.9	—	来自旅游业的年收入	旅游业发展情况
	8	8.9	—	边境一日游收入	边境口岸一日游外汇收入
	9	9.2	—	规上产值	规模以上工业产值
	17	17.11	—	边境贸易总额	各市州进出口总额
社会	2	2.1	—	农产品种植面积	主要农产品种植面积
	3	3.c	3.c.1	卫生工作者人数万人均床位数	卫生医疗机构人员数，万人均床位数
	8	8.5	—	就业人数	按三次产业分的年末就业人数
	9	9.1	9.1.2	货运量和客运量	主要年份货运量、客运量
	11	11.3	—	可持续城市建设	建成区面积
	11	11.7	11.7.1	城市建设区开放公共空间的面积	公共空间面积
环境	6	6.4	—	用水量	分行业用水量
	11	11.6	11.6.2	城市细颗粒物年度均值（$PM_{2.5}$，PM_{10}）	逐月城市颗粒物数值

4. 关联性分析

对 2016~2020 年建立线性模型对 TNLI 和 LI 相关性进行分析。

$$LI = a\text{TNLI} + b \tag{3-2}$$

式中，a 为斜率，b 为截距。

3.3　夜间灯光指数与 SDGs 指标的相关性

本研究使用云南省 TNLI 与本地化指标逐一进行关联性分析，具体结果如表 3-4 所示。结果显示在 34 项具体指标中：教育支出、第一产业就业人数、第三产业就业人数和城市建设用地 4 项指标与 TNLI 在 0.01 级别上显著相关，说明这 4 项指标与 TNLI 相关性高；医疗卫生支出、能源消费总量、第三产业能源消费和生产总值等 13 项指标与 TNLI 在 0.05 级别上显著相关，说明这 13 项指标与 TNLI 相关性较高；第一产业能源消费、第二产业能源消费和旅游总收入等 17 项指标与

表 3-4　TNLI 与全省各指标间相关性

本地化指标	TNLI		本地化指标	TNLI	
	皮尔逊相关性	显著性		皮尔逊相关性	显著性
教育支出	0.985**	0.002	城镇集体单位平均工资指数	−0.682	0.205
医疗卫生支出	0.938*	0.018	其他单位平均工资指数	0.917*	0.028
社会保障和就业支出	0.947*	0.014	卫生工作者人数	0.956*	0.011
能源消费总量	0.904*	0.035	平均每万人口拥有床位数	0.933*	0.021
第一产业能源消耗	0.812	0.095	公路货运量	0.557	0.329
第二产业能源消费	0.871	0.055	公路客运量	−0.831	0.081
第三产业能源消费	0.904*	0.035	城市建设用地	0.964**	0.008
生产总值	0.896*	0.040	城市公共空间	0.824	0.086
第一产业 GDP	0.836	0.078	第一产业就业人数	−0.983**	0.003
第二产业 GDP	0.940*	0.018	第二产业就业人数	0.943*	0.016
第三产业 GDP	0.876	0.051	第三产业就业人数	0.971**	0.006
人均 GDP	0.887*	0.045	用水总量	0.308	0.614
旅游总收入	0.655	0.231	农业用水	0.659	0.227
旅游外汇收入	−0.124	0.843	工业用水	−0.506	0.385
规模以上工业增加值增长率	−0.186	0.764	生活用水	0.879*	0.050
出口额	0.707	0.182	PM$_{2.5}$	−0.762	0.135
进口额	0.928*	0.023	PM$_{10}$	−0.830	0.082

**在 0.01 级别（双尾），相关性显著；*在 0.05 级别（双尾），相关性显著。

TNLI 不具有显著相关性,说明这 17 项指标与 TNLI 的关联度较差,不能使用 TNLI 对这些指标进行替代。

进一步将 34 项指标按照经济、社会和环境归类后对比分析发现:TNLI 与经济类指标 19 项细分指标中的 10 项有较高的相关性;TNLI 与社会类指标 9 项细分指标中的 6 项有较高的相关性;TNLI 与环境类指标 6 项细分指标中的 1 项具有较高相关性。可见,TNLI 与经济、社会类指标的相关性较高,可使用 TNLI 替代部分相关指标进行评估,而 TNLI 与环境类指标关联度较低,进行替代评估的精度较差。

夜间亮度总值与经济类指标呈现显著相关性,主要因为夜间灯光反映了城市的扩张和活跃度,而区域经济是支撑城市扩张和夜晚活跃度的主要骨架,同时随着城市的扩张和夜晚活跃度增加可以反过来促进经济增长,形成良性循环。其中,基础服务支出(教育、医疗卫生、社会保障和就业支出)与夜间灯光指数具有明显相关性,基础服务支出可反映城市的发展水平,当政府资金在教育、医疗卫生、社会保障和就业支出上呈现明显增长时,城市的人口增加、经济增长,城市处于高速发展之中,而城市变化体现在夜间灯光上就表现为亮度的强弱和亮度的范围,基础服务支出增加表明城市发展,城市发展表现为 TNLI 增长;但值得思考的是 TNLI 与国有单位、其他单位平均工资指数都呈现出显著正相关,但与城镇集体单位平均工资指数呈现出负相关,虽然显著性较低,但趋势较为明显,这说明随着社会经济发展,云南省城镇集体单位发展受到影响。

夜间亮度总值与部分社会类指标呈现显著相关,其中 TNLI 与就业人数呈现出显著相关,与二产、三产人数呈现正相关,与一产人数呈现负相关,随着二产发展,工厂越来越多,就业需求增加,就业人数增加,很多大型工厂厂区夜间灯光亮度明显,因此二产就业人数与 TNLI 值显著相关;云南省作为旅游大省,服务业发展迅猛,TNLI 与三产就业人数在 2016~2019 年期间逐年增长且增长率较高,但在 2020 年疫情期间,虽然就业人数总量较上一年增长,但增长率较低。TNLI 与城市建设用地显著相关,与种植面积不显著相关,但负相关趋势与城市扩张趋势一致,随着城市扩张,夜间灯光面积增加,亮度总值增加,农业种植面积减少,不呈现显著相关性可能是由于一部分耕地是参与退耕还林、退耕还草的生态项目转变为生态用地,而非建筑用地,因此灯光增长幅度和农业用地减少幅度不一致,导致相关性较低。

夜间亮度总值与环境类的指标关联度较低,但趋势性明显。分指标来看:TNLI 与一产和二产用水关联度不显著且不具备趋势性,但其与生活用水量有较高关联度,这是因为生活用水统计中包括三产服务业用水和普通生活用水,服务业活跃度与用水量息息相关,因此 TNLI 与生活用水量呈现显著相关;$PM_{2.5}$ 或 PM_{10} 的值与 TNLI 呈现负相关趋势（陈惠娟等，2022），这与在京津冀地区利用 VIIRS 夜间灯光数据预测 $PM_{2.5}$ 的结果一致（Zhang，2020），同时也在上海使用 DMSP/OLS 夜间灯光数据的 DN 值与 $PM_{2.5}$ 构建了相关性模型，结果显示出夜间灯光指数与 $PM_{2.5}$ 具有显著相关性（Xu et al.，2015），同样的结果也在研究中得到了验证（Zhao et al.，2016）。Zhang 和 Xu 的研究研究都是通过时间序列上的夜间灯光指数与 $PM_{2.5}$ 构建模型进行验证，但选取了不同区域，但整体结果与本研究在云南的研究结果显示一致，因此本研究认为由于空间是互通的，因此 $PM_{2.5}$ 在空间尺度上与夜间灯光指数具有相关性，这一点在本研究中不同城市中相关性都比较高也可以相互印证，同时关于夜间灯光指数和 $PM_{2.5}$ 相关性分析和预测模型构建都是在时间序列上进行构建，因此在时间序列上也是相关的。

3.4　不同城市间夜间灯光指数与 SDGs 指标的相关性

不同发展水平城市在灯光亮度值和范围存在显著差异性，为了进一步分析灯光在不同发展阶段城市的适用性，并进一步衡量 TNLI 与各指标之间的关联度，本研究将本地化指标与各市州 TNLI 进行关联度分析，并将具有显著性关联的前五个指标进行筛选和排序。

如表 3-5 所示，通过细分市州 TNLI 与各市州指标进行关联度分析后，发现在 20 个细分变量中相关度排名前五的指标均与经济相关，且第三产业 GDP 与 TNLI 呈现较高的显著性。在 16 个市州中 TNLI 与第二产业 GDP 显著相关的有 6 个市州；与生产总值显著相关的有 5 个市州；与人均 GDP 显著相关的有 5 个市州；与第三产业 GDP 显著相关的有 4 个市州；与进口额显著相关的有 4 个市州。这 5 项指标与全省指标关联度分析结果基本一致。

表 3-5　各市州与相关度前五的指标

市州	第二产业 GDP		生产总值		人均 GDP		第三产业 GDP		进口额	
	皮尔逊相关性	显著性	皮尔逊相关性	显著性	皮尔逊相关性	显著性	皮尔逊相关性	显著性	皮尔逊相关性	显著性
昆明	0.929	0.022	0.901	0.037	0.93	0.022	0.873	0.53	0.864	0.095
曲靖	0.988	0.002	0.984	0.003	0.977	0.004	0.979	0.004	0.579	0.307
玉溪	0.807	0.098	0.698	0.19	0.669	0.217	0.659	0.226	0.495	0.397
保山	0.882	0.048	0.848	0.069	0.814	0.093	0.834	0.079	0.876	0.051

续表

市州	第二产业 GDP		生产总值		人均 GDP		第三产业 GDP		进口额	
	皮尔逊相关性	显著性	皮尔逊相关性	显著性	皮尔逊相关性	显著性	皮尔逊相关性	显著性	皮尔逊相关性	显著性
昭通	0.822	0.088	0.76	0.136	0.807	0.099	0.7	0.188	−0.971	0.029
丽江	0.828	0.083	0.734	0.158	0.711	0.178	0.707	0.182	−0.521	0.368
普洱	0.951	0.013	0.58	0.305	0.524	0.365	0.504	0.387	−0.226	0.714
临沧	0.582	0.303	0.944	0.016	0.932	0.021	0.908	0.033	−0.204	0.742
楚雄	0.788	0.113	0.742	0.15	0.635	0.25	0.744	0.149	0.097	0.877
红河	0.912	0.031	0.798	0.105	0.786	0.115	0.734	0.158	0.951	0.013
文山	0.821	0.088	0.8	0.104	0.805	0.1	0.787	0.114	−0.808	0.098
西双版纳	0.996	0	0.987	0.002	0.953	0.012	0.968	0.007	0.877	0.051
大理	0.856	0.064	0.805	0.1	0.773	0.125	0.755	0.14	−0.94	0.017
德宏	0.833	0.08	0.757	0.139	0.747	0.147	0.742	0.151	0.65	0.236
怒江	0.871	0.055	0.888	0.044	0.886	0.045	0.914	0.03	0.699	0.189
迪庆	0.824	0.087	0.742	0.151	0.675	0.211	0.679	0.207	−0.979	0.021

结合表 3-5 和表 3-6 可以发现，适用指标存在共性也存在明显差异，共性是 GDP 与 TNLI 在各个市州中相关性均呈现显著相关性，但不同城市其显著相关的 GDP 产业类型不同，其中昆明、曲靖、西双版纳、保山、普洱和红河的 TNLI 与二产 GDP 显著性较高，主要原因在于昆明、保山、红河、曲靖是云南省主要工业城市，工业 GDP 占比较高，增长速度与夜间灯光亮度总值变化趋势一致，可见，TNLI 在一定程度上能展示城市产业结构。同时，在 12 个市州中有 6 个市州的 TNLI 与进出口额具有显著相关性，并且出口额与夜间灯光 TNLI 呈现正相关，进口额与夜间灯光指数呈现负相关，这体现了云南省甚至是全国社会发展在国际贸易中的变化趋势，随着城市经济、社会和科学技术的进步，中国逐渐从依靠进口向出口转变。

表 3-6　各市州显著相关指标

市州	显著相关指标	市州	显著相关指标
昆明	人均 GDP、二产 GDP、GDP、旅游总收入	楚雄	旅游总收入、工业用水、粮食播种面积*
曲靖	GDP（一、二、三、人均）、用水总量、生活用水、出口额、$PM_{2.5}$*	红河	二产 GDP、工业用水、进口额、$PM_{2.5}$*、PM_{10}*、粮食播种面积
西双版纳	GDP（一、二、三、人均）、生活用水	文山	农业用水、生活用水、用水总量、PM_{10}*
保山	二产 GDP、PM_{10}*	玉溪	—
昭通	进口额*	大理	进口额*、油料种植面积*
丽江	$PM_{2.5}$*	德宏	用水总量，油料、粮食播种面积

续表

市州	显著相关指标	市州	显著相关指标
普洱	二产 GDP	怒江	GDP（三产、人均）、用水总量、种植总面积*、粮食种植面积*
临沧	GDP（一产、三产、人均）、出口额	迪庆	进口额*、油料、甘蔗种植面积

注：带*为负相关指标。

3.5　新冠疫情对 SDGs 指标实现的影响

新冠疫情对 2020 年人类社会活动产生了巨大影响，甚至改变了人们的生产生活方式，因此也对夜间灯光与 SDGs 指标相关性产生了影响，通过对新冠疫情期间灯光遥感数据与 SDGs 指标关系的分析可检验灯光遥感数据的适用性。通过对夜间灯光影像进行处理后得到 2016～2020 年每年的 TNLI 值，结果发现 2016～2020 年每年的夜间灯光亮度总值都呈现增长状态，2016 年到 2019 年夜间灯光亮度增长明显，年均增长在 5.8%以上，2019 年到 2020 年 TNLI 增长率出现明显下跌，仅为 2.79%。这主要是由于 2019 年末在世界范围内暴发了新型冠状病毒感染疫情，疫情出现大规模的传染，中国大部分区域采取封控政策来阻止疫情传播，云南省国境线长，地形复杂，偷越国境线人数较高，是中国疫情防控形势最复杂难度最高的地区，大量边境城市由于境外疫情影响关闭关口，暂停进出口贸易。2020 年上半年云南省受疫情影响采取封控措施导致亮度下降，而下半年疫情得到控制，经济、社会开始有序活动，经济发展得到反弹，因此 TNLI 出现增长但增长率较低的情况。这一情况与云南省 GDP 等指标展现出的趋势一致，都是呈现出较小的增长。

在疫情发生后，昆明市作为云南省特大城市、滇中城市群中心城市、中国西部地区重要的中心城市，人口密集区域灯光亮度减弱明显，呈现出大面积聚集性减弱，并且其与周围城市连通的道路灯光也呈现大范围减弱趋势。丽江、西双版纳、玉溪等具有著名景区的旅游城市的夜间灯光亮度减弱区域主要集中于旅游景点酒店聚集区，如玉溪的抚仙湖周边、西双版纳州景洪、大理洱海景区周边。而像普洱、临沧、保山、德宏等欠发达、人口稀疏且处于边境区域的城市，灯光亮度减弱主要集中于道路灯光、边境关口、村落聚集地等区域。这些地区受疫情影响进出口业务管控严格，导致物流不畅，正常情况下商品进出关口需要 3～7 天时间才能入关，而这一时间在新冠疫情背景下被极大延长。由于边境地区防控压力较大，通关车辆多，导致关口处车辆拥堵、货物堆积等情况，提高了交叉感染的风险。农产品和经济作物对收割时间和运输时长有较高要求，关口拥堵导致前序货物不能尽快交割，后续货物错过收割季或产品质量下降，造成物流成本高、损耗大，容易形成疫情影响物流，物流影响经济，经济下降导致防控压力增加的恶性循环，继而影响城市可持续发展目标实现，例如临沧市糖企业与境外农场主签订甘蔗订购协议，但由于疫情影响导致甘蔗无法入境，企业缺少原材料停工停产，工人失业，为社会可持续发展带来不利因素。

有意思的是道路夜间灯光变化明显表现出城市之间连通性的变化和疫情时期城市间运输减弱。但在表 3-7 中公路客运量和货运量与 TNLI 的相关系数较低，为深入分析客、货运量和 TNLI 的关系，本研究尝试提取道路夜间灯光亮度总量（RTNLI）后与客运量、货运量进行相关性计算。

表 3-7　路网 TNLI 与道路指标相关性

		客运总量	货运总量	客运量（公路）	货运量（公路）	客运量（公路+铁路）	货运量（公路+铁路）
RTNLI	皮尔逊相关性	−0.561	0.791	−0.682	0.756	−0.58	0.792
	显著性	0.325	0.111	0.205	0.139	0.305	0.11

将路网提取后与 RTNLI 与客运量、货运量各项指标进行相关性分析，结果如表 3-7 所示，客运量与 RTNLI 负相关，货运量与 RTNLI 正相关。因相关交通法规规定长途客运车辆凌晨 2 时至 5 时停止运行或实行接驳运输，因此有理由认为路网夜间灯光亮度值由货运量贡献，RTNLI 与货运量相关性较低可能是由于路网提取过程中有大量城市路网与建筑灯光相重叠，城市内路网亮度受建筑灯光和道路影响产生异常高亮度夜间灯光值，导致了路网 TNLI 与客运量和货运量等指标的相关性较低，未来需要对路网进一步提取和分析。

3.6　讨论与结论

3.6.1　讨论

1. 夜间灯光指数与 SDGs 指标相关的本质及可替代程度

夜间灯光影像利用可见光和近红外波长捕捉地球上人类活动的空间范围和强

度。可持续发展意味着人类经济、社会、地球资源和环境的和谐发展。可持续发展指标衡量的是人类在实现可持续发展方面取得的进步以及未来可持续发展的潜力。因此，夜间灯光指数与 SDGs 指标之间的内在联系在于人类经济和社会活动与地球资源和环境之间的相互联系。通过建立夜间灯光指数与人类社会活动指标之间的联系，以及人类活动与资源环境指标之间的相互关系，可以在一定范围内确定夜间灯光与 SDGs 指标的三个维度（经济、社会和环境）之间的关系。同时，可持续发展目标的各项指标之间也存在着错综复杂的协同作用和权衡关系（苗俊霞等，2022）。通过这些关系，可以将看似不相关的指标与夜间照明指数进一步联系起来。

2. 不同类型的夜间灯光传感器导致结果差异

随着人类社会发展和遥感科技的进步，以及人类对自身发展区位、形势和发展密度的需求的增加，Nightsat Satellite System 发展得越来越成熟，目前被广泛应用的夜间灯光数据还有 1992 年由美国国防部运行的 Defense Meteorological Satellite Program/Operabional Linescan System（DMSP/OLS）数据，美国、俄罗斯等国 2000 年共同发布的 Photographs from the International Space Station （ISS-P）NTL 数据，2018 年中国武汉大学运行的 luojia1-01（LJ1-01）NTL 数据（Jiang et al.，2018），以及 2021 年最新发布的可持续发展科学卫星 1 号（SDGSAT-1）NTL 数据，这些传感器的技术水平不同导致了其性能的差异，如表 3-8 所示。

表 3-8　不同夜间灯光卫星信息

	DMSP/OLS	NPP-VIIRS	International Space Station	LJ1-01	SDGSAT-1
数据存档日期	1992~2013	2011~	2003	2017~	2021
所属国	美国	美国	美国、俄罗斯等	中国	中国
空间分辨率	2.7km	742m	5~200m	130m	40m（Visible bands）

本研究未考虑不同夜间灯光传感器差异导致与可替代指标之间的关联影响程度。但是已有学者证明了更高的分辨率和更长的观测时间序列能够提高模型的准确性，Guo 等（2023）在他们的研究中详细对比分析了多种不同传感器数据在 investigate the spatial variability 中的能力，结果显示：SDG SAT–1 NTL 图像在光谱和空间分辨率方面优于 VIIRS-DNB 和 LJ1–01 图像，并且用 RGB 波段和灰度亮度区分各种土地利用类型的能力优于 ISS–P、LJ1–01 和 VIIRS–DNB 图像。Zhang

等（2020）也对比使用 LJ1–01 和 NPP–VIIRS NTL 数据与 PM$_{2.5}$ 进行相关性分析，结果显示 LJ1–01 数据揭示了额外的细节并提高了预测 PM$_{2.5}$ 的精度。

3. 替代指标的全球适用性

本研究通过分析夜间灯光指数与不同类型 SDGs 指标的关联性来弥补传统的调查数据在更新频率上的不足这一全球普遍存在的问题，以加强对城市可持续发展水平的动态监控和调整。本研究在云南省验证了这一想法的可行性，虽未在全球范围内进行研究，但其他国家学者进行了单一指标的相关性分析，Corona 等（2023）使用夜间灯光数据评估了墨西哥市政经济活动指标（IAEM），并对其进行了改进。Galimberti（2020）评估了基于卫星的夜间灯光数据对预测 1993～2014 年期间全球 167 个国家的年度 GDP 增长的有用性，结果显示夜间灯光数据与 GDP 存在显著关联。Bagan 等（2019）对全球 50 个城市的建筑面积等和夜间灯光数进行关联分析，结果发现夜间灯光的亮度与建筑区的密度具有一致性。同时，也有大量学者验证了夜间灯光数据与 PM$_{2.5}$、PM$_{10}$ 之间的联系（Ji et al.，2018），以上研究可以支撑夜间灯光数据在全球范围内对部分缺失的 SDGs 指标进行替代性分析，但在不同国家其结果存在较大差异。

4. 研究的局限性

本研究中存在一些指标和 TNLI 相关性较低与预期结果不符，造成这种结果的因素可能有：第一，各类指标数量分布不均，在 34 项分指标中经济类指标占了近 56%，社会类有 26%，而环境类只有 18%，因此分指标数量的缺少导致了不能完全体现出夜间灯光数据与各类型的关联度；第二，不同类型分指标的内在关联程度不一样，经济类指标内在关联程度最高，环境类指标内在关联度最低；第三，本研究对夜间灯光指数的表现方式只采用了夜间灯光亮度总值的方式，尽管此前学者研究表明夜间灯光总值对于人类社会活动最为敏感，但不同类型的指标可能对不同夜间灯光指数关联度存在差异；第四，本研究的分析时间序列较短，只对 2015～2020 年夜间灯光强度与 SDGs 指标进行了关联度分析，部分指标可能需要较长时间序列来观察其与夜间灯光强度之间的关系；第五，由于新冠疫情对于社会发展影响是长久且持续性，本研究只对新冠疫情发生的第一年进行了分析，并没有进行持续性研究和分析，因此并不能完全体现出使用夜间灯光数据进行新冠疫情发生后社会变化分析的优势。同时，也最为遗憾的是本研究仅仅使用了夜间灯光数据进行 SDGs 指标替代性研究,未挖掘出其他数据源,在替代性上还存在大量缺失,对进行国家间可持续发展动态对比提供的帮助较少。

基于以上未能考虑到和部分暂时无法实现的因素,本研究未来将会在以下几点加强研究并进行深入分析:在研究数据上将采用更长的时间序列,筛选出尽可能多且数量平均的分类指标;在研究方法上将采用平均灯光强度、综合灯光指数和灯光面积比等不同指数进行关联度分析,以期找出各类型最为适合的指数,未来还将使用不同的相关方程并考虑数据之间的联系加入复相关进行分析,探索夜间灯光指数与 SDGs 指标之间更为复杂的关系。此外,未来还将融合其他多源数据,寻求更快捷、适用性强的评估方式。

3.6.2 结论

本研究在考虑 SDGs 评估指标对区域影响程度和灯光数据可替代性的基础上,筛选出了 16 个本地化指标并将其进一步细化为 34 个细分指标,通过对云南省 2016~2020 年夜间灯光亮度总值与这些细分指标的关联度分析,发现:①在 34 个细分指标中,TNLI 与 20 个指标具有显著相关性,因此使用夜间灯光数据进行 SDGs 指标替代性评估具有较高的可行性,其中 1.a.2(用于基本服务的开支在政府总开支中的比例)、8.1.1(人均国内生产总值年增长率)和 3.c.1(卫生工作者人数和万人均床位数)与夜间灯光亮度总值相关性较高,因此可以使用夜间灯光亮度总值进行替代评估;②将 34 个指标分为经济、社会和环境三个大类进行分析后发现,TNLI 在 19 个经济类指标中与其中 10 个具有显著的相关性,TNLI 在 9 个社会类指标中与其中 6 个具有显著的相关性,而在 6 个环境类指标中只与 1 个有显著相关性,说明夜间灯光替代性评估更适用于经济和社会类指标,在环境类中表现结果较差;③夜间灯光数据与不同产业的关联度不同,总体来看夜间灯光亮度总值与二产和三产的关联度较高,且可通过使用夜间灯光数据与不同产业 GDP、能源消耗总量的关联度来判断不同城市的主导产业;④在新冠疫情发生后,当年的夜间灯光亮度总量与云南省 GDP 都呈现出增长率下降但总量少量增长,TNLI 与受疫情影响的指标如就业人数、工资指数等相关性较高,可在一定尺度上反映当地社会受疫情影响的程度,并反映该影响对可持续发展造成的不良结果,鉴于此,可使用夜间灯光亮度总值来分析疫情对于可持续发展的影响。

参 考 文 献

曹子阳. 2016. 基于夜间灯光影像的 GDP 空间分布模拟研究及其与 $PM_{2.5}$ 浓度的相关分析. 广州: 中国科学院研究生院(广州地球化学研究所).

陈惠娟, 徐永明, 莫亚萍, 等. 2022. 基于 NPP/VIIRS 夜光遥感数据的淮安市夜间 $PM_{2.5}$ 浓度估算研究. 环境科学学报: 1-10.

邓晓庆, 张笑, 胡彩红, 等. 2022. 夜间灯光与肥胖关系的研究现状. 中国慢性病预防与控制, 30(1): 58-61.

杜海波, 魏伟, 张学渊, 等. 2021. 黄河流域能源消费碳排放时空格局演变及影响因素——基于 DMSP/OLS 与 NPP/VIIRS 夜间灯光数据. 地理研究, 40(7): 2051-2065.

杜若华, 刘雷震, 沈秋, 等. 2020. 基于夜间灯光数据的灾后恢复重建动态监测——以鲁甸地震为例. 自然灾害学报, 29(6): 59-69.

高义, 王辉, 王培涛, 等. 2013. 基于人口普查与多源夜间灯光数据的海岸带人口空间化分析. 资源科学, 35(12): 2517-2523.

郭华东, 梁栋, 陈方, 等. 2021. 地球大数据促进联合国可持续发展目标实现. 中国科学院院刊, 36(8): 874-884.

姜鲁光, 杨成, 刘晔. 2022. 基于夜间灯光数据的 1992—2020 年老挝经济社会发展时空变化. 资源科学, 43(12): 2381-2392.

江原, 郝媛媛, 黄祎宸. 2022. 基于夜间灯光数据的甘青宁城市扩展及其建成区植被变化特征研究. 生态学报, (10): 1-15.

李德仁, 李熙. 2015. 论夜光遥感数据挖掘. 测绘学报, 44(6): 591-601.

李德仁, 张过, 沈欣, 等. 2019. 珞珈一号 01 星夜光遥感设计与处理. 遥感学报, 23(6): 1011-1022.

李峰, 米晓楠, 刘军, 等. 2016. 基于 NPP-VIIRS 夜间灯光数据的北京市 GDP 空间化方法. 国土资源遥感, 28(3): 19-24.

李翔, 朱江, 尹向东, 等. 2021. 利用珞珈一号夜间灯光数据的广东省 GDP 空间化. 遥感信息, 36(2): 40-45.

廖书冰, 蔡宏, 袁艳琼, 等. 2020. 夜间灯光数据表征的区域经济发展水平对老年人高血压与 II 型糖尿病患病率分布的影响. 地球信息科学学报, 22(11): 2177-2187.

陆成宽. 2021. 可持续发展科学卫星 1 号首批影像发布. 科技日报, 12-21(2).

马忠玉, 肖宏伟. 2017. 基于卫星夜间灯光数据的中国分省碳排放时空模拟. 中国人口·资源与环境, 27(9): 143-150.

苗俊霞, 宋晓谕, 冯人和, 等. 2022. 欠发达山区可持续发展目标相互作用研究——以云南省临沧市为例. 地球科学进展, 37(9): 949-962.

牛亚文, 赵先超, 胡艺觉. 2021. 基于 NPP-VIIRS 夜间灯光的长株潭地区县域土地利用碳排放空间分异研究. 环境科学学报, 41(9): 3847-3856.

彭博, 张倩, 刘立程, 等. 2022. 夜间灯光视角下的新疆发展均衡性动态研究. 测绘科学, 47(1):

133-141.

沈熙. 2021. 临沧: 努力打造国家可持续发展示范区. 可持续发展经济导刊, (Z2): 83-85.

舒松, 余柏蒗, 吴健平, 等. 2011.基于夜间灯光数据的城市建成区提取方法评价与应用. 遥感技术与应用, 26(2): 169-176.

宋晓谕, 高峻, 李新, 等. 2018. 遥感与网络数据支撑的城市可持续性评价: 进展与前瞻. 地球科学进展, 33(10): 1075-1083.

苏泳娴, 陈修治, 叶玉瑶, 等. 2013. 基于夜间灯光数据的中国能源消费碳排放特征及机理.地理学报, 68(11): 1513-1526.

王正, 贾公旭, 张清凌, 等. 2021. COVID-19疫情背景下2020年第一季度广东省二、三产业GDP空间分布变化分析. 自然资源遥感, 33(3): 184-193.

伍亿真, 施开放, 余柏蒗, 等. 2021. 利用 NPP-VIIRS 夜间灯光遥感数据分析城市蔓延对雾霾污染的影响. 武汉大学学报(信息科学版), 46(5): 777-789.

余柏蒗, 王丛笑, 宫文康, 等. 2021. 夜间灯光遥感与城市问题研究: 数据、方法、应用和展望. 遥感学报, 25(1): 342-364.

郑覃. 2020. 基于长时序夜光遥感的中国社会经济指标模拟研究. 吉林: 吉林大学.

中国科学院. 2020. 地球大数据支撑可持续发展目标报告.

中华人民共和国中央人民政府. 2016. 《中国落实 2030 年可持续发展议程国别方案》.

卓莉, 陈晋, 史培军, 等. 2005.基于夜间灯光数据的中国人口密度模拟.地理学报, (2): 266-276.

Andreano, M S, Benedetti, et al. 2021. Mapping poverty of Latin American and Caribbean Countries from heaven through night-light satellite images. Social Indicators Research, 156: 533-562.

Bagan H, Borjigin H, Yamagata Y. 2019. Assessing nighttime lights for mapping the urban areas of 50 cities across the globe. Environment and Planning B: Urban Analytics and City Science, 46(6), 1097-1114.

Corona F, Villaseñor E A, López-Pérez J, et al. 2023. Estimating Mexican municipal-level economic activity indicators using nighttime lights. Empir Econ 65, 1197-1214.

Elvidge C D, Zhizhin M, Ghosh T, et al. 2021. Annual time series of global VIIRS nighttime lights derived from monthly averages: 2012 to 2019. Remote Sensing, 13(5): 922.

Galimberti J K . 2020. Forecasting GDP growth from outer space. Oxford Bull Econ Stat, 82(4): 697-722.

Guo B, Hu D, Zheng Q. 2023. "Potentiality of SDGSAT-1 glimmer imagery to investigate the spatial variability in nighttime lights, " International Journal of Applied Earth Observation and Geoinformation, 119: 103313.

Guo H, Chen F, Sun Z, et al. 2021. Big Earth Data: a practice of sustainability science to achieve the Sustainable Development Goals. Science Bulletin, 66(11): 1050-1053.

Ji G, Zhao J, Yang X, et al. 2018. "Exploring China's 21-year PM$_{10}$ emissions spatiotemporal variations by DMSP-OLS nighttime stable light data, " Atmospheric Environment, 191: 132-141.

Jiang W, He G, Long T, et al. 2018 . Potentiality of Using Luojia 1-01 Nighttime Light Imagery to Investigate Artificial Light Pollution. Sensors (Basel), 18(9): 2900.

Li G, Chang L Y, Liu X J, et al. 2019. Monitoring the spatiotemporal dynamics of poor counties in

China: Implications for global sustainable development goals. Journal of Cleaner Production, 227: 392-404.

Rahman M M. 2021. Does building development in Dhaka comply with land use zoning? An analysis using nighttime light and digital building heights. Sustainability Science, (4): 1323-1340.

Wu X, Fu B, Wang S, et al. 2022. Decoupling of SDGs followed by re-coupling as sustainable development progresses. Nature Sustainability, 5(5): 452-459.

Xu Z, Xia X, Liu X, et al. 2015. Combining DMSP/OLS nighttime light with Echo State network for prediction of daily $PM_{2.5}$ average concentrations in Shanghai, China. Atmosphere, 6: 1507-1520.

Yang C, Yu B, Chen Z, et al. 2019.A spatial-socioeconomic urban development status curve from NPP-VIIRS nighttime light data. Remote Sensing, 11(20): doi:10.3390.

Yu B, Tang M, Wu Q, et al. 2018. Urban built-up area extraction from log-transformed NPP-VIIRS nighttime light composite data. IEEE Geoscience & Remote Sensing Letters, 1279-1283.

Zhang G, Shi Y, Xu M. 2020. Evaluation of LJ1-01 nighttime light imagery for estimating monthly $PM_{2.5}$ concentration: A comparison with NPP-VIIRS nighttime light data. IEEE Journal of Selected Topics in Applied Earth Observations and Remote Sensing, vol. 13, pp. 3618-3632.

Zhao X, Li X, Zhou Y, et al. 2020. Analyzing urban spatial connectivity using night light observations: A case study of three representative urban agglomerations in China. IEEE Journal of Selected Topics in Applied Earth Observations and Remote Sensing, PP(99): 16.

Zhao X, Shi H, Yu H, et al. 2016. Inversion of nighttime $PM_{2.5}$ mass concentration in Beijing based on the VIIRS day-night band. Atmosphere, 7: 136.

Zheng X, Wang R, Hoekstra A Y, et al. 2021. Consideration of culture is vital if we are to achieve the Sustainable Development Goals. One Earth.

Zhu X B, Ma M G, Yang H, et al. 2017. Modeling the spatiotemporal dynamics of gross domestic product in China using extended temporal coverage nighttime light data. Remote Sensing, 9(6): 626.

第 4 章　欠发达山区 SDG6 进展评估

数据稀缺是影响市县等小尺度地区 SDGs 评估的重要制约因素,而市县等小尺度是可持续发展实施的具体行政单元,对实现 2030 年可持续发展议程具有更大的操作意义。SDG6 处于 17 项可持续发展目标的核心位置,与其他可持续发展目标联系密切,统计数据短缺是小尺度区域 SDG6 研究滞后的关键挑战。在国家以下的小尺度地区,集成多源数据,补充统计数据的短缺,开展 SDG6 进展综合评估,探索其关键影响因素,并寻求水资源可持续发展的优化措施,可助力地方 SDG6 及 2030 年可持续发展议程的实现。

4.1　研究进展与分析视角

SDG6 即"为所有人提供水和环境卫生并对其进行可持续管理",处于 17 项可持续发展目标的核心位置,与其他可持续发展目标联系密切,直接与间接联系的目标共计 13 个,是人类福祉提升、经济社会发展与生态系统良性运转的基础,是 2030 年可持续发展议程实现的先决条件(Bhaduri et al.,2016;Fader et al.,2018;Fu et al.,2019;Requejo-Castro et al.,2020;Yang et al.,2020;Taka et al.,2021;Mugagga and Nabaasa,2016)。然而,根据联合国发布《2022 年可持续发展目标报告》,按照目前的进展速度,到 2030 年,仍有 16 亿人缺乏安全处理的饮用水,28 亿人缺乏安全处理的环境卫生设施,19 亿人缺乏基本的手部卫生设施。若要如期实现 SDG6,需要将进展速度提高 4 倍。为实现"不让任何一个人掉队",本研究以 2015 年为起始年,评估 2015~2020 年期间 SDG6 的实施现状,以及时研判欠发达山区临沧市"十三五"期间与水相关政策的实施效果,同时为 SDG6 与 2030 年可持续发展议程相关的"十四五"政策的完善提供重要参考。

为加快 SDG6 的实现,联合国倡议并启动了包括融资、数据和信息、能力发展、创新、治理 5 个跨领域的"SDG 6 全球加速框架"。在数据和信息方面,根据

《2021 年度 SDG6 进展摘要报告》，在 193 个联合国会员国中，大部分国家拥有 2/3 的 SDG6 监测数据，仍有 24 个国家拥有不到一半的数据，而国家以下的小尺度区域的数据更为匮乏。当前国内外 SDG6 研究的空间范围多集中在全球、区域与国家等大尺度范围（Ament et al.，2020；Sarkodie et al.，2020），统计数据短缺是小尺度区域 SDG6 研究滞后的关键挑战（Chatterley et al.，2018）。而地级市与县域等小尺度地区是可持续发展目标的具体实施单元，在小尺度区域开展可持续发展目标的进展评估，可避免国家制定的可持续发展政策在地方实施中的脱节问题（Lieberman，2019；Alcamo et al.，2020）。

SDG6 的 11 个指标中，根据 2022 年全球可持续发展指标监测评估方法与数据状态的分类，国家尺度的 SDG6.1.1、SDG6.2.1、SDG6.3.1、SDG6.3.2 四个指标仍处于有方法无有效数据的状态（Tier Ⅱ）（卢善龙等，2021）。当前，SDG6 的评估多集中在公共供水普及率（SDG6.1.1）、环境卫生设施（SDG6.2.1），两个指标的数据多来源于小规模的调查数据，存在调查周期长，获取成本高，时间连续性低等问题（Mc Conville et al.，2019；Van Den Homberg et al.，2020；Fuente et al.，2020；Nkiaka et al.，2021）。在 SDG6 多指标综合评估的研究中，单一的数据来源往往无法满足研究需求，尤其对于国家以下的空间尺度，融合统计数据及遥感数据等多源数据是解决 SDGs 数据匮乏问题的有效措施，可助力地方 SDG6 及 2030 年可持续发展议程的实现（Quinlivan et al.，2020；Hofmann，2021）。

不同区域的可持续发展目标的进展因收入水平而异（Liu，2020），识别临沧市 SDG6 的影响因素，可为地区水资源合理开发与水生态环境保护的政策制定提供理论依据。SDG6 包括 8 个具体目标和 11 个指标，具体可划分为水资源（SDG6.1、SDG6.4）、水环境（SDG6.2、SDG6.3）、水生态（SDG6.6）、水管理（SDG6.5、SDG6.a、SDG6.b）四类。已有研究多集中于单一维度的影响因素识别，而各维度的驱动因素存在差异，其中，经济规模、人口规模、技术水平和产业结构是影响四个维度的主要驱动因素（Zhang et al.，2015；Lyu et al.，2021；Lei et al.，2012；Ma et al.，2020；Chen et al.，2021；Liu et al.，2022；Fu et al.，2022；贺义雄等，2022）。用水需求和废水排放量随着经济和人口的增长而增加，而用水量和废水排放量通常随着技术的进步而降低（Zhang et al.，2015；Lyu et al.，2021；Lei et al.，2012；Ma et al.，2020；Chen et al.，2021；Liu et al.，2022；Fu et al.，2022）。产业结构的驱动方向存在波动，其对工业废水排放的影响也从支持变为抑制（Ma et al.，2020）。

影响因素作用研究的分解方法，包括指数分解方法、结构分解方法、生产理论分解方法三种基本分解方法，其中对数平均迪氏指数分解方法（logarithmic mean divisia index，LMDI）模型解决了分解过程中的残差项及零值。扩展的 Kaya 等式和 LMDI 模型被广泛应用于影响因素的分析，通常分为强度、结构、经济和人口四个效应，已应用于碳排放量、水资源利用量、行业就业人口、建筑规模等众多领域。本研究主要分析由水资源、水环境、水生态三个维度组成的 SDG6 综合指数的数量变化，根据 Ang（2015）的方法建议，加法形式的分解法可以提供总体变化和分解结果，与数量指标基本吻合，而 LMDI-I 具有聚合一致性和在子维度上完美分解的特性，故 LMDI 模型是首选模型。

为解决数据短板与 SDG6 影响因素归因分析不足，本研究以中国可持续发展示范区临沧市为例，集成统计数据、调查数据与遥感数据等多源数据，开展了 2015～2020 年多指标的 SDG6 综合指数实践进展评价，采用 LMDI 分解模型识别 SDG6 实现的影响因素，提出水资源合理开发和保护的针对性意见；并在此基础上，结合地区 SDG6 指标相关政策的实施成本和效益，探索了资金有限的欠发达地区 SDG6 指标的实施优先顺序，以期为临沧市 SDG6 实施政策的制定提供参考，并为中国西南地区、东南亚类似欠发达山区水资源可持续利用提供实施借鉴。

4.2　数据与方法

4.2.1　数据来源

临沧市 7 个 SDG6 指标中，SDG6.1.1、SDG6.3.1、SDG6.3.2、SDG6.4.1、SDG6.4.2、SDG6.6.1 等六个指标直接采纳 2030 年可持续发展议程的 SDGs 指标，SDG6.2.1 为本地化的指标（表 4-1）。其中，公共厕所是城市环境卫生设施的重要组成，是地区生态文明建设的重要表征，以城区公共厕所密度替代 SDG6.2.1。本研究涉及的数据包括统计数据、调查数据、遥感数据三种类型（图 4-1），时间范围为 2015～2020 年，空间范围为临沧市及下辖的 8 县（区）。统计数据主要来源于《临沧市统计年鉴》《临沧市水资源公报》《临沧市环境状况公报》，调查数据为公共厕所数量数据，遥感数据为《中国多时期土地利用土地覆被变化遥感监测数据集》（CNLUCC）。影响因素中，常住人口总数、用水结构、人均生产总值、各行业用水效率数据来源于《临沧市统计年鉴》和《临沧市水资源公报》。

表 4-1   纳入临沧市水资源开发与保护可持续状态指数的指标

目标	具体目标	指标	指标含义	指标来源	指标性质
SDG6 清洁饮水和卫生设施	SDG6.1	SDG6.1.1	使用得到安全管理的饮用水服务的人口比例	A	正向
	SDG6.2	SDG6.2.1	城区公共厕所密度	L	正向
	SDG6.3	SDG6.3.1	安全处理家庭和工业废水的比例	A	正向
		SDG6.3.2	环境水质良好的水体比例	A	正向
	SDG6.4	SDG6.4.1	用水效率变化	A	正向
		SDG6.4.2	用水紧张程度	A	负向
	SDG6.6	SDG6.6.1	与水有关的生态系统范围随时间的变化	A	正向

注：指标来源的 A 为直接采纳 2030 年可持续发展议程（SDGs）指标，L 为本土化的指标。

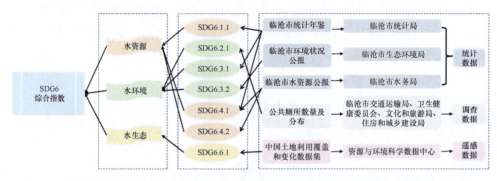

图 4-1   纳入临沧市水资源开发与保护可持续状态指数的指标数据来源

4.2.2 研究方法

本研究基于多源数据，通过"SDGs 指标元数据"与可持续发展解决方案网络（sustainable development solutions network，SDSN），测算了临沧市及各县（区）的 SDG6 的 7 个指标及水资源开发与保护可持续状态指数（SDG6 综合指数），分析了 SDG6 各指标及 SDG6 综合指数的进展趋势。结合各指标的 2020 年预期目标，评估了区域的 SDG6 实现状态。采用 LMDI 方法，测度了 SDG6 综合指数影响因素的作用程度。在此基础上，提出了地区水资源可持续发展的具体建议（图 4-2）。本文的具体研究方法如下。

1. SDG6 综合指数核算

本研究采用联合国公布的"SDGs 指标元数据"中的方法，开展了临沧市及其

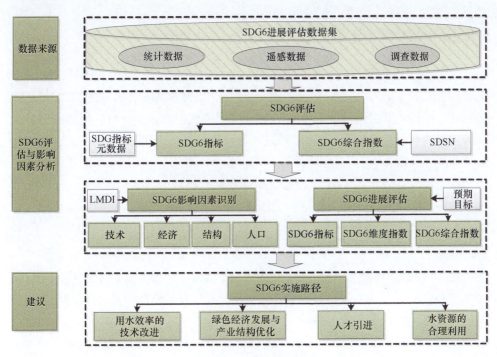

图 4-2　研究思路和框架

下辖县（区）SDG6 的 7 个指标的测算。基于可持续发展解决方案网络（sustainable development solutions network，SDSN），可持续发展目标具有整体性和不可分割的特性，每个目标同等重要，应给予固定的、一致的权重，结合 SDG6 的 5 个具体目标 7 个指标，采用各具体目标等权重方法，测算了地区的 SDG6 综合指数。为避免 SDG6 各指标的单位与量纲不一致引起的偏差，对各指标数据首先以极差法进行归一化处理 [式（4-1）、式（4-2）]（韩兆洲和杨林涛，2008），将不同属性的指标分为两类，促进地区水资源可持续的为正向指标，抑制的为负向指标，仅 SDG6.4.2 为负向指标（表 4-1）。其中，公共供水普及率、污水处理率、水功能区水质达标率（SDG 6.1.1、SDG 6.3.1、SDG 6.3.2）取极小值为 0，最大值为 100%，进行归一化处理；其他指标的极大值与极小值取研究时期的数据极值。

$$x_n = \frac{x - \min(x)}{\max(x) - \min(x)} (\text{正向指标}) \tag{4-1}$$

$$x_n = \frac{\max(x) - x}{\max(x) - \min(x)} (\text{负向指标}) \tag{4-2}$$

2. SDG6 可持续发展实现状态评估

参考《SDGs 指数和指示板》《中国落实 2030 年可持续发展议程国别方案》（下文简称《国别方案》）、中国与云南省平均水平，作为 SDG6 各指标的 2020 年可持续发展目标值，开展临沧市 SDG6 各指标的实现状态评估，并将实现状态划分为指标实现或有望实现（Ⅰ），已取得进展，但不足以实现指标（Ⅱ），无进展或背离具体指标（Ⅲ），无衡量标准（Ⅳ）四种类型，对于已达到 100% 的指标，划定为指标实现或有望实现（Ⅰ）。根据可持续发展解决方案网络（SDSN），选取临沧市及各县（区）的 SDG6 中进展较为缓慢的两个指标作为 SDG6 的进展状态。

3. SDG6 综合指数影响因素识别

SDG6 综合指数的影响因素分析采用扩展的 Kaya 恒等式与 LMDI 方法。LMDI 模型以 Divisia 指数为基础，根据指标聚合性（数量和强度指标）、分解过程（加法和乘法分解）、权重公式（LMDI–I、LMDI–Ⅱ），划分为 8 个模型（Ang et al., 2008），因 SDG6 综合指数属于数量指标，加法分解的 LMDI–I 是首选模型。根据水资源、水环境、水生态、水管理的核心影响因素，结合临沧市实际情况，选取用水结构、常住人口总数、各行业用水效率、人均生产总值为结构、人口、技术、经济效应因子。1989 年 Kaya 提出了 Kaya 恒等式，分析人口、经济、政策对 CO_2 排放量的影响程度，之后学者将影响因素扩展到多个。Kaya 恒等式的扩展形式如下：

$$R = \sum_i \frac{W_i}{TW} \times \frac{TW}{GDP} \times \frac{GDP}{P} \times P = \sum_i s_i e_i p g \quad (i = 1, 2, 3) \qquad (4\text{-}3)$$

式中，R 为 SDG6 综合指数；W_i 为各行业用水量；TW 为地区总用水量；GDP 为地区生产总值；P 为常住人口；s、e、p、g 分别为结构、技术、人口、经济效应；i 为产业类型，包括第一产业、第二产业和第三产业。上式构建了 SDG6 综合指数与用水结构、用水效率、经济水平与人口的关系。

基于 Kaya 恒等式的扩展形式，以 2015 年为基准年份（以 t_0 指代），2020 年为最终年份（以 t_1 指代），构建了 SDG6 综合指数 LMDI 分解模型：

$$\Delta R = R_{t_1} - R_{t_0} = \Delta R_s + \Delta R_e + \Delta R_p + \Delta R_g \qquad (4\text{-}4)$$

$$\Delta R_s = \sum_i \frac{R_{t_1} - R_{t_0}}{\ln R_{t_1} - \ln R_{t_0}} \ln \frac{s_{it_1}}{s_{it_0}} \quad (i = 1, 2, 3) \qquad (4\text{-}5)$$

$$\Delta R_e = \sum_i \frac{R_{t_1} - R_{t_0}}{\ln R_{t_1} - \ln R_{t_0}} \ln \frac{e_{it_1}}{e_{it_0}} \ (i = 1,2,3) \tag{4-6}$$

$$\Delta R_p = \frac{R_{t_1} - R_{t_0}}{\ln R_{t_1} - \ln R_{t_0}} \ln \frac{p_{t_1}}{p_{t_0}} \tag{4-7}$$

$$\Delta R_g = \frac{R_{t_1} - R_{t_0}}{\ln R_{t_1} - \ln R_{t_0}} \ln \frac{g_{t_1}}{g_{t_0}} \tag{4-8}$$

式中,ΔR 代表 SDG6 综合指数变化值;R_{t_0} 和 R_{t_1} 分别为 2015 年和 2020 年的 SDG6 综合指数;ΔR_s、ΔR_e、ΔR_p、ΔR_g 分别为结构、技术、人口、经济对 SDG6 综合指数的影响程度;s_{it_0} 和 s_{it_1}、e_{it_0} 和 e_{it_1}、p_{t_0} 和 p_{t_1}、g_{t_0} 和 g_{t_1} 分别代表 2015 年和 2020 年结构、技术、人口、经济的数值;i 为产业类型,包括第一产业、第二产业和第三产业。

4.3　SDG 6 指标的时空变化

2015～2020 年期间,临沧市及各县(区)的 SDG6 各指标均呈现明显的上升趋势,SDG6 具有较好的发展进程,但各指标进展情况整体不均衡,各县(区)存在明显的空间差异性(图 4-3)。临沧市及下辖的耿马县、双江县和永德县的三个县(区)的 SDG6 均处于实现或有望实现(Ⅰ),临翔区、凤庆县、沧源县、镇康县和云县的 SDG6 处于已取得进展,但不足以实现指标(Ⅱ)(表 4-2)。临沧市 SDG6 各指标的上升趋势可能与该市政府高度重视水资源,在"十三五"期间实施了一系列的人饮工程、节水、污水管控等政策有关。

4.3.1　SDG6.1.1 的时空变化

临沧市 SDG6.1.1(公共供水普及率)增幅明显,从 2015 年的 82.44%增加到 2020 年的 95.54%,增幅为 15.89%。在 2020 年,除镇康县外,其他县(区)的公共供水普及率均达到 91%以上,凤庆县和耿马县的公共供水普及率已达到 100%,而镇康县仅为 81.4%。根据《SDGs 指数和指示板》,除镇康县和临翔区外,其他县(区)的公共供水普及率均高于 95%,而仅镇康县的公共供水普及率低于《国别方案》的 85%。在指标进展方面,大部分县实现了可持续发展目标 6.1.1(Ⅰ),临翔区有所进步,但力度有待加强(Ⅱ),而镇康县呈下降趋势,处于负进步(Ⅲ)。

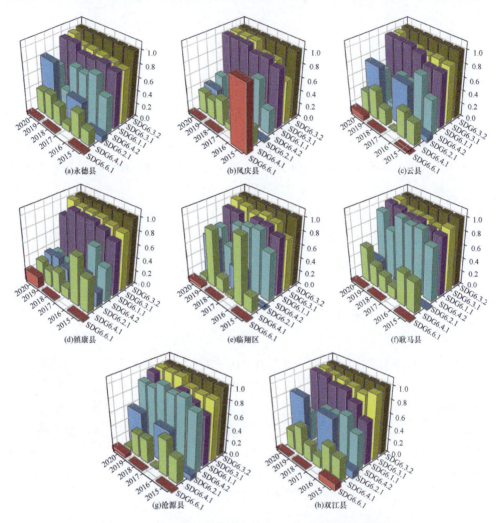

图 4-3　2015～2020 年临沧市各县（区）SDG6 指标变化图

表 4-2　临沧市及各县（区）SDG6 各指标的实现状态

地区	SDG6.1.1	SDG6.2.1	SDG6.3.1	SDG6.3.2	SDG6.4.1	SDG6.4.2	SDG6.6.1	SDG6
临沧市	I	I	I	I	II	I	IV	I
临翔区	II	I	I	I	II	I	IV	II
凤庆县	I	II	I	I	II	I	IV	II
耿马县	I	I	I	I	II	I	IV	I
沧源县	I	I	I	I	III	I	IV	II
双江县	I	I	I	I	II	I	IV	I

地区	SDG6.1.1	SDG6.2.1	SDG6.3.1	SDG6.3.2	SDG6.4.1	SDG6.4.2	SDG6.6.1	SDG6
云县	I	II	I	I	II	I	IV	II
永德县	I	II	I	II	I	I	IV	I
镇康县	III	I	I	I	II	I	IV	II

注：I~IV 为可持续发展指标实现状态，具体划分为指标实现或有望实现（I），已取得进展，但不足以实现指标（II），无进展或背离具体指标（III），无衡量标准（IV）四种类型。

临沧市 SDG6.1.1 的全面达标可能与市政府高度重视人饮工程的建设有关，截至 2020 年末，全市累计投资资金 8.42 亿元，巩固提升了 165 万农村人口供水保障水平，累计建成农村饮水工程 2.44 万余处。镇康县的公共供水普及率相对落后可能与其城镇化率提升速率较快有关，镇康县城区人口从 2019 年的 3.01 万人增加至 2020 年的 3.48 万人。

4.3.2　SDG6.2.1 的时空变化

临沧市 SDG6.2.1（城区公共厕所密度）呈明显上升趋势，2015 年城市公厕每平方公里不足 1 座，2020 年每平方公里大于 4 座。2020 年各县（区）的公共厕所密度均大于 3 座/km²，云县和凤庆县除外。根据《城市环境卫生设施规划标准》（GB/T50337—2018），公共厕所的设置密度应处于每平方公里 3～5 处，除云县和凤庆县外，其余县（区）均处于《城市环境卫生设施规划规范》（GB50337—2018），即处于基本达到实现或有望实现（I），而云县和凤庆县属于已取得进展，但不足以实现指标（II）。

进一步分析发现，临沧市的环境卫生设施数量的增长与公共厕所改造和人居环境行动方案有关，2015 以来，临沧市实施了《临沧市关于进一步提升城乡人居环境五年行动计划（2016—2020 年）》《临沧市城镇公厕改造建设规划（2018—2020 年)》、爱国卫生"7 个专项行动"等一系列政策，期间投资 8000 万元用于环境卫生建设，公共厕所数量大幅上升。

4.3.3　SDG6.3.1 的时空变化

临沧市 SDG6.3.1（安全处理家庭和工业废水的比例）显著提高，从 2015 年的 79.23%增加到 2020 年的 99.17%，增幅为 25.17%。临沧市下辖的各县级行政区的 SDG6.3.1 也逐步提高，凤庆县的提升速率最快，从 2015 年的 64.11%增加到 2020

年的100%，增幅为55.98%，到2020年，沧源县、耿马县、凤庆县3个县的废水处理率均达到100%，其余5个县的废水处理率也均达到97.50%以上，均高于《SDGs指数和指示板》的50%以上的目标，达到实现或有望实现（I）。

废水处理率的提高与基础设施建设密切相关，临沧市全面实施了城乡人居环境行动（2016—2020），加快城镇污水管网建设，城镇生活污水收集处理能力和水平得到大幅提升，2020年的城镇污水实际处理能力约8.75万t/d，基本满足当前要求。

4.3.4 SDG6.3.2的时空变化

临沧市纳入考核的县级及以上集中式饮用水水源地水质优良率、水功能区水质达标率持续保持在100%，SDG6.3.2（环境水质良好的水体比例）均达到实现或有望实现（I）。分析发现，临沧市严格实施《饮用水水源保护区划分技术规范》（HJ338—2018），实施了水源工程、水质监测工程、河道治理工程、河长制等一系列项目，共投入资金12.6亿元，有效保障全域饮用水水源地和水功能区水质。

4.3.5 SDG6.4.1的时空变化

临沧市SDG6.4.1（用水效率变化）增幅明显，从2015年的40.58元/m³增加到2020年的48.37元/m³，增幅为19.18%。各行业间用水效率差异较大，农业用水效率低于10元/m³，工业和服务业用水效率超过170元/m³。但临沧市的用水效率远低于全国和世界平均水平，全国的用水效率从2015年的116.72元/m³提升至2020年的161.73元/m³，世界用水效率从2015年的17.4美元/m³提高到2020年的18.9美元/m³。

各县级行政区的差异较大，除沧源县外，其他县用水效率均有所提高。其中，临翔区用水效率提高最快，2020年达到113.67元/m³，增幅为50.18%，是临沧市平均用水效率的两倍多；沧源县用水效率下降8.21%，2020年为29.12元/m³。在指标进展方面，SDG6.4.1的进展在SDG6中最为滞后，临沧市及所辖各县用水效率虽有所提高，但仍低于全球或全国平均水平，临沧市及所辖各县（沧源除外）的SDG 6.4.1均呈上升趋势，处于已取得进展，但不足以实现指标（II），沧源处于负进展状态（III）。

SDG6.4.1的实现可能与政策和区位优势有关。在具体政策方面，临沧市制定出台了《临沧市实行最严格水资源管理制度考核工作实施方案》，确立了市县（区）

两级 2015 年、2020 年及 2030 年的"用水总量控制、用水效率控制、水功能区水质达标率控制"的水资源管理"三条红线"控制目标,用水效率稳步提升,但因节水技术发展相对滞后,用水效率仍存在较大提升潜力。其中,临翔区为市政府所在地,因其生产要素集聚效应与技术水平高于其他县,故用水效率相对较高。

4.3.6　SDG6.4.2 的时空变化

临沧市 SDG6.4.2(用水紧张程度)呈波动上升趋势,从 2015 年的 7.60%上升到 2019 年的 9.13%,在 2020 年降至 6.37%。在各县(区)间,除镇康县的用水紧张程度呈波动下降趋势,耿马县和沧源县的波动较小外,其他县(区)的用水紧张程度均呈波动上升趋势。在目标实现程度方面,临沧市及各县(区)的 SDG6.4.2 均低于《SDGs 指数和指示板》的 25%的标准,达到实现或有望实现(I)。临沧市的水资源较为丰富,可能存在"靠水吃水"的水资源浪费问题,尽管当前用水紧张程度均处于达标状态,但其用水紧张程度整体呈上升趋势,未来需要充分发挥政府的扶持和引导作用,加强水资源管理,合理开发利用水资源。

4.3.7　SDG6.6.1 的时空变化

临沧市 SDG6.6.1(与水有关的生态系统范围随时间的变化)呈波动下降趋势,从 2010~2015 年的 109.48%下降至 2018~2020 年的 18.87%。凤庆县、永德县、双江县也呈明显的下降趋势,凤庆县的降幅最高,SDG6.6.1 从 2010~2015 年的 1182.34%下降至 2018~2020 年的 2.88%;镇康县、沧源县、云县、临翔区的变化趋势与之相反,镇康县的增幅最大,SDG6.6.1 从 2010~2015 年的 9.10%增加至 2018~2020 年的 196.02%;耿马县的变化较为平稳。

各县(区)的涉水相关生态系统面积差异较大,凤庆县的涉水相关生态系统面积占比最高,沧源县的占比最小,分别占土地利用总面积的 2.39%和 0.10%,其差异主要由水利设施工程建设导致,2015~2020 年临沧市水利设施项目建设和维护支出达 126 亿元,凤庆县获得的资金最多。凤庆县的涉水生态系统占比最大的为水库水面,云南小湾水电站位于大理市南涧县和临沧市凤庆县的交界处,工程竣工于 2015 年,故凤庆县的 2015 年的 SDG6.6.1 远高于其他县(区)。因 SDG6.6.1(涉水生态系统面积变化率)无参考标准(IV),未进行实现状态评估。

4.4 SDG6 分维度及综合指数评估

采用各具体目标等权重的方法,从水资源(SDG6.1、SDG6.4)、水环境(SDG6.2、SDG6.3)、水生态(SDG6.6)三个维度评估了临沧市及各县(区)水资源开发与保护可持续状态(表4-3)。

水资源指数呈明显上升趋势,从2015年的0.26增加至2020年的0.29。但各县(区)的水资源可持续发展水平存在显著差异,临翔区和耿马县的水资源指数较高,凤庆县和双江县排在最后,可能与经济规模和产业结构有关,在产业结构合理时,呈现经济发展水平较高县域的水资源指数相对较高,欠发达县域的水资源指数相对较低。具体而言,临沧市人均GDP排序分别为临翔区、耿马县、凤庆县、双江县、云县、镇康县、沧源县、永德县,临翔区的人均GDP最高,2020年第一产业占比仅为14.39%。而凤庆县和双江县的人均GDP虽排在前列,但其为临沧市的农业主产区(2020年第一产业产值占比分别为37.67%、28.13%),农业为高耗水产业,两县的用水压力和节水压力相对较大。

临沧市及各县(区)的水环境指数也呈上升趋势,临沧市的水环境指数从2015年的0.19增加至2020年的0.31。在各县(区)中,镇康县的水环境指数最高,双江县和永德县次之,凤庆县和耿马县排在最后。进一步分析发现,凤庆县和耿马县的经济发展相对较快,镇康县的经济发展相对滞后。但镇康县的建成区面积和城区总人口最少,公共厕所及洗手设施的可覆盖人数相对较多,避免了公共设施的闲置;凤庆县的建成区面积和城区总人口仅次于临翔区,所需的公共设施的投放成本相对较高,公共厕所密度相对较低,不足3处/km^2;而耿马县的废水处理比例相对较低,2019年时仅为91.43%。综合显示经济规模、人口数量、废水处理能力是影响水环境的重要因素。

水生态指数整体呈下降趋势,从2015年的0.02降至2020年的0.01。2015年水生态指数最高的为凤庆县(0.2),2020年水生态指数最高的为镇康县(0.03)。临沧市的涉水生态系统面积不断增加,但其面积变化率逐渐平稳,涉水生态系统面积的大小和变化与区域的自然资源禀赋和水利设施工程有关。根据《临沧市第三次全国国土调查主要数据公报》在全市的各类涉水生态系统中,凤庆县、云县和双江县的水域及水利设施用地总面积占全市的62.07%,云县、永德县、镇康县和耿马县占全市湿地的78.52%。

2015～2020 年期间,临沧市 SDG6 综合指数从 0.47 增长至 0.61,整体呈明显上升趋势。全市水资源可持续发展水平整体不均衡,各县(区)间存在差异,镇康县的 SDG6 综合指数最高,永德县和云县次之,凤庆县最低。进一步分析发现,经济规模、产业结构、技术水平影响着地区水资源可持续发展水平,且县域经济发展水平与 SDG6 综合指数呈反向变化。其中,镇康县和永德县经济发展水平相对较低,镇康县水资源得分较高,水环境和水生态指数最高,SDG 6 综合指数从 2015 年的 0.47 增长到 2020 年的 0.72;永德县水资源指数和水环境指数较高,水生态指数最低,SDG 6 综合指数从 2015 年的 0.45 上升到 2020 年的 0.64,人均 GDP 仅次于临翔区的凤庆县,2015 年的 SDG6 综合指数最高,但区域作为全省高原特色农业示范县,第一产业用水占比超过 85%,加之涉水生态系统面积变化率的降低,SDG6 综合指数从 2015 年的 0.60 下降至 2020 年的 0.54。

表 4-3　临沧市及各县(区)SDG6 综合指数及水资源、水环境、水生态指数

区域	水资源		水环境		水生态		SDG6 综合指数	
	2015 年	2020 年	2015 年	2020 年	2015 年	2020 年	2015 年	2020 年
临沧市	0.26	0.29	0.19	0.31	0.02	0.01	0.47	0.61
临翔区	0.27	0.26	0.18	0.32	0.00	0.01	0.45	0.59
凤庆县	0.24	0.28	0.17	0.27	0.20	0.00	0.60	0.54
耿马县	0.30	0.34	0.19	0.26	0.00	0.00	0.50	0.60
沧源县	0.27	0.29	0.20	0.31	0.00	0.01	0.48	0.61
双江县	0.22	0.27	0.22	0.35	0.02	0.00	0.45	0.63
云县	0.25	0.29	0.20	0.34	0.00	0.02	0.45	0.64
永德县	0.24	0.29	0.20	0.35	0.01	0.00	0.45	0.64
镇康县	0.28	0.29	0.19	0.40	0.00	0.03	0.47	0.72

4.5　SDG6 综合指数影响因素

为进一步分析临沧市水资源可持续水平的影响因素,采用扩展的 Kaya 恒等式及对数平均迪式指数(LMDI)分解方法从经济、技术、人口、结构四个方面分析 SDG6 综合指数的关键驱动因素(图 4-4)。

临沧市及各县(区)的技术效应显著为正。技术效应对临沧市 SDG6 综合指数的贡献度最高,达 61.84%。2015～2020 年期间,临沧市用水效率从 40.58 元/m³

提升至 48.37 元/m³，农业、工业、服务业的用水效率分别提升 42.06%、−16.45%、45.29%，总用水量从 0.9279 亿 m³ 降低至 0.8592 亿 m³。技术效应指数最高的县域为凤庆县，镇康县、双江县和临翔区次之，其值分别为 0.43、0.40、0.35、0.34，均超过临沧市平均水平（0.29），技术效应指数最低的为沧源县，仅为 0.00，与用水效率的波动性下降有关。可见，用水效率的提升是促进水资源可持续发展的关键措施（Li et al.，2020），而临沧市的节水技术与水资源循环利用技术还有很大的提升潜力，且存在明显的地区差异。

经济效应对临沧市 SDG6 综合指数的贡献度也较高，为 54.16%，临沧市经济发展水平不断提高，在 2019 年境内实现全面脱贫，且水利设施的建设和污水处理技术的提升得到了充足的资金支持，临沧市农村的自来水普及率从 2015 年的 74.40% 增加至 2020 年的 91.20%，污水处理率从 2015 年的 65.51% 上升至 2020 年的 99.17%。经济效应指数排在前两位的县域为凤庆县、双江县，排在末两位的为云县和临翔区，其值分别为 0.39、0.33、0.29、0.26，2020 年对应的四个地区的 GDP 分别为 1472651 万元、597354 万元、1702010 万元、1309020 万元。可见，经济规模大的县域的经济效应高于经济总量小的地区，且经济总量发展到一定规模后，经济总量对水资源可持续发展水平的影响程度降低。

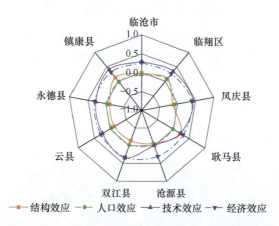

图 4-4　临沧市及各县（区）SDG6 综合指数的影响因素分解

临沧市及各县（区）的结构效应和人口效应整体为负，影响程度相对较小。人口效应对临沧市 SDG6 综合指数的贡献度为−11.96%，其负向影响与人口大量流失有关，全市常住人口从 2015 年的 250.9 万人降至 2020 年的 225.80 万人，城镇人口从 92.48 万人降至 79.21 万人，流失的人口中城镇人口占一半多。其中，具有明显的人口吸纳和集聚的临翔区，常住人口增加了 5.10 万人，为农业升级、工业化和第三产业发展提供了大量的人力资源和更加开放的市场环境，其对 SDG6 综合指数的贡献度为 9.90%，正向促进了水资源可持续水平；其余县的总人口呈现下降趋势，人口效应均为负值。

　　结构效应对临沧市 SDG6 综合指数的贡献度为–4.03%，影响程度最小。农业用水效率远低于工业和服务业，而因 2020 年临沧市第一产业生产总值占比为 29.51%，农业用水占比超过 80%，造成其结构效应为负。在各县（区）间，仅农业用水占比呈下降趋势的临翔区、耿马县和镇康县的结构效应为正值，三县（区）的农业灌溉亩均用水量降幅均高于 30%，可见，提高农业用水效率对减少水资源利用量的作用明显；其他县的结构效应均为负值，虽其农业亩均用水量均呈下降趋势，但农业用水效率仍有较大提升空间。

4.6　讨论与结论

4.6.1　讨论

1. 多源数据可有效解决小区域数据短缺问题

　　SDG6 处于 2030 年议程较为核心的位置，与其他可持续发展目标呈显著协同作用（苗俊霞等，2022），目前 SDG6 的评估多集中在 SDG6.1 和 SDG6.2，其他具体目标的研究相对较少，鲜有 SDG6 的综合状态评估，而开展 SDG6 多指标相结合的综合指数评估，可定量衡量地区 SDG6 实现水平，判断地区社会经济发展与水资源环境阈值的差距（Fang et al.，2015），为与水相关政策的完善提供参考依据。长期稳定的数据来源是 SDG6 评估的基础，数据匮乏是 SDG6 综合评估的重要制约条件，国家尺度仍存在 4/11 的 SDG6 指标处于有方法无有效数据的状态，不同国家间也存在数据不平等的问题，而国家以下的小区域的数据完整性及可用性的问题更为严重（Chatterley et al.，2018；Hofmann，2021）。地级市与县域等小尺度是可持续发展目标实施的具体单元，可持续发展的国家政策在地方实施中需进一步本地化（Lieberman，2019；Alcamo et al.，2020）。解决数据匮乏问题，准确评估小尺度地区 SDG6 的实施现状，可为地区 SDG6 相关政策的完善提供参考。

　　为解决数据短缺问题，研究者采用文献数据库、公民科学数据、遥感数据等数据、企业数据作为现有数据集和官方统计数据的补充，以填补部分的数据空白，满足更为精细的空间和时间尺度的研究需求（Ali et al.，2020；Hegarty et al.，2021；Nkiaka et al.，2021；Yang and Cheng，2021；Li et al.，2023）。SDG6 可应用的数据来源较为丰富，水资源方面，主要采用统计数据和遥感数据，以调查数据和网络数据作为补充和验证；水环境方面，主要采用统计数据和监测数据，以遥感数据、调查数据作为补充和验证；水生态方面，主要采用统计数据和遥感数据，以调查数据和网络数据作为验证。小尺度地区可获得的长期稳定的数据来源多为统计数据，随着遥感数据集的丰富和卫星时空分辨率的不断提升，遥感数据可作为小尺度地区 SDG6 评估的重要数据来源（Mariathasan et al.，2019；Hakimdavar et al.，2020），调查数据、网络数据、监测数据可作为补充数据。

2. 欠发达山区 SDG6 综合指数的影响因素及应对措施

在影响因素作用程度的评估中，本研究与已有研究结果较为一致，即经济规模和技术水平的贡献程度高（Ma et al.，2020；Song et al.，2020），人口规模和产业结构的影响程度低（Li et al.，2017；Song et al.，2020）。在影响因素的作用方向上，与已有研究较为一致的影响因素为技术水平和产业结构，研究发现技术水平的提升和产业结构的优化促进地区水资源的可持续发展（Lei et al.，2012；Zhang et al.，2015；Ma et al.，2020；Chen et al.，2021）。与已有研究存在差异的影响因素为经济规模和人口规模。

技术效应是影响临沧市水资源可持续水平的重要贡献因子，而临沧市用水效率低于全国和世界平均水平，且存在节水技术发展不均衡不充分的问题。由于各地区的资源禀赋、社会经济发展条件不同，具体实施措施需因地制宜（Ma et al.，2020；Fu et al.，2022）。对比发达地区与欠发达地区，为解决水资源短缺、水环境污染与社会经济发展的矛盾，经济发达地区多通过提高节水技术、雨水利用与污水再利用技术等措施降低水资源利用量、保护水环境（Jia et al.，2006；Kajenthira et al.，2012），而对于资金匮乏的欠发达地区，污水的收集和处理设施缺乏资金支持（Yi et al.，2011；Wang et al.，2015）。为此，建议临沧市政府鼓励跨区域的技术合作，加强节水技术与循环用水技术等相关产业的战略部署，积极扶持各类科技平台与国家高新技术企业建设；资金充足的临翔区，可提高雨水利用与污水回用量，促进清洁生产和源头减少污水的技术升级；资金有限的县域可通过其他地区的技术转让，但需避免高污染高排放的企业转入（Ma et al.，2020）。

在经济效应方面，研究指出经济规模可提高水资源利用量和污水排放量（Zhang et al.，2015；Liang et al.，2021；Liu et al.，2022），同时有研究显示经济规模与水资源可持续发展状况之间存在非线性的 U 型关系（Ma et al.，2020），欠发达地区多通过严格的水资源管理政策与行政立法，减少水资源的利用量与污水排放量（Reynaud，2003；Fujii et al.，2012）。临沧市的经济规模为正向驱动因素，地区经济发展相对落后，其 GDP 总量在云南省 16 个市州中排名第 11 位，资金较为有限，通过与水相关政策的完善与落实可促进区域水资源可持续发展水平。

临沧市的经济发展需求较为迫切，产业结构的优化升级，可促进地区经济社会的高质量发展。临沧市气候条件适宜发展农业，而农业对减少水资源利用量的贡献最高（Lyu et al.，2021）。根据临沧市第三次全国国土调查主要数据公报，云县、耿马县和永德县占全市耕地面积的 53.40%，耿马县、凤庆县和永德县占全市种植园用地的 52.50%，适宜在四县发展规模农业，调整农业种植结构，扩大节水农业种植面积，推广节水器具的使用（Zhang et al.，2015），在其他县（区）可继续降低第一产业占比。临沧市生物多样性地区面积为 9302km²，占临沧市总面积的 39.29%，分布着 5 个自然保护区，工业造成的大气、水土等环境污染较难逆转，可引导高能耗、高耗水产业向绿色生态、高附加值的产业转型，鼓励清洁生产与低耗水的产业发展（Shang et al.，2016；Liang et al.，2021）。同时，应促进第三产业发展，重点发展生态旅游产业，优化产业结构，保障经济发展的"量"和"质"。

在人口效应方面，已有研究显示人口规模的增长会提高水资源利用量和污水排放量（Zhang et al.，2015；Liang et al.，2021）。临沧市的人口大量流失，人口规模为负向驱动因素，这与区域城镇人口大量流失有关。城镇人口规模的增加会提高水资源利用量，但人口流失带来的人才流出与劳动力短缺抑制着地区社会经济发展与科技进步，需根据水资源的供应量，制定合理的城市规模与人口规模（Liang et al.，2021）。针对临沧市人口大量流失的现状，需要调整人才引进政策，保障常住人口总数的平稳性，对地区社会经济发展和可持续发展具有重要意义（Rieniets，2009）。此外，临沧市需在制定阶梯水价的基础上，进一步普及节水知识，强化群众自愿节水意识（Lyu et al.，2021），降低居民用水需求，从而降低水资源利用量。

3. 政策的投入与效益

生态经济学对人类经济社会发展面临的规模、分配、配置三问题的排序为，规模>分配>配置（Daly and Farley，2004），对于发达和欠发达地区，水资源的利用效率无法无限提升，当用水效率提升到一定幅度时，节水的边际成本变大，最终趋于稳定值（Swaney，2004），而水资源的总量有限，随着社会经济高速发展，技术提升和产业结构调整存在上限，更为长久可持续的方式是水资源管理政策与节水意识普及（Agana et al.，2013；Lyu et al.，2021）。

2015～2020 年间临沧市政府高度重视生态环境，颁布实施了一系列水资源和水环境相关政策。在具体指标方面，关于 SDG 6.1.1 的农村人饮工程；关于 SDG 6.2.1 的厕所革命和爱国卫生"7 个专项行动"；关于 SDG 6.3.1 的《临沧市关于进一步提升城乡人居环境五年行动计划（2016—2020 年)》；关于 SDG 6.3.2 的《饮用水水源保护区划分技术规范》（HJ338—2018）与"河长制"工作；关于 SDG 6.4.1 的《临沧市实行最严格水资源管理制度考核工作实施方案》和水资源管理"三条红线"；关于 SDG 6.6.1 的区域水利工程建设与维护、水生态文明建设系列工程等。SDG 6 相关政策和项目的实施需要财政的支持，在 SDG 6 的指标相关政策中，SDG 6.6.1 所需资金最多，其次是资金需求较为接近的 SDG 6.3.2、SDG 6.3.1 和 SDG 6.1.1，SDG 6.2.1 所需资金最少，而 SDG 6.4.1 则更依赖于政府的行政评估。

SDG 6 的实现状态反映了政策实施的成效。在临沧市 SDG 6 的 7 个指标中，SDG6.1.1、SDG6.2.1、SDG6.3.1、SDG6.3.2、SDG6.4.2 等 5 项指标进展明显，处于已实现或有望实现（Ⅰ），SDG6.4.1 仍需进一步努力，SDG6.6.1 有不同程度的下降趋势。SDG 6 主要是一项民生工程，相关政策和工程的实施可提高人们的幸福感。在资金有限的欠发达地区，可优先考虑 SDG6.2.1、SDG6.1.1、SDG6.3.1 等资金需求较少的政策实施，SDG6.3.2、SDG6.6.1 等政策实施可适当延后，SDG6.4.1 相关政策可结合当地实际制定。

临沧市的水资源较为丰富，为避免"靠水吃水"的水资源浪费现象，需要发挥政府的扶持和引导作用。在水资源方面，应严格实施《关于实行最严格水资源管理制度的意见》，完善水资源初始产权与水资源效率的评价体系与严惩机制（Ibrahim，2022）。在水环境方面，应从源头上监管污水排放，征收价环境税，并加大水质环境监测力度（Ma et al.，2020）。在水生态方面，应严格控制水资源的开发，合理分配生态用水，保障水生态系统的功能（Yang and Cheng，2021）。此外，临沧市与水相关的政策制定需要综合考虑水资源、水环境与水生态之间的关系，兼顾经济发展与水生态环境保护，开展水量与水质的横向和纵向生态补偿，促进水资源、水环境、水生态的协调有序发展。

4. 研究不足

由于数据可得性，本研究的研究时期为 2015～2020 年，且公共厕所密度数据为 2015 年、2017 年、2020 年，涉水生态系统面积变化率为 2010～2015 年、2015～2018 年、2018～2020 年三期数据，影响因素识别仅描述了 2015～2020 年一个时间段，而影响因素是动态变化的过程，且人口、经济、结构、技术因素均存在政策驱动。未来将延长研究时期，开展逐年的 SDG6 综合指数的影响因素对比研究，并定量分析政策对水资源可持续的影响。

4.6.2　结论

本研究以"国家可持续发展创新示范区"临沧市为例，根据 SDG6 具体目标等权重构建了 SDG6 综合指数，集成统计数据、调查数据与遥感数据等多源数据，综合评估了临沧市及各县（区）的 SDG6 指标及 SDG6 综合指数。采用 LMDI 方法，识别了结构效应、人口效应、经济效应和技术效应对 SDG6 综合指数的影响程度，结合各地区资源禀赋与 SDG6 综合指数的时空分布特征，从影响因素及政策层面提出临沧市水资源可持续发展的建议，以期为中国西南地区、东南亚类似欠发达小区域 SDG6 的实现提供借鉴。

在数据方面，本研究以小尺度地区一般可获得的统计数据为主，补充遥感数据和调查数据，有效补充了小区域官方统计数据完整性的问题，定量评估小区域 SDG6 的实现现状，可为与水相关政策的制定提供科学依据，助力 SDG6 的实现。以统计数据为主，遥感数据和其他数据作为重要补充的多源数据来源，可为小区域开展 SDG6 定量评估提供借鉴。

在 SDG6 的指标实现状况方面，SDG6.1.1、SDG6.2.1、SDG6.3.1、SDG6.3.2、SDG6.4.2 等 5 个指标基本已实现或有望实现（Ⅰ）；SDG6.4.1 虽呈明显上升趋势，但仍低于全国和世界平均水平（Ⅱ），且存在空间不均衡性；SDG6.6.1 无参考标准（Ⅳ）。对于 SDG6 的整体实现状况，临沧市及下设的耿马县、双江县、永德县的三个县（区）的 SDG6 均处于实现或有望实现（Ⅰ），临翔区、凤庆县、沧源县和云县处于已取得进展，但不足以实现指标（Ⅱ）。

从水资源、水环境和水生态三个维度来看，经济发展水平高的县域的水资源指数较高，而经济欠发达县域的水环境和水生态指数相对较高，经济发展水平与 SDG6 综合指数呈现相反的变化趋势。对于类似临沧市的欠发达城市，在资金有限的情况下，可以优先实施 SDG6.2.1 和 SDG6.1.1、SDG6.3.1 的相关政策，如 SDG6.2.1 的厕所革命、SDG6.1.1 的饮水工程、SDG6.3.1 的城市污水管网建设等；延迟实施 SDG6.3.2 和 SDG6.6.1 的相关政策。

在影响因素方面，技术水平与经济规模是水资源可持续发展的重要正向驱动因子，而结构效应和人口效应对 SDG6 综合指数的负向影响程度较小，且存在地区差异。用水效率的提高和绿色经济的发展是促进水资源可持续发展的重要措施，优化产业结构、引进人才是关键的配套措施。

参 考 文 献

韩兆洲, 杨林涛. 2008. 极差、平均差和标准差之间测度关系研究. 统计与信息论坛, 5-8.

贺义雄, 张怡卉, 李春林. 2022. 基于 RSBM-DEA 模型的舟山市水生态产品供给效率及影响因素. 水资源保护, 38: 195-203.

卢善龙, 贾立, 蒋云钟, 等. 2021. 联合国可持续发展目标 6(清洁饮水与卫生设施)监测评估: 进展与展望. 中国科学院院刊, 36: 904-913.

苗俊霞, 宋晓谕, 冯人和, 等. 2022. 欠发达山区可持续发展目标相互作用研究——以云南省临沧市为例. 地球科学进展, 37(9): 949-962.

Agana B A, Reeve D, Orbell J D. 2013. An approach to industrial water conservation—A case study involving two large manufacturing companies based in Australia. Journal of Environmental Management, 114: 445-460.

Alcamo J, Thompson J, Alexander A, et al. 2020. Analysing interactions among the sustainable development goals: Findings and emerging issues from local and global studies. Sustainability Science, 15: 1561-1572.

Ali I M, Ayub N, Husin N M, et al.2020. Water disclosure and financial performance: The case of cdp water a-list companies. European Proceedings of Social and Behavioural Sciences, 100: 259-267.

Ament J M, Freeman R, Carbone C, et al. 2020. An empirical analysis of synergies and tradeoffs between sustainable development goals. Sustainability, 12: 8424.

Ang B W.2015. LMDI decomposition approach: a guide for implementation. Energy Policy, 86: 233-238.

Bhaduri A, Bogardi J, Siddiqi A, et al. 2016. Achieving sustainable development goals from a water perspective. Frontiers in Environmental Science, 4: 64.

Chatterley C, Slaymaker T, Badloe C, et al. 2018. Institutional WASH in the SDGs: Data gaps and opportunities for national monitoring. Journal of Water, Sanitation and Hygiene for Development, 8: 595-606.

Chen J, Gao Y, Qian H, et al. 2021. Insights into water sustainability from a grey water footprint perspective in an irrigated region of the Yellow River basin. Journal of Cleaner Production, 316: 128329.

Daly H E, Farley J. 2004. Ecological Economics: Principles and Applications Washington. I DC: sland Press.

Fader M, Cranmer C, Lawford R, et al. 2018. Toward an understanding of synergies and trade-offs between water, energy, and food SDG targets. Frontiers in Environmental Science, 6: 112.

Fang K, Heijungs R, De Snoo G R. 2015. Understanding the complementary linkages between environmental footprints and planetary boundaries in a footprint–boundary environmental sustainability assessment framework. Ecological Economics, 114: 218-226.

Fu B, Wang S, Zhang J, et al. 2019. Unravelling the complexity in achieving the 17 sustainable-development goals. National Science Review, 6: 386-388.

Fu T, Xu C, Yang L, et al. 2022. Measurement and driving factors of grey water footprint efficiency in Yangtze River basin. Science of the Total Environment, 802: 149587.

Fuente D, Allaire M, Jeuland M, et al. 2020.Forecasts of mortality and economic losses from poor water and sanitation in Sub-Saharan Africa. PloS one, 15: e0227611.

Fujii H, Managi S, Kaneko S. 2012. A water resource efficiency analysis of the Chinese industrial sector. Environmental economics, 3: 82-92.

Hakimdavar R, Hubbard A, Policelli F, et al. 2020. Monitoring water-related ecosystems with earth observation data in support of sustainable development goal (SDG) 6 reporting. Remote Sensing, 12: 1634.

Hegarty S, Hayes A, Regan F, et al. 2021. Using citizen science to understand river water quality while filling data gaps to meet United Nations sustainable development goal 6 objectives. Science of The Total Environment, 783: 146953.

Hofmann P. 2021. Meeting WASH SDG6: Insights from everyday practices in Dar Es Salaam. Environment and Urbanization, 33: 173-192.

Ibrahim I A. 2022.Water as a human right, water as a commodity: Can SDG 6 be a compromise? Journal of Human Rights, 26: 469-493.

Jia S, Yang H, Zhang S, et al. 2006. Industrial water use Kuznets Curve: evidence from industrialized countries and implications for developing countries. Journal of Water Resources Planning and Managment, 132: 183-191.

Kajenthira A, Siddiqi A, Anadon L D. 2012. A new case for promoting wastewater reuse in Saudi Arabia: Bringing energy into the water equation. Journal of environmental management, 102: 184-192.

Lei H J, Li C J, Xia X F, et al. 2012. Decomposing the influencing factors of China's industrial wastewater discharges using LMDI I method. Advanced Materials Research, 518-523: 2089-2098.

Li A, Zhou D, Chen G, et al. 2020.Multi-region comparisons of energy-related CO_2 emissions and production water use during energy development in northwestern China. Renewable Energy, 153: 940-961.

Li X, Feng M, Ran Y, et al. 2023. Big data in earth system science and progress towards a digital twin. Nature Reviews Earth & Environment, 4: 319-32.

Li Y, Lu L, Tan Y, et al. 2017. Decoupling water consumption and environmental impact on textile industry by using water footprint method: A case study in China. Water, 9: 124.

Liang D, Lu H, Feng L, et al. 2021. Assessment of the sustainable utilization level of water resources in the Wuhan metropolitan area based on a three-dimensional water ecological footprint model.

Water, 13: 3505.

Lieberman A. 2019. UN Forum Reveals Continued Disconnect between SDGs and Local Work. New York: Devex Report.

Liu S, Liu X, Ma B, et al. 2022. Analysis on the pattern and driving factors of industrial wastewater discharge in the Wuhan metropolitan area. Journal of Water and Climate Change, 13: 2490-2503.

Liu S. 2020. Interactions between industrial development and environmental protection dimensions of sustainable development Goals (SDGs): Evidence from 40 countries with different income levels. Environ. Environmental & Socio-economic Studies, 8: 60-67.

Lyu W, Chen Y, Yu Z, et al. 2021. Decomposing drivers of changes in productive and domestic water use based on the logarithmic mean divisia index method: A regional comparison in Northern China. Water Policy, 23: 310-326.

Ma B, Tian G, Kong L. 2020. Spatial-temporal characteristics of China's industrial wastewater discharge at different scales. Environmental Science and Pollution Research, 27: 8103-8118.

Mariathasan V, Bezuidenhoudt E, Olympio K R. 2019. Evaluation of earth observation solutions for Namibia's SDG monitoring system. Remote Sensing, 11: 1612.

McConville J R, Kvarnström E, Maiteki J M, et al. 2019. Infrastructure investments and operating costs for fecal sludge and sewage treatment systems in Kampala Uganda. Urban water journal, 16: 584-593.

Mugagga F, Nabaasa B B. 2016. The centrality of water resources to the realization of sustainable development goals (SDGs): A review of potentials and constraints on the African continent. International Soil and Water Conservation Research, 4: 215-223.

Nkiaka E, Bryant R G, Okumah M, et al. 2021. Water security in SUB-SAHARAN Africa: understanding the status of sustainable development goal 6. Wiley Interdisciplinary Reviews: Water, 8: e1552.

Quinlivan L, Chapman D V, Sullivan T. 2020. Validating citizen science monitoring of ambient water quality for the United Nations sustainable development goals. Science of the Total Environment, 699: 134255.

Requejo-Castro D, Giné-Garriga R, Pérez-Foguet A. 2020. Data-driven bayesian network modelling to explore the relationships between SDG 6 and the 2030 agenda. Science of the Total Environment, 710: 136014.

Reynaud A. 2003. An econometric estimation of industrial water demand in France. Environmental and Resource Economics, 25: 213-232.

Rieniets T. 2009. Shrinking cities: causes and effects of urban population losses in the twentieth century. Nature and Culture, 4: 231-254.

Sarkodie S A, Ackom E, Bekun F V, et al. 2020. Energy–climate–economy–population nexus: An empirical analysis in Kenya, Senegal, and Eswatini. Sustainability, 12: 6202.

Shang Y, Lu S, Shang L, et al. 2016. Decomposition methods for analyzing changes of industrial water use. Journal of Hydrology, 543: 808-817.

Song J, Yin Y, Xu H, et al. 2020. Drivers of domestic grain virtual water flow: A study for China. Agricultural Water Management, 239: 106175.

Swaney J A. 1994. Valuing the earth: Economics, ecology, ethics. J. Econ. Issues, 28: 271-274.

Taka M, Ahopelto L, Fallon A, et al. 2021.The potential of water security in leveraging agenda 2030.

One Earth, 4: 258-268.

Van Den Homberg M, Crince A, Wilbrink J, et al. 2020. Combining UAV imagery, volunteered geographic information, and field survey data to improve characterization of rural water points in Malawi. ISPRS international journal of geo-information, 9: 592.

Wang Z, Deng X, Li X, et al. 2015. Impact analysis of government investment on water projects in the Arid Gansu Province of China. Physics and Chemistry of the Earth, Parts A/B/C, 79, 54-66.

Yang S, Zhao W, Liu Y, et al. 2020. Prioritizing sustainable development goals and linking them to ecosystem services: A global expert's knowledge evaluation. Geography and Sustainability, 1: 321-330.

Yang Y, Cheng Y. 2021. Evaluating the ability of transformed urban agglomerations to achieve sustainable development goal 6 from the perspective of the water planetary boundary: evidence from Guanzhong in China. Journal of Cleaner Production, 314: 128038.

Yi L, Jiao W, Chen X, et al. 2011. An overview of reclaimed water reuse in China. Journal of Environmental Sciences, 23: 1585-1593.

Zhang Y, Yang D, Tang H, et al. 2015. Analyses of the changing process and influencing factors of water resource utilization in megalopolis of arid area. Water Resources, 42: 712-720.

第 5 章   欠发达山区 SDG11 进展评估

城市化在促进人类社会物质和精神文明向前发展的同时，也带给城镇及其边缘地区诸多问题，包括棚户区蔓延、公共服务及基础设施严重不足、土地使用权无保障、交通堵塞加剧、污染增多、缺少绿地、人居环境急剧恶化等，这些矛盾严重阻碍着联合国 17 项可持续发展目标的实现。其中，人居环境适宜性对居民生活质量和社会发展水平具有重要影响，也是决定 SDG11 实现的关键因素之一。鉴于此，以中国西南地区典型山地城市——临沧市为研究区，基于数字高程模型（digital elevation model，DEM）、Landsat 遥感影像、POI 等多源数据，开展人居环境适宜性综合评价，为欠发达山地城市实现可持续性转型提供科学的评价模式，并为寻求针对性优化策略提供借鉴。

5.1   研究进展与分析视角

5.1.1   可持续发展目标的提出

目前全球超过一半的人口居住在城镇地区，到 2030 年这一比例将达到 60%（Okitasari and Katramiz，2022；Sun et al.，2020；周亮等，2021）。城市化的发展在促进人类社会物质和精神文明向前发展的同时，也带给城镇及其居民许多严重问题，包括贫民窟人口不断增加、就业机会的缺失、贫富差距扩大、空气污染和城市热岛现象加剧、交通堵塞、基本公共服务和基础设施不足、城市发展不协调，以及城镇无序扩张等（Zhou et al.，2021；孙晶等，2020；Jia et al.，2020；Mihaly et al.，2021）。

2015 年，联合国大会确定了 17 项可持续发展目标（图 5-1），并将其作为广义 2030 年议程的关键部分，包括到 2030 年要实现的 169 项具体目标和 232 项指标，旨在加强经济、社会和环境 3 个方面的可持续性（封志明等，2020；Huang et al.，2020；高峰等，2019）。其中 SDG11（可持续城市和社区）明确指出到 2030

年要建设包容、安全、有抵御灾害能力和可持续的城市与人类社区，而 SDG11 的实现需依靠经济、社会和环境 3 个维度的协同发展，主要涵盖了社会经济发展、城市环境维护、灾害防御和安全保障等诸多方面，SDG6（清洁饮水和卫生设施）、SDG7（经济适用的清洁能源）、SDG8（体面工作和经济增长）、SDG9（产业、创新和基础设施）、SDG15（陆地生物）也对城市的可持续发展具有重要意义（高俊等；2021；Kurumi and Takashi，2022；Han et al.，2022）。

《联合国人类环境会议宣言》《21 世纪议程》，以及联合国可持续发展目标都将人居环境问题纳为重要议题，表明人居环境已成为全球普遍关注的重大社会问题，全球正为改善人居环境而不懈努力（Guo，2017；Stern，1993；Yuan et al.，2021）。其中，人居环境适宜性作为评估区域可持续性的关键指标，已得到世界各国的广泛关注，对于促进全球可持续发展具有重要的指导意义（Alparslan et al.，2008；Kulmala et al.，2021；Halik et al.，2013；黄春林等，2021）。

图 5-1　联合国可持续发展目标

5.1.2　人居环境的源起与发展

人居环境起源于人类聚居环境，它是人类赖以生存的空间基础，供人类从事生产发展活动。广义的人居环境是人类环境科学研究的对象，是指在一定的地域空间范围内围绕人类居住、工作、学习、教育、文化、卫生和娱乐等活动而形成的，由各种自然、社会、文化和经济因素及条件所构成的有机综合体（祁新华等，

2006；朱梅和汪德根，2022）；城市人居环境是城市环境的一个组成部分，也是评价一个城市现代化程度的标志之一，是人类赖以居住、生活的基本条件和场所。近年来，人居环境学科的发展逐渐受到大量学者的重视，该领域的研究涉及地理学、建筑学、环境学、生态学和社会学等多个学科的交叉融合（梁鑫源等，2019；Wang et al.，2017）。

国外人居环境研究起步于 20 世纪 50 年代, 希腊学者道萨蒂亚斯最早提出"人居环境科学"的概念，因其广泛性而受到多学科关注，此后开始进入系统研究（阿依努尔·买买提等，2017；Luo et al.，2021），其研究内容多侧重于评价内容的扩展，主要研究人居环境的质量变化与其驱动因素，以及人类活动、居住空间结构和地理环境三者之间的交互作用。2001 年以来，联合国人居署开始出版《世界城市报告》，包括《全球人类住区报告 2001》《全球化与城市文化 2004/2005》《千禧年目标与城市的可持续发展：人居议程 30 年》《和谐城市 2008/2009》《城市让生活更美好：中国城市状况 2010/2011》等，从不同角度揭示了人居环境评价指标体系研究的普适性、特征性和差异性，极大促进了人居环境学科的发展。

国内人居环境研究由吴良镛先生在 1993 年最早引入，并根据中国特点在道氏学说的基础上开创了中国人居环境科学，提出人居环境的五大系统：自然、人类、社会、居住和网络（朱梅和汪德根，2022；Owers et al.，2021；Li et al.，2018）；1994 年，中国在联合国开发计划署（The United Nations Development Programme, UNDP）的支持和帮助下，制定了《中国 21 世纪议程》，提出"中国可持续发展是建立在资源的可持续利用和良好的生态环境基础上"（刘培哲，1994）；之后大量学者结合我国一些区域问题进行了相关的研究，在清华大学成立了人居环境研究中心，极大促进了我国人居环境学科领域的发展；国内人居环境研究内容多从评价指标入手，通过挖掘不同地区的特色指标来衡量区域人居环境适宜程度（田深圳等，2021；Chen et al.，2022；Huang et al.，2021）。

5.1.3 分析视角

前人对人居环境已做了大量探索，但总结已有研究，仍发现一些不足：首先，复杂山地区域研究较少，由于山地环境的不稳定性和脆弱性特征决定了其所能承载的人口数量非常有限，导致人居环境受到较大影响，而当前研究对此关注不够，有待进一步深入探究。另外，山地城市人居环境适宜性评价研究多为综述形式，且大多基于统计数据开展，通过 3S 技术［包括遥感技术（remote sensing，RS）、地理信息系统（geography information systems，GIS）和全球定位系统（global positioning systems，GPS）] 定量化探究山地城市人居环境适宜性的研究较少（李文君等，2021）。由于调查范围和取样方法的局限使得统计数据的准确性存在质疑，且以行政区为单元的空间解析能力受限，时空分辨率较低（王昀琛等，2021），基于高分辨率多源遥感数据的评价方法能够做到多尺度、精细化和定量化评估区域可持续性中的关键指标。

临沧市地处横断山系怒山山脉南延部分，区域内地势起伏较大，山区占总面积的 97.5%，而较为平坦的坝区仅占总面积的 2.5%。复杂的地形地貌、不便的交通都给临沧市的人居环境适宜性改善带来了巨大挑战，对该区域的人居环境适宜性开展系统研究对于全面且具有针对性地落实 2030 年可持续发展议程具有重要的实践意义。鉴于此，本研究以临沧市为案例区，紧扣 SDG11 发展目标，结合多源数据，从地形、生态、文化和经济 4 个角度出发，结合主成分分析法（analytic hierarchy process，AHP）与熵权法构建人居环境适宜性指数（human environment suitability index，HESI），并以此揭示中国边疆欠发达山地城市的人居环境适宜程度，以期为全球欠发达城市推进可持续转型发展提供有效评估手段（Yuan et al.，2014；王鹏龙等，2018）。

5.2　数据与方法

5.2.1　数据来源

研究采用的数据主要包括数字高程模型（digital elevation model，DEM）的地形数据、Landsat8 OLI 遥感影像、POI、GlobalLand30 土地利用、路网和水网数据，具体数据来源如表 5-1 所列。Landsat8 OLI 遥感影像是计算遥感生态指数（remote sensing ecological index，RSEI）的基础数据，其优势是时空分辨率高且可免费获取，以 2020 年作为基准年，通过地球大数据平台（Google Earth Engine，GEE）筛选研究区植被生长季节 5～9 月遥感影像，数据缺失或者效果不佳时选择最近年份的影像数据作补充，所有影像取平均值合成 1 幅临沧市无云影像，并进行 RSEI 的计算。土地利用数据时间为 2000 年、2010 年和 2020 年 3 期，选取 2020 年份，按一级分类将其分为耕地、林地、草地、灌木地、湿地、水体、人造地表和裸地 8 类（Jun et al.，2014）。研究所采用的各评价因子均统一到 30m×30m 空间分辨率，采用阿尔伯斯等面积投影。

表 5-1　数据来源

数据	数据来源	分辨率
DEM	Shuttle Radar Topography Mission（SRTM）	30m
Landsat 8 OLI 遥感影像	美国地质勘探局（United States Geological Survey，USGS）（https://glovis.usgs.gov/）	30m
GlobeLand30 土地利用	中国科学院空天信息创新研究院（http://www.globallandcover.com/）	30m
路网、水网	Open Street Map（https://www.openstreetmap.org/）、临沧市交通局	矢量线
POI	中国科学院地理科学与资源研究所	矢量点

5.2.2　研究方法

1. 人居环境适宜性指数构建

人居环境指数模型能够较好地反映人类居住环境质量与区域局限性特征，对区域经济发展、资源环境保护，以及人类住址规划具有一定的科学参考意义。本研究在封志明等学者（封志明等，2008）提出的人居环境指数（human settlements environment index，HEI）的基础上加以改进，从地形、生态、文化和经济 4 个角度构建 HESI，以此表征临沧市人居环境的适宜程度，具体评价指标及框架如图 5-2 所示。HESI 计算公式如下：

$$\text{HESI} = \alpha \cdot \text{TER} + \beta \cdot \text{ECOL} + \gamma \cdot \text{CUL} + \delta \cdot \text{ECON} \tag{5-1}$$

式中，HESI 为人居环境适宜性指数；TER 为地形；ECOL 为生态；CUL 为文化；ECON 为经济；α、β、γ 和 δ 分别为地形、生态、文化和经济 4 个角度对应的权重。

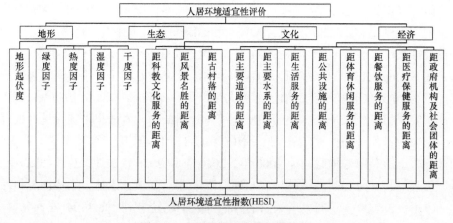

图 5-2　人居环境适宜性指数构建

2. 指标选取及计算方法

1）地形指标

地形是自然地理环境要素中重要的组成部分，对区域地理环境的形成、发展和演变起到关键作用，直接或间接地影响人类居住地的选择和发展。本研究采用魏伟等（2012）学者提出的地形起伏度指数模型（relief degree of land surface，RDLS）来表征地形条件。地形起伏度是指在一个特定的区域内，最高点海拔高度与最低点海拔高度的差值，是系统分析人居环境适宜性的基础模型。根据《资源环境承载能力和国土空间开发适宜性评价技术指南（征求意见稿）》（4 月版本），范围通常采用 20hm² 左右（50m×50m 栅格建议采用 9×9 邻域，30m×30m 栅格建议采用 15×15 邻域，20m×20m 栅格建议采用 21×21 邻域）。本研究采用 15×15 邻域来计算临沧市地形起伏度。其计算公式如下：

$$R = H_{max} - H_{min} \tag{5-2}$$

式中，R 代表地形起伏度；H_{max} 代表单位面积内最大高程值；H_{min} 代表单位面积内最小高程值。

2）生态指标

生态环境是人类文明存在和发展的基础，其质量的高低直接决定着民生质量，是研究人居环境的主要因子之一。本研究采用徐涵秋（2013）提出的 RSEI 衡量临沧市生态状况，该指数耦合了植被指数、地表温度、湿度分量和土壤指数 4 个评价指标，分别代表绿度、热度、湿度和干度四大生态要素，能够快速监测与评价区域生态质量。具体来说，归一化植被指数（normalized difference vegetation index，NDVI）是应用最为广泛的植被指数，能够较好地反映植被的物理特性，因此选用 NDVI 表征绿度指标。缨帽变换的湿度分量能够较好地反映土壤和植被的湿度，采用其湿度分量来表征研究区的湿度状况。城市化进程的不断加快导致建设用地急剧增多，除此之外还存在许多裸土区域，都会加重区域的干燥程度，因此，将裸土指数（bare soil index，BSI）和建筑指数（index–based built–up index，IBI）相结合表征干度指标。地表温度对于人居环境适宜性具有重要影响，用以表征热度指标，该指标通过单窗算法计算得到。RSEI 计算流程和公式如图 5-3 所示。

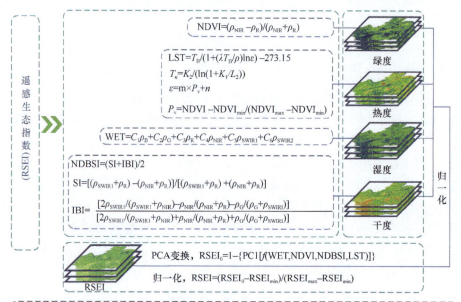

ρ_B、ρ_G、ρ_R、ρ_{NIR}、ρ_{SWIR}、ρ_{SWIR2}分别表示Landsat TM/OLI的Blue、Green、Red、NIR、SWIRi和SWIR$_2$波段的反射率，C_1=0.1509，C_2=0.1973，C_3=0.3279，C_4=0.3406，C_5=-0.7112，C_6=-0.4572。LST：λ分别为Landsat TM/OLI卫星B6和B10波段的中心波长，$\rho=hc/\delta=1.438\times10^{-2}$ mK，δ是玻尔兹曼常数，$\delta=1.38\times10^{-23}$ J/K；h=6.626×10^{-34} js；c=2.998×10^8 m/s；Kr = 774.89W/m^2·sr·μm；K_2=1321.08K_1；根据$Sobrino$的结果确定m=0.004，n=0.986。

图 5-3 遥感生态指数计算流程

3）文化指标

文化可以增加对历史的了解、培养民族自豪感和增加民族凝聚力，同时对社会、经济发展，以及政治稳固都具有不可或缺的作用。因此，对文化因素的评价研究就成为人居环境适宜性评价研究的重要构成部分。本研究通过 POI 数据获取临沧市科教文化、风景名胜和古村落的矢量点数据，在 ArcGIS10.3 软件中通过欧氏距离算法计算各栅格到这些文化景观的远近程度衡量文化指标，欧氏距离的计算公式为

$$D(x,y)=\sqrt{\sum_{i=1}^{n}\left(x_i-y_i\right)^2} \qquad (5-3)$$

式中，$D（x，y）$表示欧氏距离；x_i和y_i表示第 i 个点的横纵坐标。

4）经济指标

经济指标对人类社会的生存与发展至关重要，是衡量区域发展繁华程度的重要指标。因此，对经济条件的评价研究也是人居环境适宜性评价研究不可或缺的

组成部分。本研究综合考虑区域发展程度、对外界的可达性和公共服务便利性，选取距主要道路、主要水系、生活服务、公共设施、体育休闲服务、餐饮服务、医疗保健服务、政府机构及社会团体的距离 8 个单项指标，结果均通过欧氏距离算法计算得到。

3. 因子权重确定

为避免人为确定权重的主观性，本研究结合主成分分析法和熵权法确定各因子权重。首先，通过主成分分析法对表征生态的绿度、热度、湿度、干度和表征文化的距科教文化、风景名胜、古村落距离，以及表征经济的距主要道路、水系、生活服务、公共设施、体育休闲服务、餐饮服务、医疗保健服务、政府机构及社会团体的距离指标进行计算；然后，采用熵权法对地形、生态、文化和经济 4 个方面进行权重确定。具体步骤包括：①在临沧市乡镇级尺度上提取 4 个指标的均值；②充分考虑指标的正负向影响计算数据进行标准化；③根据计算最终确定地形、生态、文化和经济 4 项指标的权重分别为 0.25、0.24、0.18 和 0.33。

1）主成分分析法

主成分分析法是一种应用广泛的数据降维方法。本研究采用主成分分析法（principal component analysis，PCA）集成各个生态指标，可以保留高维度数据的一些重要特征而消除不重要特征和噪声，降低结果的复杂性。其主要思想是通过对原始变量相关矩阵或协方差矩阵内部结构关系，利用原始变量的线性组合形成几个主成分，在保留原始变量主要信息的前提下起到降维与简化问题的作用。该方法的优势在于研究复杂问题时只考虑少数几个主成分而不损失过多信息，使问题得到简化，提高分析效率，且可有效避免因人为确定权重导致的误差。

2）熵权法

熵权法是一种根据各测度指标的变异程度来确定权重的客观赋权方法，避免赋权的主观因素干扰，使得指标权重值具有更高的可信度和精确度，其计算步骤如下：

（1）进行指标数据的标准化处理。本研究的评价体系中涉及多个指标，指标之间会因为不同的数量级和计量单位而无法进行直接比较。为统一各项指标的度量单位，首先应对各指标的原始数据进行标准化处理，正向指标的计算公式如下：

$$Y_{ij} = \frac{X_{ij} - \min(X_i)}{\max(X_i) - \min(X_i)} \tag{5-4}$$

负向指标的计算公式如下：

$$Y_{ij} = \frac{\max(X_i) - X_{ij}}{\max(X_i) - \min(X_i)} \tag{5-5}$$

式中，i 表示测度指标；j 表示年份；X_{ij} 表示标准化前评估水平的测度指标值；Y_{ij} 表示标准化后评估水平的测度指标值。

（2）计算各项指标的信息熵。根据信息论中对信息熵的定义，1 组数据的信息熵计算公式为

$$P_{ij} = Y_{ij} \Big/ \sum\nolimits_{j=1}^{n} Y_{ij} \tag{5-6}$$

$$H_i = -\ln(n)^{-1} \sum\nolimits_{j=1}^{n} P_{ij} \ln(P_{ij}) \tag{5-7}$$

式中，P_{ij} 表示每项指标占总数的比例；i 为指标；n 为样本数；H_i 为信息熵，其值范围为 0～1。

（3）确定各项指标权重。根据信息熵计算第 i 项指标的权重，计算公式为

$$W_i = \frac{1 - H_i}{\sum\nolimits_{i=1}^{m}(1 - H_i)} \tag{5-8}$$

式中，W_i 表示第 i 项指标的综合评价值，其值越大，表示评估水平越高；m 为评价指标个数。

5.3　临沧市人居环境适宜性空间分异特征

5.3.1　权重计算

利用 ArcGIS10.3 中的栅格计算器工具将熵权法确定的不同权重分别赋予地形、生态、文化和经济，叠加分析后得到临沧市人居环境适宜性评价图。参考中国人居环境自然适宜性评价标准并结合研究区实地调研与研究组专家讨论，具体步骤是：首先预选研究区典型地点，然后通过调研和专家评价的方式得到这些地点的适宜性等级，并由此指导确定本研究的阈值划分（图 5-4）。为了便于分析，研究将 HESI 进行归一化，并按上述方法将该指数评价值分为 5 类：最不适宜区（0～0.31）、不适宜区（0.31～0.45）、一般适宜区（0.45～0.58）、适宜区（0.58～

0.72）和高适宜区（0.72～1.00）。

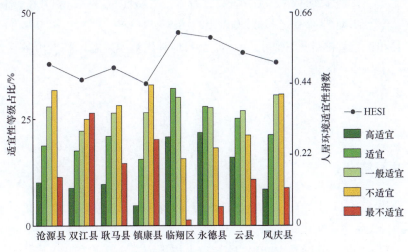

图 5-4　人居环境适宜性与土地利用分布

5.3.2　总体特征

研究发现，2020 年临沧市 HESI 表现出明显的空间分异特征，整体呈现由西南向东北递减的趋势。具体来看，临沧市人居环境高适宜区占比 12.8%，主要分布于各县的建成区，受地形因素的影响最大，建成区的地形起伏较小，地势平坦，属于适合人类生产与从事生产活动的地区。

适宜区和一般适宜区占比分别为 22.7%和 27.4%，分布于建成区周边地区，主要受地形和生态环境质量影响，该区自然条件好，有较好的开发潜力，适合人类生存与居住。不适宜区和最不适宜区占比分别为 25.4%和 11.7%，受地形和经济因素影响最大，主要分布于临沧市植被覆盖茂密、重峦叠嶂的山地地区，这些地区地形起伏较大，且对外界可达性低，公共服务便利性低，基本没有发展潜力，不适宜人类的生存与发展。

5.3.3　分区特征

从县级尺度分析，人居环境适宜性指数主要表现为由建成区向非建成区依次递减的变化趋势。人居环境适宜性均值显示，临翔区适宜性最高，为 0.60；而镇康县最低，为 0.44。永德县的高适宜区占比最大，为 21.8%，是镇康县高适宜区占比（4.7%）的 4.6 倍，而双江县的最不适宜区占比为 26.4%，是临翔区最不适宜区占比（1.3%）的20.3 倍。从一般适宜及以上等级面积占比总和分析，临翔区、永德县、云县和凤庆县都达到 60.0%以上，分别为 83.0%、77.3%、67.9%和 60.4%，而双江县和镇康县都处于 50%以下，结合土地利用数据来看，临沧市各县建成区基本都位于高适宜区内。

5.4　结论与建议

5.4.1　主要结论

研究以 SDG11 为导向，结合 DEM、Landsat8OLI 遥感影像和 POI 等多源数据，在地形、生态、文化和经济 4 个角度多因子指标分析的基础上，利用 3S 技术构建了 HESI，据此分析了 2020 年临沧市人居环境适宜性的空间分异特征。得到如下结论：

（1）HESI 表现出明显的空间分异特征，整体呈现由西南向东北递减趋势。高适宜区、适宜区、一般适宜区、不适宜区，以及最不适宜区面积占比分别为 12.8%、22.7%、27.4%、25.4% 和 11.7%，一般适宜及以上地区面积占比达到 62.9%，表明临沧市整体人居环境适宜性良好，不适宜区与最不适宜区面积占比为 37.1%，主要分布于地形起伏较大的山区，不适宜人类的生存与发展。

（2）HESI 主要表现为由建成区向非建成区依次递减的变化趋势。人居环境适宜性均值显示，临翔区适宜性最高（0.60），而镇康县最低（0.44）。永德县的高适宜区占比最大，为 21.8%，是镇康县高适宜区占比（4.7%）的 4.6 倍；而双江县的最不适宜区占比为 26.4%，达到临翔区最不适宜区占比（1.3%）的 20.3 倍。

（3）构建临沧市人居环境适宜性影响因子

借助 3S 技术，在反复模拟试验和修订的基础上，基于栅格数据构建临沧市人居环境适宜性影响因子并进行空间格局研究，能够较好地定量反映区域内人居环境适宜性差异，有助于协调城镇发展和资源环境保护，对于全面且具有针对性地落实 2030 年可持续发展议程具有重要的实践意义。

5.4.2　政策建议

中国山地面积约占国土面积的2/3，大部分山地城镇位于西部地区，其人居环境建设既具有巨大发展潜力又充满困难（Song et al.，2018；Wu，1998）。一方面，山地城市拥有丰富的土地资源、水能资源、矿产资源、生物资源和巨大的旅游资源开发建设潜力；另一方面，复杂的地形和不便的交通等客观条件导致山地城市的城市化进程与东部沿海发达地区相比存在巨大差异（Li et al.，2018；Wang and Lu，2018）。

针对自然、地理、文化和经济等各方面的差异，对于山地城市的人居环境建设需要根据山地城市的具体情况制定相对应的发展策略，临沧市需要做到因地制宜，突出不同区域的地方特色并加以合理规划，不断优化国土空间开发格局，推动城镇可持续发展：把临翔主城区逐步建设成滇西南主要区域中心城市，并充分发挥县城在沟通城乡中的桥梁和纽带作用，完善凤庆县、云县、耿马县、沧源县、镇康县、双江县和永德县的城区功能；要抓好"国家可持续发展议程创新示范区"这一抓手，合理利用自然资源的优势，深刻研究山地区域开发与城镇可持续发展问题，为全球可持续发展提供中国经验。

5.4.3　研究局限性

本研究紧扣 SDG11 发展目标，建立了城市人居环境适宜性综合评价指标框架体系，能够为我国欠发达山地城市实现可持续性转型提供科学的评价模式，但也存在以下不足之处：受限于数据的时空分辨率及可获取程度，本研究在文化指标的选取上仅考虑距科教文化、名胜风景和古村落的欧氏距离，指标选取仍有待改进。此外，本研究只关注了人居适宜性现状特征，忽略了时序上的演变对比，然而在人类长期生产和发展的影响下，适宜或不适宜人类居住的地区都有可能发生显著变化。

未来研究的重点将在于提高人居适宜性评价指标体系的完整性，进一步挖掘临沧市人居环境适宜性的特色指标，通过街道（行政村）一级的人口统计数据（如少数民族人口比例）反映研究区不同民族的人居环境适宜性差异。另外，进一步研究可以结合代表性浓度路径（representative concentration pathways，RCPs）与共享社会经济路径（shared socioeconomic pathways，SSPs）情景，通过元胞自动机（cellular automata，CA）、系统动力学（system dynamics，SD）、马尔科夫链（markov chain）等方法构建区域土地利用变化模拟模型（Qian et al.，2020；Yang et al.，2014），对研究区未来土地利用变化进行模拟，并在此基础上评估人居环境适宜性，寻找区域发展与适宜人类居住的合理情景，为 SDGs 的实现提供科学参考。

参 考 文 献

阿依努尔·买买提, 玉米提·哈力克, 娜斯曼·那斯尔丁. 2017. 基于 3S 技术的开孔河流域人居环境适宜性评价. 农业工程学报, 33(9): 268-275.

封志明, 李文君, 李鹏, 等. 2020. 青藏高原地形起伏度及其地理意义. 地理学报, 75(7): 1359-1372.

封志明, 唐焰, 杨艳昭, 等. 2008. 基于 GIS 的中国人居环境指数模型的建立与应用. 地理学报, 63(12): 1327-1336.

高峰, 赵雪雁, 宋晓谕, 等. 2019. 面向 SDGs 的美丽中国内涵与评价指标体系. 地球科学进展, 34(3): 295-305.

高峻, 张中浩, 李巍岳, 等. 2021. 地球大数据支持下的城市可持续发展评估: 指标、数据与方法. 中国科学院院刊, 36(8): 940-949.

黄春林, 孙中昶, 蒋会平, 等. 2021. 地球大数据助力 "可持续城市和社区" 目标实现: 进展与挑战. 中国科学院院刊, 36(8): 914-922.

李文君, 李鹏, 封志明, 等. 2021. 基于人居环境特征的青藏高原 "无人区" 空间界定. 地理学报, 76(9): 2118-2129.

梁鑫源, 李阳兵, 邵景安, 等. 2019. 三峡库区山区传统农业生态系统转型. 地理学报, 74(8): 1605-1621.

刘培哲. 1994. 可持续发展——通向未来的新发展观——兼论《中国 21 世纪议程》的特点. 中国人口·资源与环境, 3: 17-22.

祁新华, 毛蒋兴, 程煜等. 2006 改革开放以来我国人居环境理论研究进展. 规划师, 8: 14-16.

宋晓谕, 高峻, 李新, 等. 2018. 遥感与网络数据支撑的城市可持续性评价: 进展与前瞻. 地球科学进展, 33(10): 1075-1083.

孙晶, 刘建国, 杨新军, 等. 2020. 人类可持续发展背景下的远程耦合框架及其应用. 地理学报, 75(11): 2408-2416.

田深圳, 李雪铭, 杨俊, 等. 2021. 东北三省城市拟态与现实人居环境时空耦合协调特征与机制. 地理学报, 76(4): 781-798.

王鹏龙, 高峰, 黄春林, 等. 2018. 面向SDGs的城市可持续发展评价指标体系进展研究. 遥感技术与应用, 33(5): 784-792.

王昀琛, 黄春林, 冯娅娅, 等. 2021. 基于2030可持续发展目标的珠三角土地消耗率与人口增长率协调关系评价. 遥感技术与应用, 36(5): 1168-1177.

魏伟, 石培基, 冯海春, 等. 2012. 干旱内陆河流域人居环境适宜性评价: 以石羊河流域为例. 自然资源学报, 27(11): 1940-1950.

吴良镛. 1998. 山地人居环境建设漫谈. 城市发展研究, 1: 6-8.

徐涵秋. 2013. 区域生态环境变化的遥感评价指数. 中国环境科学, 33(5): 889-897.

周亮, 党雪薇, 周成虎, 等. 2021. 中国建设用地的坡谱演化规律与爬坡影响. 地理学报, 76(7): 1747-1762.

朱梅, 汪德根. 2022. 学科树视角下地理学和建筑学人居环境研究比较. 地理学报, 77(4):

795-817.

Abubakar I R, Aina Y A. 2019. The prospects and challenges of developing more inclusive, safe, resilient and sustainable cities in Nigeria. Land Use Policy, 87: 104105.

Akuraju V, Pradhan P, Haase D, et al. 2020. Relating SDG11 indicators and urban scaling–An exploratory study. Sustainable Cities and Society, 52: 101853.

Alparslan E, Ince F, Erkan B, et al. 2008. A GIS model for settlement suitability regarding disaster mitigation, a case study in Bolu Turkey. Engineering Geology, 96(3/4): 126-140.

Chen Z F, Liu Y S, Feng W L, et al. 2022. Study on spatial tropism distribution of rural settlements in the Loess Hilly and Gully region based on natural factors and traffic accessibility. Journal of Rural Studies, 93: 441-448.

Guo H D. 2017. Big Earth data: a new frontier in Earth and information sciences. Big Earth Data, 1(1/2): 4-20.

Halik W, Mamat A, Dang J H, et al. 2013. Suitability analysis of human settlement environment within the Tarim Basin in northwestern China. Quaternary International, 311: 175-180.

Han L, Lu L, Lu J, et al. 2022. Assessing spatiotemporal changes of SDG indicators at the neighborhood level in Guilin, China: A geospatial big data approach. Remote Sensing, 14(19): 4985.

Huang Q, Song W, Song C. 2020. Consolidating the layout of rural settlements using system dynamics and the multi-agent system. Journal of Cleaner Production, 274: 123150.

Huang Y Y, Lin T, Zhang G Q, et al. 2021. Spatial patterns of urban green space and its actual utilization status in China based on big data analysis. Big Earth Data, 5(3): 391-409.

Jia K Y, Qiao W F, Chai Y B, et al. 2020. Spatial distribution characteristics of rural settlements under diversified rural production functions: a case of Taizhou, China. Habitat International, 102: 102201.

Jun C, Ban Y F, Li S N. 2014. China: Open access to Earth landcover map. Nature, 514(7523): 434.

Kulmala M, Lintunen A, Ylivinkka I, et al. 2021. Atmospheric and ecosystem big data providing key contributions in reaching United Nations' Sustainable Development Goals. Big Earth Data, 5(3): 277-305.

Kurumi Y, Takashi Y. 2022. A framework to assess the local implementation of Sustainable Development Goal 11. Sustainable Cities and Society, 84.

Li G Y, Jiang G H, Jiang C H, et al. 2018. Differentiation of spatial morphology of rural settlements from an ethnic cultural perspective on the northeast Tibetan Plateau, China. Habitat International, 79(19): 1-9.

Li X, Guo J, Gao C, et al. 2018. Network-based transportation system analysis: A case study in a mountain city. Chaos, Solitons and Fractals, 107: 256-265.

Luo X, Yang J, Sun W, et al. 2021. Suitability of human settlements in mountainous areas from the perspective of ventilation: A case study of the main urban area of Chongqing. Journal of Cleaner Production, 310(4): 127467.

Mihaly S, Remetey F G, Kristof D, et al. 2021. Earth observation and geospatial big data management and engagement of stakeholders in hungary to support the SDGs. Big Earth Data, 5(3): 306-351.

Okitasari M, Katramiz T. 2022. The national development plans after the SDGs: steering implications of the global goals towards national development planning. Earth System Governance, 12:

100136.

Owers C J, Lucas R M, Clewley D, et al. 2021. Living Earth: implementing national standardised land cover classification systems for Earth observation in support of sustainable development. Big Earth Data, 5(3): 368-390.

Qian Y, Xing W, Guan X, et al. 2020. Coupling cellular automata with area partitioning and spatiotemporal convolution for dynamic land use change simulation. Science of The Total Environment, 722: 137738.

Stern P C. 1993. A second environmental science: Human-environment interactions. Science, 260(5116): 1897-1899.

Sun L Q, Chen J, Li Q L, et al. 2020. Dramatic uneven urbanization of large cities throughout the world in recent decade. Nature Communications, 11(1): 5366.

Wang Y, Jin C, Lu M Q, et al. 2017. Assessing the suitability of regional human settlements environment from a different preferences perspective: a case study of Zhejiang Province, China. Habitat International, 70: 1-12.

Wang Z, Lu C. 2018. Urban land expansion and its driving factors of mountain cities in China during 1990–2015. Journal of Geographical Sciences, 28(8): 1152-1166.

Yang X, Zheng X Q, Chen R. 2014. A land use change model: Integrating landscape pattern indexes and Markov-CA. Ecological Modelling, 283: 1-7.

Yuan B, Fu L, Zou Y, et al. 2021. Spatiotemporal change detection of ecological quality and the associated affecting factors in Dongting Lake Basin, based on RSEI. Journal of Cleaner Production, 302.

Yuan C, Ren C, Ng E. 2014. GIS-based surface roughness evaluation in the urban planning system to improve the wind environment—a study in Wuhan, China. Urban Climate, 10: 585-593.

Zhou L, Dang X W, Mu H W, et al. 2021. Cities are going uphill: slope gradient analysis of urban expansion and its driving factors in China. The Science of the Total Environment, 775: 145836.

第6章　欠发达山区 SDG15 进展评估

从 MDG7 "确保环境的可持续能力" 到 SDG15 "保护、恢复和促进可持续利用陆地生态系统，可持续管理森林，防治荒漠化，制止和扭转土地退化，遏制生物多样性的丧失"，生态环境的服务功能及其可持续性一直被强调和重视。一方面，随着人口增长对资源和环境压力的增加，以及来自经济增长背后的资源短缺、城市扩张、水资源紧缺、土壤污染等对生态环境的可持续提出了重要挑战。另一方面，气候变化下的极端天气如热浪、干旱、洪灾、沙漠化、沙尘暴、土地退化等加剧了生态环境安全的风险性。当前，急需利用多源数据对 SDG15 进展状况进行高分辨率的动态评估，为促进陆地生态系统可持续发展提供借鉴。

6.1　数据与方法

6.1.1　数据来源

1. 物种类型数据

IUCN 红色物种名录（https：//www.iucnredlist.org/）；

物种分布样本点数据：中国数字植物标本馆（Chinese Virtual Herbarium, http://www.cvh.ac.cn/）、国家标本资源共享平台（National Specimen Information Infrastructure, http://www.naii.org.cn）、全球生物多样性信息网络（Global Biodiversity Information Facility, https://www.gbif.org）、相关文献报道（Scientific Data 等数据库收录）的相关研究数据。

2. 遥感影像

SDG SAT-1、LandSat-8/9 OLI、ESA-CCI、Sentinel-1/2/3。

3. 其他

林业调查统计数据、自然保护区数据。

6.1.2 思路与方法

加强森林资源管理、防止土地退化和荒漠化、保护生物多样性，是保护、恢复和促进可持续利用陆地生态系统的三个重要手段。SDG15 包含可持续管理森林、遏制土地退化、保护生物多样性三类具体目标。"可持续管理森林"类具体目标的分析重点是森林管理和森林抚育，包括森林面积、森林保护、人工造林和植被覆盖等内容，采用 SDG15.1.1、SDG15.2.1、SDG15.4.2 进行评估。"遏制土地退化"类具体目标的分析重点是维持土地生产力，包括林地、草地和耕地的生产力等指标，采用 SDG15.3.1 进行评估。"保护生物多样性"类具体目标的分析重点是重要场地保护，包括保护区内生物多样性的重要场地比重、环境保护的支出费用等内容，采用 SDG15.1.2、SDG15.4.1、SDG15.a.1 进行评估。

6.2 SDG15 指标的时空分布

6.2.1 可持续管理森林

1. SDG 15.1.1 森林面积比例

森林占地球陆地表面 30%左右比例，除了保障粮食安全和提供防护外，还对气候变化、保护生物多样性至关重要，同时它也是原住民的家园。每年森林面积减少1300 万 hm²，而旱地不断退化则导致 360 万 hm² 的土地荒漠化。由人类活动和气候变化引起的毁林和荒漠化，为可持续发展带来重大挑战，并影响到千百万人的生计和脱贫努力。目前有包括 7000 万左右土著人民在内的 16 亿人靠森林谋生，有超过80%的陆生动植物和昆虫生活在森林中，森林对陆地生物的保育作用不言而喻。

临沧市森林资源丰富，主要以常绿阔叶林、常绿针叶林、落叶阔叶林和针阔混交林为主，其中分布最广的为常绿阔叶林，面积达 388.18km²，占总森林面积的 34.06%，其次为针阔混交林，面积为 335.75km²，占森林总面积的 29.46%，另外常绿针叶林面积也相当大，为 306.39km²，占总面积的 26.88%。总体上，落叶阔叶林和红树林面积相对较小，分别为 107.02km^2 和 2.39km^2，分别占森林总面积的 9.39% 和 0.21%。从森林占陆地面积的比例来看（图 6-1），临翔区的森林面积比例为 76.19%，是整个临沧市 8 个县区中森林覆盖度最高的区，其他区县的森林覆盖率均在 63% 以上。2020 年，临沧市总体森林覆盖率为 70.20%，森林覆盖率较高、植被覆盖良好。

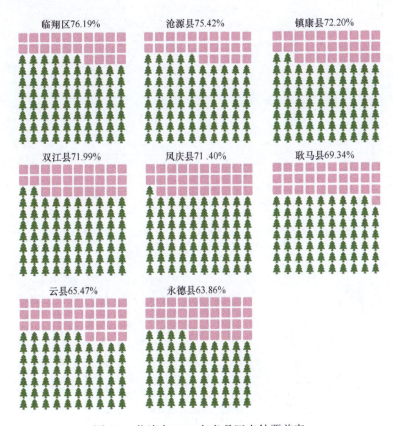

临翔区76.19%　　　　沧源县75.42%　　　　镇康县72.20%

双江县71.99%　　　　凤庆县71.40%　　　　耿马县69.34%

云县65.47%　　　　永德县63.86%

图 6-1　临沧市 2020 年各县区森林覆盖率

从近些年森林覆盖率的变化来看（图 6-2），整体上，临沧市的各个县区森林覆盖率处于明显的上升趋势，有些区县的森林覆盖率稳定增长，近期将接近于 80%，区域内植被恢复趋势良好，森林生态系统趋于健康发展。

2. SDG 15.2.1　实施可持续森林管理的进展

森林的可持续性表现为生态环境转好背景下的自然恢复，以及林业的持续投入、合理开采及人工林、次生林建设、森林防火等管理措施。在该指标的评估中，受制于所统计数据的局限，本研究将财政对林业的投资额作为可持续森林管理的具体反映，其统计结果如图 6-3 所示。

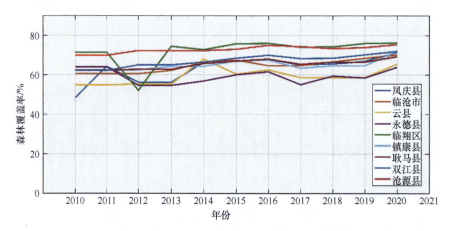

图 6-2 临沧市森林覆盖率变化趋势

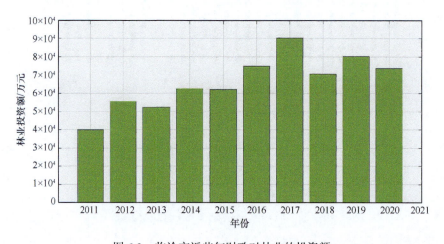

图 6-3 临沧市近些年财政对林业的投资额

近年来临沧市对林业的投资额增长趋势明显，由 2011 年的 4 亿元左右增长到 2017 年的 9.04 亿元，对林业的投资增长了 1.26 倍，近些年林业的投资额基本维持在 7.5 亿元左右。反映出临沧市以林为本、以林为业，将林业生产、保护结合起来，立足 "绿水青山就是金山银山" 的发展理念，将林业资源和生态服务功能相结合，对林业进行持续地投入和有效管理，将林业经济发展壮大、做强，发展为绿色生态经济，成为地区经济支柱。林业的持续稳定投资，为临沧市林业可持续发展提供了很好的管理制度保障。

3. SDG 15.4.2 山地绿色覆盖指数

山地绿色覆盖指数（mountain green cover index）强调山地对生物多样性的保育作用，绿地为人类提供了物质（包括木质的和非木质的森林产品）和服务，如栖息地和生物多样性、碳存储、海岸带保护和防止水土流失；该指标能度量一个国家绿地的相对范围，林地面积的变化反映出农林部门对土地和其他用途林地的需求，而绿度能直接反映山区的健康状况。

临沧市以低、中山区和丘陵为主，全区是典型的山地城市。整个市区植被覆盖度较高，山地绿色覆盖指数除了在北部的凤庆县因有水域分布（澜沧江），有部分无植被区之外，整个区域基本均被植被覆盖，山地绿色覆盖指数达到 99.85% 以上，部分县区能达到 100% 覆盖。卫星遥感影像数据显示，即使在 12 月、1 月的植被枯黄期，临沧市的山地植被覆盖度依然很高，保持与夏季同样的覆盖率。这与该区域较高的森林覆盖比例趋势一致，反映出整体上植被生长状况良好、生态系统健康的特点。

6.2.2　保护生物多样性

1. SDG 15.1.2、SDG 15.4.1 陆地和山区生物多样性重要场所被保护区覆盖的比例

自然保护区的建立是实现生物多样性保护的重要措施和机制，该指标能反映出在保护、恢复和可持续利用陆地和淡水生态系统及其服务方面的现状和取得的进展，特别是在森林、湿地、山地和旱地等方面，可对单一对象（如物种）进行计算，也可对多个物种进行综合计算。

基于 75 种 IUCN 红色名录濒危植物计算的临沧市物种丰富度指数显示，临沧市的物种丰富区主要分布在北部海拔较高的凤庆县、云县、永德县、临翔区等地区，以 1000~3000m 中、低海拔山地和丘陵分布为主。而南部的镇康、耿马、双江、沧源四个县地势略显平缓、海拔相对较低，平地增多，物种丰富度指数相对较小。

本研究提取的临沧市关键生物多样性区域（KBA）的面积为 9302km^2，占临沧市总面积的 39.29%，显示出临沧市是中国西南地区重要的生物多样性区域，生

物多样性保护的重要性不言而喻。目前，临沧市主要的保护区有双江古茶山国家
森林公园和五老山国家森林公园、难滚河国家级自然保护区和永德大雪山国家级
自然保护区、临沧澜沧江省级自然保护区及永德棠梨山县级自然保护区。这 6 个
自然保护区总面积约 2022.4km²，占临沧市总面积的 8.56%。近些年随着生态保护
工程的实施，保护区的面积有持续增加的趋势。通过与各级自然保护区、国家森
林公园等分布的 GAP 分析可以看出，临沧市 KBA 共计有 615.65km² 被保护区所
覆盖，约占总 KBA 面积的 6.62%，显示出临沧市在关键生物多样性区域的保护地
保育中还有很大的发展空间。由于临沧市均被划分为山区，其"SDG 15.4.1 山区
生物多样性重要场所被保护区覆盖的比例"与"SDG 15.1.2 陆地生物多样性重要
场所被保护区覆盖的比例"两个指标计算结果无差别。

2. SDG 15.a.1（b） 与生物多样性有关的经济手段产生的收入和资金

生物多样性作为一种重要的当地生态资源，在区域经济可持续发展中发挥着
重要作用。本研究以"生物多样性资源收入情况"作为该指标的具体反映。

云南省是中国生物多样性最为丰富的省份，也是世界相同纬度上生物多样性最
丰富的地区之一，涉及全球 36 个生物多样性热点地区中的 3 个，而临沧市又是云
南省生物多样性的集中区，在中国乃至全球的生物多样性保护中具有十分重要的战
略地位。生物多样性资源中的荞麦、糯玉米、茶树、园艺植物、药用植物及食用菌
遗传资源数量在中国均位列首位。根据《云南省生态系统名录（2018 版）》，临沧市
几乎包括了地球上所有的陆地生态系统类型，涵盖了从热带到高山气候等各类自然
生态系统。此外，该地区民族众多，有着丰富的民族文化多样性。千百年来，各少
数民族的居住、饮食、医药、风俗等与当地的生物多样性息息相关，大部分生产、
生活资料直接来源于当地的生物资源，与此同时，长期的生活生产实践也积累了大
量的生物资源保护利用的传统知识与技术，支持了生物多样性的存在，生物多样性
资源也孕育了丰富多彩的民族文化多样性，成为临沧文化多样性的基础。

近年来，临沧市生物多样性资源收入基本维持在每年 60 亿元的水平，2020
年则达到了 100 亿元（图 6-4）。该市主要以药材、水果、菌类、花卉、木材、特
色农产品、特色林产品、特色动植物资源产品生产和加工为主，形成了以第一产
业为主的支柱性产业群。然而，当前在全球大多数国家进行集约化、机械化生产
的同时，农业生物多样性在不断降低。目前，应加强临沧市农业生物多样性保护
与可持续利用相结合，在优良品种种质基因筛选、推广及品种资源保护利用、相

关技术转化、建立生物工程技术平台，实现生物资源科学开发和可持续利用等方面应科学、合理规划，把生物多样性资源开发与当地居民的收入结合起来，保护和合理开发带动当地居民收入，解决生物多样性热点地区的贫困问题，让生物资源可持续性和当地发展形成良性互动。

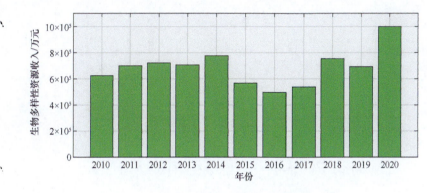

图 6-4 临沧市近些年生物多样性资源收入情况

3. SDG 15.7.1 野生生物贸易中偷猎和非法贩运的比例

控制对生物物种资源的过度开发、外来物种的引进、国内外个人及机构的非法盗猎、抵制生物物种资源丧失和流失，成为 SDG15 中保护生物多样性的重要措施。目前，因非法盗猎、走私及贩卖濒危动植物资源，使得非洲象、孟加拉虎等一批珍稀动植物走向濒临灭绝的边缘。中国作为濒危野生动植物种国际贸易公约（CITES）缔约国，制定了《中华人民共和国野生动物保护法》《中华人民共和国野生植物保护法》《中华人民共和国濒危野生动植物进出口管理条例》等一系列野生动植物保护法律法规，国家对纳入《进出口野生动植物种商品目录》管理范围的野生动植物及其制品实施进出口许可管理，严厉打击野生生物贸易中偷猎和非法贩运行为。云南省是我国动植物资源最为丰富的省份，其濒危动植物资源也相当丰富，成为盗猎、走私及贩卖濒危动植物资源的重点防控区。本研究以海关统计的野生生物偷猎和非法贩运案件数作为该指标的替代指标来反映临沧市在该方面的总体情况。

从统计的结果来看（图 6-5），临沧市近些年野生生物偷猎和非法贩运案件发生率普遍较低，每年平均为 5 次左右，属于偶发性低概率事件，总体上维持在较低水平。以象牙、穿山甲鳞片、犀牛角、鳄鱼制品、名贵中药物种等濒危物种走私为主。但近些年有偶发事件次数及规模增加、变为常规事件的趋势，反映出临沧市作为紧邻缅甸的边境市，丰富的生物多样性资源背后有着巨大的反走私贩卖压力。而有力地打击野生动植物资源偷猎和贸易，生物质资源管理走向法制化、跨境共管共治，是维护临沧市生物多样性的制度保障。

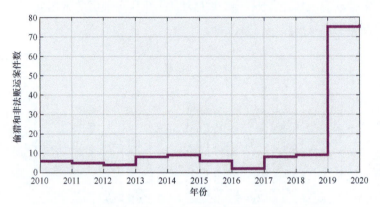

图 6-5　临沧市近些年野生生物偷猎和非法贩运案件数

6.3　SDG15 分维度及综合评估

基于上述分析，该目标合计有 5 项指标，均采用统计方法进行量化评估，评价结果如表 6-1 所示。

表 6-1　SDG15 各指标量化结果

	指　标	本土化指标	进展情况
可持续管理森林	15.1.1 森林面积占陆地总面积的比例	森林面积占陆地总面积的比例	已完成
	15.2.1 实施可持续森林管理的进展	财政对林业的投资额	已完成
	15.4.2 山地绿化覆盖指数	山地绿化覆盖指数	已完成
遏制土地退化	15.3.1 已退化土地占土地总面积的比例	已退化土地占土地总面积的比例	暂缺数据
保护生物多样性	15.1.2 保护区内陆地和淡水生物多样性的重要场地所占比例，按生态系统类型分列	保护区内陆地和淡水生物多样性的重要场地所占比例，按生态系统类型分列	已完成
	15.4.1 保护区内山区生物多样性的重要场地的覆盖情况	保护区内山区生物多样性的重要场地的覆盖情况	已完成
	15.7.1 野生生物贸易中偷猎和非法贩运的比例	野生生物偷猎和非法贩运案件数	已完成
	15.a.1 (a) 养护和可持续利用生物多样性的官方发展援助；和（b）与生物多样性有关的经济手段产生的收入和筹集的资金	生物多样性资源收入情况	已完成

6.4 结论与建议

实施绿化造林工程，打造绿色临沧，森林覆盖率稳定在 68% 以上。近年来，临沧森林覆盖率处于明显的上升趋势，有些区县的森林覆盖率稳定增长。2020年临沧市森林面积 2487.3 万亩，比 2015 年增加 195.3 万亩；森林覆盖率达到了70.2%，比 2015 年提高了 5.51 个百分点；森林蓄积量 1.17 亿 m^2，比 2015 年提高了 0.1 亿 m^2。森林覆盖率较高、植被覆盖良好，森林生态系统趋于健康发展。临沧市被评为"国家森林城市""全国森林旅游示范市"。

开展物种保护，有效推进生物多样性重要场地保护。近年来，临沧市高度重视生态文明建设与生物多样性保护工作，先后出台了一系列加强生态环境保护、推动生态文明建设的文件和政策措施，全市以自然保护区为主体的生物多样性保护体系基本建成，全市重要生态系统、珍稀濒危野生动植物种类，以及重要风景资源、地质遗迹得到有效保护。2018 年云南永德大雪山国家级自然保护区 32 年来首次发现狼和豺、2019 年云南南滚河国家级自然保护区发现 3 只国家一级保护动物金钱豹集群活动；2021 年云南永德大雪山国家级保护区又发现了西黑冠长臂猿种群。

近年来，临沧市各级各部门高度重视生态文明建设与生物多样性保护工作，抓规划、重保护，细措施、促落实，全市生态文明建设和生物多样性保护取得积极进展。通过健全生物多样性保护协调工作机制，加强调查、监测、防控和评估体系，加强就地保护体系，加强迁地和离体保护体系建设，推进生物多样性资源可持续利用等多种有力举措，促进生物多样性保护工作有序开展并取得明显成效。通过不懈地努力，全市森林覆盖率达 68% 以上，特有珍稀物种种群数量趋稳、质量向好。共建成各类自然保护区 6 个，自然保护区的总面积为 2022.4km²，占全市土地面积的 8.56%，有效保护了全市特有的原始生态系统和 90% 以上的野生动植物物种。加快推进"森林临沧"建设，深入开展城乡植树造林"十百千万"工程，全市森林面积和蓄积量大幅增加。与此同时，认真组织开展自然保护地违法违规问题核查工作，严厉打击行业"黑恶势力"野生动物违法犯罪行为。

参 考 文 献

芦海燕, 魏彦强, 杨肃昌, 等. 2019. 基于资产负债表的领导干部自然资产离任审计方法研究——

以甘肃省水资源审计为例. 冰川冻土, 41(1): 227-235.

魏彦强, 李新, 高峰, 等. 2018. 联合国 2030 年可持续发展目标框架及中国应对策略. 地球科学进展, 33(10): 1084-1093.

魏彦强. 2020. 植被定量遥感原理与应用. 西安: 西北工业大学出版社.

张亮, 魏彦强, 王金牛, 等. 2020. 气候变化情景下黑果枸杞的潜在地理分布.应用与环境生物学报, 26(4): 969-978.

Hu H, Wei Y, Wang W, et al. 2021.The Influence of climate change on three dominant alpine species under different scenarios on the Qinghai–Tibetan Plateau. Diversity, 13(12): 682.

Hu H, Wei Y, Wang W, et al. 2022. Richness and distribution of endangered orchid species under different climate scenarios on the Qinghai-Tibetan Plateau. Frontiers in Plant Science, 13: 948189.

Lu H, Wei Y, Yang S, et al. 2020. Regional spatial patterns and influencing factors of environmental auditing for sustainable development: summaries and illuminations from international experiences. Environment, Development and Sustainability, 22: 3577-3597.

Wang S, Wei Y. 2022. Qinghai-Tibetan plateau greening and human well-being improving: The role of ecological policies. Sustainability, 14(3): 1652.

Wei Y, Lu H, Wang J, et al. 2022. Dual influence of climate change and anthropogenic activities on the spatiotemporal vegetation dynamics over the Qinghai‐Tibetan plateau from 1981 to 2015. Earth's Future, 10(5): e2021EF002566.

Wei Y, Wang W, Tang X, et al. 2022. Classification of alpine grasslands in cold and high altitudes based on multispectral Landsat-8 images: A case study in Sanjiangyuan National Park, China. Remote Sensing, 14(15): 3714.

Wei Y, Zhang L, Wang J, et al. 2021. Chinese caterpillar fungus (Ophiocordyceps sinensis) in China: Current distribution, trading, and futures under climate change and overexploitation. Science of the Total Environment, 755: 142548.

第7章 欠发达山区可持续发展目标进展 综合评估

定量评估可持续发展目标（sustainable development goals，SDGs）的进展、厘清指标间复杂的相互作用对于监测 SDGs 的实现进度并指导政策制定和实施至关重要。基于统计、遥感、监测等地球大数据，在 SDGs 全球指标框架的基础上，通过实地调研，结合临沧市地域特色和数据获取情况，选取 70 个 SDGs 指标构建了评估边疆多民族欠发达地区 SDGs 进程的指标体系。在此基础上，量化 2015~2020 年临沧市 16 个 SDGs 得分值和可持续发展综合指数，评价临沧市可持续发展目标进展状况，提出临沧市可持续发展面临的关键挑战及解决对策，旨在为其他典型示范区推进可持续发展建设提供参考，为推进全国乃至全球欠发达山区可持续发展提供良好借鉴。

7.1 研究进展与分析视角

2015 年 9 月，第 70 届联合国大会提出了《变革我们的世界：2030 年可持续发展议程》，包括 17 项可持续发展目标和 169 项具体目标，总共 244 个指标，旨在以综合方式彻底解决社会、经济和环境 3 个维度的发展问题，进而达到消除贫困、保护地球、确保所有人共享繁荣的目标（United Nations General Assembly，2015）。中国高度重视 2030 年可持续发展议程的推进，在"十三五"规划中将其与国家中长期规划进行了有机结合。为进一步指导和推动有关落实工作，中国于 2016 年 9 月发布了《中国落实 2030 年可持续发展议程国别方案》①，明确提出中国未来一段时间落实该议程的具体方案。其中，建设"国家可持续发展议程创新示范区"作为我国政府全面推动落实联合国 2030 年可持续发展议程和深入实施

---

①中华人民共和国外交部. 2016. 中国落实 2030 年可持续发展议程国别方案. https://www.mfa.gov.cn/web/ziliao_674904/tytj_674911/zcwj_674915/201610/t20161012_9869225.shtml.

创新驱动发展战略的重要举措，旨在探索形成若干可持续发展创新示范的现实样板和典型模式，对国内其他地区可持续发展发挥示范带动效应，对外为其他国家落实 2030 年可持续发展议程提供中国智慧。2018 年 2 月，国务院正式批复，同意深圳市①、太原市②、桂林市③建设国家可持续发展议程创新示范区。2019 年 5 月，国务院分别批复同意郴州④、临沧市⑤、承德市⑥建设国家可持续发展议程创新示范区。其中，临沧市地处澜沧江与怒江之间，位于云南省西南部，森林覆盖率达到 70%，生物多样性丰富，民族众多，是海上丝绸之路的重要节点，以"边疆多民族欠发达地区创新驱动发展"为主题被批准为"国家可持续发展议程创新示范区"。 定量评估 SDGs 的进展、厘清指标间复杂的相互作用对于监测 SDGs 的落实并指导政策制定和实施至关重要（Wu et al.，2022；Xu et al.，2020）。因此，对临沧市 SDGs 的进展进行科学而又准确的综合评估对于中国边疆地区可持续发展具有重要应用和方法示范价值。

关于 SDGs 发展进程综合评估的研究日益增多，SDGs 的实现是整体过程，要用系统的方法同时推进全球各国全面落实 SDGs 进程，避免一个国家 SDGs 的实现对其他国家带来负面影响（Fu et al.，2020）。同时，从区域或国家内部角度来说，各个 SDGs 之间及指标之间都是相互影响的，亦不能以损害其中一方的利益为代价来实现另一方（Lusseau and Mancini，2019）。国内外学者基于联合国 SDGs 全球指标框架，利用联合国可持续发展报告中采用的指标等权重方法在全球、国家和省级尺度开展 SDGs 进展综合评估。例如，贝塔斯曼基金会（Bertelsmann Stiftung）和可持续发展解决方案网络（Sustainable Development Solutions Network，SDSN）（Sachs et al.，2021，2020，2019）评估了全球 160 多个国家 17 个 SDGs 的综合指数，并量化了每个目标和指标的现状及进展趋势；Xu 等（2020）分析了中国各个省级行政区 17 个 SDGs 综合指数的时空分布特征，并比较了不同区域之间目标和指标之间的进展差异性；中国科学院地球大数据工程发布的《地球大数

---

①中华人民共和国国务院. 2018. 国务院关于同意深圳市建设国家可持续发展议程创新示范区的批复. http://www.gov.cn/zhengce/content/2018-02/24/content_5268412.htm.

②中华人民共和国国务院. 2018. 国务院关于同意太原市建设国家可持续发展议程创新示范区的批复. http://www.gov.cn/zhengce/content/2018-02/24/content_5268404.htm.

③中华人民共和国国务院. 2018. 国务院关于同意桂林市建设国家可持续发展议程创新示范区的批复. http://www.gov.cn/zhengce/content/2018-02/24/content_5268410.htm.

④中华人民共和国国务院. 2019. 国务院关于同意郴州市建设国家可持续发展议程创新示范区的批复. http://www.gov.cn/zhengce/content/2019-05/14/content_5391457.htm.

⑤中华人民共和国国务院. 2019. 国务院关于同意临沧市建设国家可持续发展议程创新示范区的批复. http://www.gov.cn/zhengce/content/2019-05/14/content_5391459.htm.

⑥中华人民共和国国务院. 2019. 国务院关于同意承德市建设国家可持续发展议程创新示范区的批复. http://www.gov.cn/zhengce/content/2019-05/14/content_5391460.htm.

据支撑可持续发展目标报告》中分别计算了中国省级尺度[①]和地级市尺度[②]的 SDG11 综合指数，并量化了指标的发展现状和进展趋势；也有学者将 17 个 SDGs 划分为社会、经济和环境 3 个维度来计算可持续发展得分，如 Huan 等（2019）从这三个维度对哈萨克斯坦和吉尔吉斯斯坦两个典型中亚国家的 SDGs 进行评估，D'Adamo 等（2021）从这三个维度探讨了指标等权重和目标等权重两种情景下意大利的 SDGs 进展情况。

同时，由于各国发展的差异性，SDGs 全球指标框架很难直接全部套用，亟待进行本土化处理（陈军等，2018）。SDGs 指标体系本土化的相关研究较少，其中，高峰等（2019）提出了面向 SDGs 以多源数据为支撑的"美丽中国"评价指标体系，涵盖 4 个维度，共 12 个具体目标、43 个评价指标；朱婧等（2018）利用层次分析法和专家咨询法从 4 个维度对标 SDGs，构建了一套适用于中国国家层面可持续发展进展评估的指标体系；邵超峰等（2021）在 SDGs 全球指标框架的背景下，提出了构建 SDGs 中国本土化评价指标体系的设计原则与思路并建立了中国本土化指标框架。以上研究都是针对国家层面的研究，也有学者对城市尺度 SDGs 指标本土化进行了相关研究，例如，陈睿山等（2021）系统综述了城市可持续发展评价的思想与指标体系的发展历程，并重点基于 SDGs 框架提出了构建城市和城市群可持续发展指数的途径和建立城市发展"仪表盘"的思路；Steiniger 等（2020）对评估智利城市可持续性的指标体系进行本地化，并与 SDGs 进行比较。由于数据的限制，在县级尺度对所有 SDGs 指标进行本土化比较困难，但是有学者对单目标内的指标进行了本土化研究（刘少阳，2020；刘远志，2020）。最后，汪涛等（2020）从示范导向的角度构建了国家可持续发展议程创新示范区评价指标体系，并将指标与 SDGs 框架相对应，在对已建立的 6 个示范区进行评价的基础上，为后续示范区的选择提供参考。

但是，在目前研究中仍存在以下不足：①已有研究大多是针对全球或国家尺度，而关于较小尺度，特别是经济发展较为落后地区 SDGs 发展进程综合评估和指标本土化的相关研究较少；②已有研究数据源较单一，大多以统计数据为主。因此，本研究以 2015 年为本底年，以 2020 年为数据现状年，基于统计、遥感、监测等多源地球大数据，在 SDGs 全球指标框架的基础上，通过实地调研，结合临沧市地域特色和数据获取情况构建了包括联合国 SDGs 指标和本土化指标的临沧市 SDGs 进展综合评估指标体系，共包括 16 个目标、70 个指标。在此基础上，计算了 2015~2020

[①]中国科学院. 2020. 地球大数据支撑可持续发展报告 2020.
[②]中国科学院. 2021. 地球大数据支撑可持续发展报告 2021.

年临沧市 16 个 SDGs 得分及可持续发展综合指数，并评估了 SDGs 和指标的进展趋势，为边疆少数民族欠发达地区实现可持续发展目标提供参考。

7.2 数据与方法

7.2.1 数据来源

数据来源于《临沧统计年鉴》《临沧市水资源公报》《临沧市国民经济和社会发展统计公报》等官方资料，或由相应政府部门提供相关数据，地理空间数据主要有兴趣点（point of interest，POI）和归一化植被指数（normalized difference vegetation index，NDVI）数据（董金玮等，2021）。POI 数据来源于中国科学院资源环境科学与数据中心[①]。NDVI 数据时间为 2020 年，空间分辨率为 30 m，数据来源为国家科技基础条件平台——国家生态科学数据中心[②]。其余数据时间为 2015～2020 年。缺失的 2020 年的部分指标数据用 2019 年代替。

7.2.2 研究方法

1. 综合评估指标体系构建

1）指标体系本土化原则

联合国在 2015 年 9 月提出的 SDGs 全球指标框架是针对国家尺度可持续发展评估，将其用于国家内部地区尺度的评估存在一定的不合理性。因此，结合研究区实际情况将联合国 SDGs 全球指标框架本土化，是对一个区域 SDGs 实现情况进行综合评估的首要工作。本研究以联合国 SDGs 全球指标框架为基础，结合临沧市"十四五"规划，综合考虑临沧市边疆少数民族欠发达的区域特点，遵循科学性、可操作性、层次性、动态性原则，参考已有研究（陈军等，2018；D'Adamo et al.，2021；Huan et al.，2019）并结合临沧市数据获取情况，构建临沧市 SDGs 综合评价指标框架。

2）指标体系构建

基于 SDGs 的具体内涵，考虑到临沧市特殊的地理区位与民族多样性，综合目标

[①]https://www.resdc.cn/.
[②]http://www.nesdc.org.cn.

全面覆盖、地域特征、地理尺度和数据的可取性等因素，对 SDGs 全球指标框架下的 244 个指标进行筛选调整，构建临沧市 SDGs 综合评价指标体系（表 7-1），共计 70 个指标，直接采纳的指标为 37 个，本土化指标为 33 个。临沧示范区以"边疆多民族欠发达"为主题，其中，边疆特色主要体现在基础设施方面，例如公路总里程、路网密度和客货运总量等指标；民族特色主要体现在教育水平、医疗条件、通信设施和男女平等方面，例如少数民族在校平均比例、基础教育在册学籍数、全社会教育经费、基本医疗服务覆盖率、移动电话普及率和妇女培训经费等指标；欠发达特点主要体现在经济发展水平、农业基础设施、特色产业发展、城乡发展差距和安全饮水等方面，主要指标有人均 GDP 增长率、农业基础设施投资额、茶叶产值和种植面积、城乡人均可支配收入比、集中饮用水水源地水质达标率和公共供水普及率等。

表 7-1　临沧市 SDGs 进展综合评价指标

目标	指标	解释	是否本土化
SDG1	SDG1.1.1	每人每日贫困标准比例	否
	SDG1.2.1	贫困发生率	否
	SDG1.4.1	村路公路硬化率	否
		基本文化生活服务覆盖率	否
	SDG1.a.2	用于基本服务的开支占政府总开支的比例	否
	SDG1.b.1	享有生活补贴的困难残疾人占比	否
		低保家庭人数占比	否
SDG2	SDG2.1.1	城市居民恩格尔系数	是
		农村居民恩格尔系数	是
	SDG2.1.2	粮食年产量	是
		食用农产品合格率	是
	SDG2.2.1	五岁以下儿童发育迟缓发病率	否
	SDG2.2.2	五岁以下儿童营养不良患病率（肥胖）	否
	SDG2.3.1	农业产值	是
		茶叶产业产值	是
	SDG2.5.1	特色产业种植面积（茶叶）	是
	SDG2.a.1	政府支出的农业取向指数	否
	SDG2.a.2	农业基础设施投资额	是
SDG3	SDG3.1.1	孕产妇死亡率	否
	SDG3.2.1	5 岁以下儿童死亡率	否

续表

目标	指标	解释	是否本土化
SDG3	SDG3.2.2	新生儿死亡率	否
	SDG3.3.3	每1000人中的疟疾发生率	否
	SDG3.7.1	平均寿命（总体）	是
	SDG3.8.1	基本医疗服务的覆盖率	是
	SDG3.b.2	人均政府卫生支出	是
	SDG3.b.3	万人拥有的卫生机构工作数量	是
	SDG3.c.1	每千人卫生技术人员的人数	否
	SDG3.d.1	每千人医疗卫生机构床位数	是
SDG4	SDG4.1.1	教育巩固率平均比例	否
	SDG4.5.1	少数民族在校生平均比例	是
	SDG4.c.1	按教育级别分列的符合最低要求水平的老师比例	否
SDG5	SDG5.2.1	破获强奸及拐卖妇女儿童案件数	是
	SDG5.c.1	妇女培训经费	是
SDG6	SDG6.1.1	集中饮用水源地水质达标率	是
		公共供水普及率	是
	SDG6.3.1	安全处理废水的比例	否
	SDG6.3.2	水功能区水质达标率	否
	SDG6.4.1	按时间列出的用水效率变化	是
	SDG6.4.2	用水紧张程度：淡水汲取量占可用淡水资源的比例	否
	SDG6.6.1	生态环境补水量	是
SDG7	SDG7.1.1	通电率/用电普及率	否
	SDG7.1.2	主要依靠清洁燃料和技术的人口比例	否
	SDG7.3.1	单位GDP能耗	否
SDG8	SDG8.2.1	人均GDP增长率	是
	SDG8.4.1	人均GDP	否
	SDG8.4.2	旅游接待人次	否
	SDG8.5.2	城镇居民登记失业率	否
	SDG8.6.1	基础教育在册学籍数	是
	SDG8.9.1	旅游业总收入	否
SDG9	SDG9.1.1	公路总里程	是
		路网密度	是

续表

目标	指标	解释	是否本土化
SDG9	SDG9.1.2	客运总量	是
		货运总量	是
	SDG9.2.1	人均规模以上工业制造业增加值	是
	SDG9.b.1	全社会教育经费投入	是
	SDG9.c.1	移动电话普及率	是
SDG10	SDG10.1.1	城乡人均可支配收入	是
	SDG10.2.1	城乡人均可支配收入比	是
SDG11	SDG11.1.1	居住在棚户区中的人口比例	否
	SDG11.2.1	城区每万人公交车拥有量	是
	SDG11.6.1	生活垃圾无害化处理率	否
		一般工业固体废物综合利用率	否
	SDG11.6.2	城市细颗粒物年平均浓度值	否
	SDG11.7.1	城市建成区人均公园绿地面积	是
SDG12	SDG12.2.2	单位地区生产总值用水量	是
	SDG12.5.1	秸秆综合利用率	是
	SDG12.7.1	政府绿色采购比例	是
SDG13	SDG13.1.3	依照国家减少灾害风险战略通过和执行地方减少灾害风险战略的地方政府比例	否
	SDG13.3.1	已将减缓、适应、减少影响和预警内容纳入小学、中学 和大学课程的国家数目	否
SDG15	SDG15.1.1	森林面积占陆地总面积的比例	否
	SDG15.2.1	林业投资额	是
	SDG15.7.1	办理野生生物贸易中偷猎和非法贩运案件数	是
	SDG15.a.1	生物多样性资源收入情况	是
SDG16	SDG16.1.1	故意杀人案受害者人数	否
	SDG16.4.2	缴获枪支数	否
SDG17	SDG17.1.1	政府总收入占国内生产总值的比例	否
	SDG17.3.2	进出口总额	否
	SDG17.6.1	固定宽带普及率	否
	SDG17.8.1	移动宽带用户普及率	否

2. 可持续发展指数计算

1）指标无量纲化

由于用于综合评价的指标涉及范围较广，数据度量单位不统一，为了消除各指标数据由于量纲不同、自身变异或者数值相差较大所引起的误差，在计算 SDGs 综合指数之前需要对数据进行标准化处理（OECD et al.，2008）。利用式（7-1）将所有指标无量纲化到（0，100），越接近 0，表现越差；越接近 100，表现越好。

$$x_n = \frac{x - \min(x)}{\max(x) - \min(x)} \text{（正向指标）}$$

$$x_n = \frac{\max(x) - x}{\max(x) - \min(x)} \text{（负向指标）} \tag{7-1}$$

2）可持续发展指数计算

参考 SDSN 发布的可持续发展报告中等权重计算 SDGs 综合指数的方法（Lafortune et al.，2018），运用式（7-2）计算临沧市 SDGs 综合指数。

$$I = \frac{1}{N}\sum_{i=1}^{N}\sum_{j=1}^{N_i}\frac{1}{N_i}I_{ij} \tag{7-2}$$

式中，I 表示 SDGs 综合指数；N 为目标个数；N_i 为目标 i 的指标个数；I_{ij} 为目标 i 指标 j 归一化之后的得分值。

3. 量化可持续发展进程

1）可持续发展指标建设进程

为了更好地落实 2030 年可持续发展议程，我们量化了临沧市各个指标的发展进程。首先，对与 SDSN 发布的可持续发展报告中一致的指标，量化发展进程时参考《SDGs 指示板》中的阈值，例如：粮食年产量和食用农产品合格率（SDG 2.1.2）、五岁以下儿童发育迟缓发病率（SDG 2.2.1）等；其次，对于已经发展为 100%的指标，其进程直接设置为"已实现"级别，例如：基本医疗服务的覆盖率（SDG 3.8.1）、通电率/用电普及率（SDG 7.1.1）等；最后，除了以上 2 种情况之外的剩余指标，借鉴联合国 2020 年可持续发展目标进度表中的方法（United Nations，2020），评估其 2015~2020 年的发展进程，分为 2 种情况：

（1）没有明确的 2030 年可持续发展目标值的指标：

$$TR_a = \left(\frac{x_t}{x_{t_0}}\right)^{\frac{1}{t-t_0}} - 1 \tag{7-3}$$

式中，TR_a 为实际的年增长率；t 为现状年（2019 年/2020 年）；t_0 为本底年（2015 年）；x_t 为现状年的指标值；x_{t0} 为本底年的指标值。

（2）有明确的 2030 年可持续发展目标值的指标：

$$TR = \frac{TR_a}{TR_r}$$

$$TR_r = \left(\frac{x^*}{x_{t_0}}\right)^{\frac{1}{2030-t_0}} - 1 \tag{7-4}$$

式中，TR 为年增长率；TR_r 为以 2030 年的值为目标所需的年增长率；x^* 为 2030 年的指标值。根据以上公式，将发展进程划分为 4 个等级，分别为"已实现或有望实现""已取得进展，但还需加强""无进展"和"负进展"。

2）可持续发展目标建设进程

SDSN 发布的可持续发展报告中，选取各个国家每个目标下进展趋势表现较差的两个指标作为该目标的进展趋势，本研究结合该报告中的方法及临沧市的数据特点，将每个目标下相应指标发展进程的平均值作为该目标的发展进程。

7.3　可持续发展指数变化

7.3.1　SDGs 指标变化

2015～2020 年临沧市各指标得分值具有一定的差异性（图 7-1）。整体上，SDG 3.3.3（每 1000 人中的疟疾发生率）平均表现最好（84.85），其次为 SDG 15.7.1（办理野生生物贸易中偷猎和非法贩运案件数）和 SDG 1.2.1（贫困发生率），其平均得分分别为 66.34 和 63.36；SDG 17.1.1（政府总收入占国内生产总值的比例）平均得分最低（30.52），其次为 SDG 5.c.1（妇女培训经费），平均得分值为 31.58。平均得分大于 50 的指标有 25 个，占总指标个数的 35.71%，主要集中在 SDG 3（良好健康与福祉）、SDG 6（清洁饮水和卫生设施）和 SDG 12（负责任消费和生产）中。

7.3.2　SDGs 目标及其综合指数变化

图 7-2 表示 2015～2020 年各目标和综合指数的变化情况。其中，SDG 1（无贫穷）和 SDG 17（促进目标实现的伙伴关系）在 2015～2019 年快速增长，而在 2020 年相较 2019 年分别减少了 13.65% 和 6.45%，这可能主要是因为受到疫情的影响，用于基本服务（教育、保健和社会保障）的支出占当地政府总支出的比例

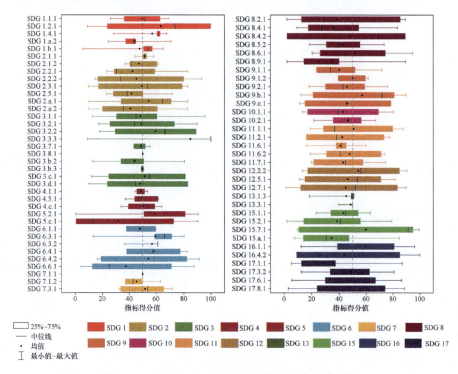

图 7-1　2015～2020 年临沧市各指标得分值箱型图

和政府收入占 GDP 的比例相对于 2019 年有所降低。SDG 2（零饥饿），SDG 5（性别平等）、SDG 12、SDG 15（陆地生物）和 SDG 16（和平、正义与强大机构）表现出先增加再减少再增加的变化趋势。SDG 6、SDG 7（经济适用的清洁能源）和 SDG 13（气候行动）基本保持较高的得分值。其余目标得分值以及综合指数逐年增大，且综合指数从 2015 年的 30.47 增加到 2020 年的 62.86，年均增长率为 15.58%。

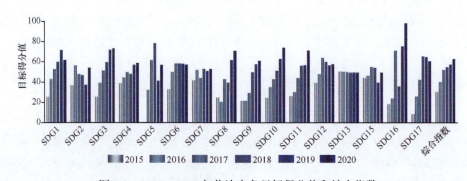

图 7-2　2015～2020 年临沧市各目标得分值和综合指数

本底年与现状年相比，除了 SDG 14（水下生物）之外，所有目标及综合指数现状年得分相对于本底年来说均有较大的进展，年均增长率大小不一。具体来看，SDG 5 年均增长率最大（158%），其余目标年均增长率均小于 50%，其中，年均增长率介于 40%～50% 的目标有 2 个，20%～30% 的目标 5 个，10%～20% 的目标有 2 个，小于 10% 的目标有 5 个，SDG 13 基本保持不变。

7.4　可持续发展进程

为了更好的监测临沧市在落实 2030 年可持续发展议程过程中亟待解决的问题，我们量化了每个指标和目标的发展进程（图 7-3）。总体来说，70 个指标中有 53 个已实现或有望实现，主要集中在 SDG 5、SDG 6、SDG 8（体面工作和经济增长）、SDG 10（减少不平等）、SDG 13 和 SDG 16 的目标。其中，SDG 1.2.1（贫困发生率），SDG 2.1.2（粮食年产量和食用农产品合格率），SDG 2.2.1（五岁以下儿童发育迟缓发病率），SDG 2.2.2［五岁以下儿童营养不良患病率（肥胖）］，SDG 3.8.1

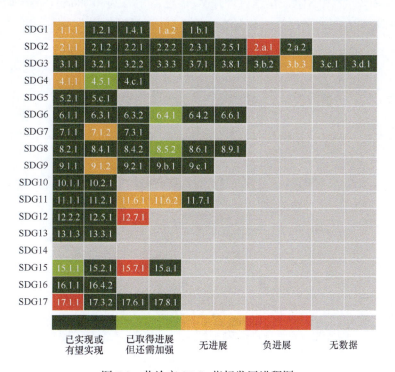

图 7-3　临沧市 SDGs 指标发展进程图

（基本医疗服务的覆盖率），SDG 6.1.1（集中饮用水源地水质达标率和公共供水普及率），SDG 7.1.1（通电率/用电普及率）7 个指标已实现可持续发展目标。但是也有少数指标表现为无进展或负进展，例如，无进展的指标有 SDG 1.1.1（每人每日贫困标准比例），SDG 1.a.2 [用于基本服务（教育、保健和社会保护）的开支占政府总开支的比例]，SDG 2.1.1（城市居民恩格尔系数和农村居民恩格尔系数），SDG 3.b.3（万人拥有的卫生机构工作数量），SDG 4.1.1（教育巩固率的平均比例），SDG 7.1.2（主要依靠清洁燃料和技术的人口比例），SDG 9.1.2（客运总量和货运总量），SDG 11.6.1（生活垃圾无害化处理率和一般工业固体废物综合利用率）和 SDG 11.6.2（城市细颗粒物年平均浓度值）。表现为负进展的指标有 SDG 2.a.1（政府支出的农业取向指数），SDG 12.7.1（政府绿色采购比例），SDG 15.7.1（办理野生生物贸易中偷猎和非法贩运的案件数）和 SDG 17.1.1（政府总收入占国内生产总值的比例）。

在此基础上，我们将指标的进展聚合到相应的目标（图 7-4）。整体上，所有目标均具有较好的发展进程，尤其是 SDG 3、SDG 5、SDG 6、SDG 8、SDG 9、SDG 10、SDG 13 和 SDG 16，以目前的发展速度，在 2030 年很有希望实现目标。其余目标也具有一定的进展，但是在实现 2030 年目标的道路上还需更加努力。

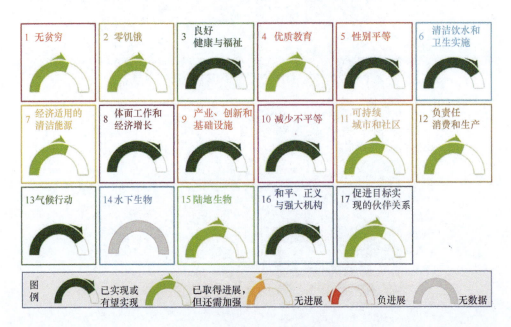

图 7-4　临沧市 SDGs 发展进程图

近年来，政府致力于消除贫困、提高医疗和教育服务覆盖率、基础设施建设、发展特色产业等并取得较好的成果，提高了社会经济可持续发展水平，促进了大部分指标可持续发展目标的实现进程。无进展的指标中，有部分指标虽然为无进展但是本底年表现良好且一直维持，例如，SDG 4.1.1（教育巩固率平均比例），SDG 11.6.1（生活垃圾无害化处理率和一般工业固体废物综合利用率），SDG 11.6.2（城市细颗粒物年平均浓度值）。而对于 SDG 1.1.1（每人每日贫困标准比例），SDG 1.a.2［用于基本服务（教育、保健和社会保护）的开支占政府总开支的比例］，SDG 2.1.1（城市居民恩格尔系数和农村居民恩格尔系数）等这些本身无进展的指标，虽然临沧市每人每日贫困标准比例逐年上升，但是仍低于国际贫困衡量标准 12.31 元/d（1.25美元/d），距离实现 2030 可持续发展目标较远。同时，在全球经济发展受疫情影响的大背景下，2020 年用于基本服务的开支占政府总开支的比例相较于 2019 年有所降低。SDG 2.1.1 为本土化指标，用居民恩格尔系数表示，临沧市农村居民恩格尔系数居高不下，导致该指标进展缓慢。负进展指标 SDG 2.a.1 表示农业生产投入占政府总支出的比例与农业增加值占 GDP 的比例的比值，临沧市该指数整体有减小趋势，且远低于世界平均水平。临沧市政府绿色采购比例（SDG 12.7.1）未达到全国平均水平。2020 年政府绿色采购比例为 1.23%，相比 2015 年下降 8.63%，相较于全国平均 80%的数值，临沧市政府绿色采购比例的上升空间较大。

7.5 结论与建议

7.5.1 结论

本研究以 2015 年为本底年，以 2020 年为数据现状年，基于统计、遥感、监测等地球大数据，在 SDGs 全球指标框架的基础上，通过实地调研，结合临沧市地域特色和数据获取情况，构建了临沧市 SDGs 综合评估指标体系，共包括 16 个目标、70 个指标。在此基础上，计算了 2015～2020 年临沧市 16 个 SDGs 得分值和可持续发展综合指数，并评估了目标和指标的进展趋势。主要结论有：

（1）整体上，2015～2020 年 SDG 3.3.3（每 1000 人中的疟疾发生率）平均表现最好，SDG 17.1.1（政府总收入占国内生产总值的比例）平均得分最低。平均得分大于 50 的指标主要集中在 SDG 3（良好健康与福祉），SDG 6（清洁饮水和卫生设施）和 SDG 12（负责任消费和生产）中。

（2）分目标来看，2015～2020 年，SDG 6（清洁饮水和卫生设施），SDG 7（经济适用的清洁能源）和 SDG 13（气候行动）基本保持较高的得分值，其余目标得分值总体上表现出增加趋势。其中，SDG 5（性别平等）年均增长率最大，年均增长率在 40%～50%的目标有 2 个，20%～30%的目标有 5 个，10%～20%的目标 2 个，低于 10%的目标有 5 个，SDG 13 基本保持不变。

（3）从变化趋势来看，2015～2020 年可持续发展综合指数呈现增长趋势。可持续发展综合指数从 2015 年的 30.47 增加到 2020 年的 63.86，平均年增长率为 15.58%。

（4）临沧市 16 个目标均具有较好的发展进程。分指标来看，有 81%的指标具有较好的发展进程；剩余指标中有 9 个指标为无进展，4 个指标为负进展。

7.5.2　政策建议

2015～2020 年临沧市在落实 2030 年可持续发展议程方面取得了较大的进展，极端贫困已消除，基本实现经济绿色发展；少数民族各项事业稳步发展；互联互通能力增强，经济开放度越来越高，货物贸易进出口总额逐年提升；生物多样性得到较好保护。同时，也存在一些不足。例如：农村居民恩格尔系数居高不下，农村卫生技术人员相对短缺，少数民族特殊教育普及率较低，政府对农业的取向指数偏小，清洁能源普及率较低，政府绿色采购比例偏低，野生生物交易增加和疫情影响下政府收入减少等问题。今后，应积极推进巩固拓展脱贫攻坚成效与乡村振兴有机衔接，聚焦"糖、茶、果、蔬、畜"优势产业，按照"一县一业、一乡一特、一村一品、一园一主导""大产业+新主体+新平台"发展模式及全产业链聚集发展思路，建设高原特色农业基地和绿色可持续农产品品牌；应通过改善农村地区人居环境，聚焦"健康、乡村、秘境"主题，建设"美丽公路""美丽乡村"，加快大滇西旅游环线生态度假旅游发展区建设，大力发展新兴旅游产品业态，促进临沧乡村旅游、全域旅游发展；应通过科技创新，引进和培养专业人才，完善基层医疗卫生服务体系，加快卫生技术人员引进和医疗卫生设施的建设，针对妇女、婴幼儿、中小学生、老年人及少数民族等重点人群开展健康专项行动；应加强与缅甸电力互联互通，积极完善天然气管道建设，健全临沧市燃气管网，加大燃气覆盖率，积极开发风电、光伏项目等新能源，扎实推进"风光水储一体化"绿色能源开发，推进绿色能源与绿色先进制造业深度融合；应建立健全野生动物相关法律法规体系建设，加强与野生动物保护相关法律法规的宣传教育；同时，应该建设以自然保护区为主体的生物多样性保护体系，通过健全生物多样性保护协调工作机制，加强调查、监测、防控和评估体系、就地保护体系、迁地和离体保护体系建设，推进生物多样性资源可持续利用等多种有力举措，使得重要生态系统、珍稀濒危野生动植物种类，以及重要风景资源、地质遗迹得到有效保护。

参 考 文 献

陈军, 任惠茹, 耿雯, 等. 2018. 基于地理信息的可持续发展目标(SDGs)量化评估. 地理信息世界, 25(1): 1-7.

陈睿山, 赵志强, 徐迪, 等. 2021. 城市和城市群可持续发展指数研究进展. 地理科学进展, 40(1): 61-72.

董金玮, 周岩, 尤南山. 2021. 2000-2020年中国30米年最大NDVI数据集. 北京: 国家生态科学数据中心.

高峰, 赵雪雁, 宋晓谕, 等. 2019. 面向SDGs的美丽中国内涵与评价指标体系. 地球科学进展, 34(3): 295-305.

刘少阳. 2020. 面向县域尺度的可持续发展目标15(SDG 15)本土化改造与量化评估: 以德清县为例. 西安: 陕西师范大学.

刘远志. 2020. 地理空间视角下的2030可持续发展目标评估: 以德清县目标六为例. 湘潭: 湖南科技大学.

邵超峰, 陈思含, 高俊丽, 等. 2021. 基于SDGs的中国可持续发展评价指标体系设计. 中国人口·资源与环境, 31(4): 1-12.

汪涛, 张家明, 刘炳胜. 2020. 国家可持续发展议程创新示范区评价指标体系研究. 中国人口·资源与环境, 30(12): 17-26.

朱婧, 孙新章, 何正. 2018. SDGs框架下中国可持续发展评价指标研究. 中国人口·资源与环境, 28(12): 9-18.

D'Adamo I, Gastaldi M, Imbriani C, et al. 2021. Assessing regional performance for the Sustainable Development Goals in Italy. Scientific Reports, 11: 24117.

Fu B, Zhang J, Wang S, et al. 2020. Classification-coordination-collaboration: a systems approach for advancing Sustainable Development Goals. National Science Review, 7(5): 838-840.

Huan Y, Li H, Liang T. 2019. A new method for the quantitative assessment of sustainable development goals (SDGs) and a case study on central Asia. Sustainability, 11(13): 3504.

Lafortune G, Fuller G, Moreno J, et al. 2018. 2018 Global SDG Index and dashboards methodology. New York: The Bertelsmann Stiftung and the Sustainable Development Solutions Network (SDSN).

Lusseau D, Mancini F. 2019. Income-based variation in Sustainable Development Goal interaction networks. Nature Sustainability, 2(3): 242-247.

OECD, European U, JRC. 2008. Handbook on constructing composite indicators: Methodology and User Guide. Paris: OECD Publishing.

Sachs J, Kroll C, Lafortune G, et al. 2021. Sustainable Development Report 2020. Cambridge: Cambridge University Press.

Sachs J, Schmidt-Traub G, Kroll C, et al. 2019. Sustainable Development Report 2019. New York: The Bertelsmann Stiftung and Sustainable Development Solutions Network (SDSN).

Sachs J, Schmidt-Traub G, Kroll C, et al. 2020. The Sustainable Development Goals and COVID-19: Sustainable Development Report 2020. Cambridge: Cambridge University Press.

Steiniger S, Wagemann E, de la Barrera F, et al. 2020. Localising urban sustainability indicators: the CEDEUS indicator set, and lessons from an expert-driven process. Cities, 101: 102683.

United Nations General Assembly. 2015. Transforming our world: the 2030 Agenda for Sustainable. New York.

United Nations. 2020. The Sustainable Development Goals Report 2020. New York.

Wu X, Fu B, Wang S, et al. 2022. Decoupling of SDGs followed by re-coupling as sustainable development progresses. Nature Sustainability, 5: 452-459.

Xu Z, Chau S, Chen X, et al. 2020. Assessing progress towards sustainable development over space and time. Nature, 577(7788): 74-78.

第8章 欠发达山区可持续发展目标的相互作用

可持续发展目标间相互作用的理解不足是制约 2030 年可持续发展议程实现的重要制约因素，经济社会发展与生态环境保护间的冲突使欠发达山区可持续发展面临严峻挑战，探究欠发达山区可持续发展目标间的协同与权衡作用，最大化目标间的协同效应，并将权衡最小化，是促进欠发达山区 2030 年可持续发展议程实现的有效措施。当前，急需基于多源数据、采用多种方法，辨明可持续发展目标内、目标间的协同权衡关系，回顾促进可持续发展的响应政策，提出欠发达地区资金最大有效利用建议，为探索欠发达山区典型可持续发展模式作出有益尝试。

8.1 研究进展与分析视角

2015 年 9 月 25 日，联合国 193 个会员国共同签署了 2030 年可持续发展议程（*the* 2030 *Agenda for Sustainable Development*），勾勒了全球可持续发展的美好愿景。2030 年可持续发展议程包含 17 项可持续发展目标、169 项具体目标和 248 个具体指标 [SDGs（sustainable development goals）、Targets and Indicators]，明确了可持续发展的具体方向（Hegre et al.，2020；王红帅和董战峰，2020；魏彦强等，2018）。《2019 年全球可持续发展报告》显示在全球、区域和国家层面均存在可持续发展进展不足的问题，专家指出对目标之间相互作用的理解和处理不足是首要原因，识别和处理可持续发展目标间的潜在交互作用，最大程度地促进目标的协同效应，并将权衡最小化，对 2030 年可持续发展议程的实现具有重要促进作用（Le，2015；Stafford et al.，2017；Hegre et al.，2020）。

可持续发展目标的实施由国家主导（Gil et al.，2019），而国家制定的可持续发展目标的规划和政策在地方实施过程中存在本地化和差异化问题，截至 2019 年，仅有 42%的国家政策对地方可持续发展实现具有积极作用（Alcamo et al.，2020；Lieberman，2019）。在小尺度探讨可持续发展目标之间存在的协同和权衡关系，是避免部门性方法和孤立性政策等问题、明晰可持续发展目标优先实施顺序的关键（Weitz et al.，2018），对于 2030 年可持续发展议程的顺利落实和促进政策一致性至关重要（Zhou et al.，2017；Singh et al.，2018）。但目前，可持续发展目标互动研究的空间尺度多集中于全球、区域和国家等大尺度，较少的小尺度研究也多集中于经济发展程度较高且土地利用集约程度高的城市地区（Dolley et al.，2020；Nyamekye et al.，2020），鲜有在欠发达山区开展小尺度可持续发展指标间关系的研究。

2022 年是联合国确定的"国际山区可持续发展年"，山区特别是欠发达山区的可持续发展问题正在引起全球的广泛关注（United Nations，2021）。欠发达山区由于资源、交通和人力资本等多重要素的共同影响，经济发展相对落后，经济发展与生态环境保护间的矛盾往往较为突出（许月卿，2007）。区域面临贫困（SDG1）、粮食安全（SDG2）、健康（SDG3）、教育（SDG4）、安全饮用水（SDG6）、可持续现代能源服务（SDG7）、经济发展（SDG8）、基础设施建设（SDG9）、灾害风险与气候行动（SDG13）和生态环境退化（SDG15）等多种挑战，且经济、社会和环境等各类挑战间存在复杂的相互关系，直接影响可持续发展目标的实现（Li et al.，2021）。例如，一味地发展经济（SDG8）可能造成生态环境破坏（SDG15），农业生产活动（SDG2）与基础设施建设（SDG9）可能对生物多样性造成损害（SDG15）（Baffoe et al.，2021），而生态旅游开发（SDG8）与可持续农业（SDG2）可缓解山区贫困问题（SDG1）（鄢和琳和包维楷，2001；方精云等，2004；郭彩玲，2006；胡霞，2007）。从可持续发展指标层出发，识别欠发达山区小尺度可持续发展指标间的相互作用，有益于分析区域可持续发展目标间的实质性互动（Griggs et al.，2017），从而制定对应措施，最大化利用指标间的协同作用，改变指标间的权衡作用，是促进欠发达山区生态资源向生态资本转化，发展绿色经济，助力 2030 年可持续发展议程实现的重要举措。

本研究以中国西南地区的典型欠发达山区——临沧市为例，采用统计学与网络分析方法，开展了市级尺度 2010～2020 年分属于 14 个可持续发展目标、42 项具体目标和 51 个指标的相互作用分析，并将可持续发展目标分为基本需求、预期目标与治理 3 个维度（Fu et al.，2019），分析可持续发展目标内、目标间、维度内与维度间的互动关系，识别欠发达山区可持续发展指标及对应目标的协同与权衡关系，加强对协同效应较强领域的建设投入，以促进区域资源的最大化有效利用，为探索欠发达山区典型可持续发展模式作出有益尝试。

8.2 数据与方法

8.2.1 数据来源

数据来源于临沧市相关政府部门的统计数据、监测数据及遥感数据，时间范围为 2010～2020 年。根据指标的不同属性将其分为正向和负向指标，将促进目标实现的指标分配正号，与目标进展方向相反的指标分配负号，指标正负号在 Pradhan 等（2017）的研究基础上结合专业知识进行分配。因数据可得性及定量化评估困难，本研究共涉及 14 个可持续发展目标（未包含 SDG5、SDG10 和 SDG14）共 51 个可持续发展指标，占 2030 年可持续发展议程中 248 个指标的 20.56%。具体涉及的可持续发展目标与指标如表 8-1 所列。

表 8-1　纳入临沧市可持续发展指标相互作用的具体指标含义

目标	具体目标	指标	指标含义	指标性质
SDG1 无贫穷	SDG1.1	SDG1.1.1	生活在国际贫困线以下人口的比例	负
	SDG1.2	SDG1.2.1	国家贫穷线以下人口的比例	负
	SDG1.4	SDG1.4.1	其家庭可获得基本服务人口的比例	正
	SDG1.a	SDG1.a.2	用于基本服务（教育、保健和社会保护）的开支在政府总开支中的比例	正
	SDG1.b	SDG1.b.1	惠及贫困人口公共社会开支	正
SDG2 零饥饿	SDG2.1	SDG2.2.1	5 岁以下儿童发育迟缓发病率	负
	SDG2.2	SDG2.2.2	5 岁以下儿童营养不良发生率[（a）消瘦和（b）超重]	负
	SDG2.a	SDG2.a.1	政府支出的农业取向指数	正
SDG3 良好健康 与福祉	SDG3.1	SDG3.1.1	孕产妇死亡率	负
	SDG3.2	SDG3.2.1	5 岁以下儿童死亡率	负
		SDG3.2.2	新生儿死亡率	负
	SDG3.3	SDG3.3.3	每 1 000 人中的疟疾发生率	负
	SDG3.6	SDG3.6.1	因道路交通伤所致死亡率	负
	SDG3.c	SDG3.c.1	卫生工作者的密度和分布情况	正
SDG4 优质教育	SDG4.1	SDG4.1.1	（a）在 2/3 年级、（b）小学结束时和（c）初中结束时获得起码的①阅读和②数学能力的儿童和青年的比例	正
	SDG4.c	SDG4.c.1	按教育程度分列的、具备所要求的起码资格的教师比例[（a）幼儿园、（b）小学、（c）初中、（d）高中和（e）中职教育的教师比例]	正

目标	具体目标	指标	指标含义	指标性质
SDG6 清洁饮水 和卫生设 施	SDG6.3	SDG6.3.1	安全处理家庭和工业废水的比例	正
	SDG6.4	SDG6.4.2	用水紧张程度	负
	SDG6.6	SDG6.6.1	与水有关的生态系统范围随时间的变化	正
SDG7 经济适用 的清洁能 源	SDG7.1	SDG7.1.1	能获得电力的人口比例	正
		SDG7.1.2	主要依靠清洁燃料和技术的人口比例[(a)农村沼气池、(b)太阳能和(c)燃气的普及率]	正
	SDG7.3	SDG7.3.1	以一次能源和国内生产总值计量的能源密集度	负
SDG8 体面工作 和经济增 长	SDG8.4	SDG8.4.1	物质足迹、人均物质足迹和单位国内生产总值的物质足迹	负
	SDG8.5	SDG8.5.2	失业率	负
	SDG8.9	SDG8.9.1	旅游业的生产总值占国内生产总值的比例(a)和增长率(b)	正
SDG9 产业、创 新和基础 设施	SDG9.1	SDG9.1.2	客运和货运量[(a)客运量、(b)货运量、(c)公路总里程和(d)民用航空客运量]	正
	SDG9.2	SDG9.2.1	制造业附加值占国内生产总值的比例(a)和人均值(b)	正
	SDG9.3	SDG9.3.1	小型工业在工业总附加值中的比例	正
	SDG9.c	SDG9.c.1	移动网络所覆盖的人口比例[(a)移动电话普及率和(b)互联网宽带接入用户数]	正
SDG11 可持续城 市和社区	SDG11.1	SDG11.1.1	居住在贫民窟和非正规住区内或者住房不足的城市人口比例	负
	SDG11.2	SDG11.2.1	可便利使用公共交通的人口比例	正
	SDG11.5	SDG11.5.1	每10万人中因灾害死亡、失踪和直接受影响的人数	负
		SDG11.5.2	灾害造成的直接经济损失与全球国内生产总值之比	负
	SDG11.6	SDG11.6.1	由管控部门所收集和管理的城市固体废物占城市废物总产量的比例[(a)生活垃圾处理率和(b)一般工业固体废物综合利用率]	正
		SDG11.6.2	城市细颗粒物年平均浓度值[(a)$PM_{2.5}$;(b)PM_{10}]	负
SDG12 负责任消 费和生产	SDG12.4	SDG12.4.2	(a)人均生成的危险废物和(b)处理的危险废物的比例	负/正
SDG13 气候行动	SDG13.1	SDG13.1.1	每10万人中因灾害死亡、失踪和直接受影响的人数	正
		SDG13.1.3	依照国家减少灾害风险战略,制定和执行地方减少灾害风险战略的地方政府比例	正
SDG15 陆地生物	SDG15.1	SDG15.1.1	森林面积占陆地总面积的比例	正
	SDG15.2	SDG15.2.1	实施可持续森林管理的进展	正
	SDG15.7	SDG15.7.1	野生生物贸易中偷猎和非法贩运的比例	负
	SDG15.a	SDG15.a.1	(a)养护与可持续利用生物多样性的官方发展援助和(b)与生物多样性有关的经济手段产生的收入和筹集的资金	正

续表

目标	具体目标	指标	指标含义	指标性质
SDG16 和平、正义与强大机构	SDG16.1	SDG16.1.1	每 10 万人中故意杀人案的受害者人数	负
		SDG16.1.3	过去 12 个月内遭受 (a) 身体暴力,(b) 心理暴力和 (c) 性暴力的人口所占的比例	负
	SDG16.4	SDG16.4.2	其非法来源或背景已被主管当局按照国际文书规定追查或确定的已缴获、发现或交出的武器所占比例	负
SDG17 促进目标实现的伙伴关系	SDG17.1	SDG17.1.1	政府总收入占国内生产总值的比例	负
		SDG17.1.2	由国内税收供资的国内预算比例	负
	SDG17.3	SDG17.3.1	从多渠道筹集的用于发展中国家的额外财政资源	负
		SDG17.3.2	汇款数额(美元)占国内生产总值总额的比例	正
	SDG17.6	SDG17.6.1	每 100 个居民中固定因特网宽带用户数	正
	SDG17.8	SDG17.8.1	使用因特网的人口比例	正

8.2.2　研究方法

纳入评估的部分指标因部门更迭等其他原因,其数据在 2010～2020 年期间略有缺失,但该部分数据最少也有 6 年。对于时间序列不完整的数据,采用年复合增长率(compound annual growth rate,CAGR),填补了缺失年份的数据。CAGR 也称平滑收益率,它假设一个随机变量在一定时间内以复合的恒定收益率增长,需综合考虑平均年增长率,常被用于根据历史数据预测未来数据(Anson et al.,2010;Chan,2009)。其公式为 $S = \dfrac{Y^{\frac{1}{n}}}{Y_0} - 1$,其中,S 为年复合增长率,Y 为现有年份数值,Y_0 为基础年数值,n 为年数。

可持续发展指标的相互作用采用 spearman 相关系数,该方法为识别 2 个变量之间的相关关系的数理方法,相关性系数介于[−1,1],可满足非正态分布数据(Hauke and Kossowski,2011)。该系数可用于评估指标对之间的所有可能组合之间的单调关系。Pradhan 等将 SDGs 间的相关系数分别划分为协同效应(相关性系数>0.6)、权衡效应(相关性系数<−0.6)、未分类(相关性系数介于−0.6～0.6)。本研究设置 p 小于 0.05,以保证 SDGs 指标对之间协同与权衡关系的有效性(Pradhan et al.,2017;Sebestyén et al.,2019)。为避免 SDGs 间因可用指标数量差异而产生的偏差,可持续发展目标内的相互作用由同一 SDG 的指标对的协同作

用、权衡作用、未分类的百分比来量化,可持续发展目标之间的相互作用由 2 个不同目标的指标对之间的协同作用、权衡作用、未分类的百分比来量化(Pradhan et al.,2017)。

为进一步明确临沧市可持续发展目标之间的系统关系,引入社会网络分析方法。构建临沧市可持续发展指标无向加权网络,度、度中心性、介数中心性、紧密中心性与特征向量中心性等指数表征各指标在 SDGs 互动网络中的重要性和影响力,聚类系数和平均路径长度等指数反映 SDGs 互动网络的小世界性质(刘军,2004,2009;汪小帆等,2012;唐磊等,2012)。其中,"度"为与某一指标直接相连的指标个数,反映临沧市 SDGs 互动网络中某指标与其他指标联系的密切程度;"度中心性"为实际度值与理论度值的比例,反映指标在网络中的重要性;"介数中心性"为经过某指标的最短路径的数量,反映该指标在 SDGs 互动网络中的控制力;"紧密中心性"为指标到其他指标的平均距离,紧密中心性越大越接近社会网络的中心位置;"特征向量中心性"反映指标在网络中的相邻指标的重要性;"聚类系数"为某指标的相邻指标实际相连的边数与理论边数的比值;"平均路径长度"为任意两指标间距离的平均值,反映网络中各指标间的分离程度。

度中心性的公式为:$DC_i = (v_i) = \dfrac{d_i}{N-1}$,其中,$d_i$ 为指标 v_i 的度值(实际相连边数),N 为指标 v_i 所属网络的总指标数量,$N-1$ 为理论最大相连边数量。介数中心性的公式为:$BC_i = \sum_{v_s \neq v_i \neq v_t} \dfrac{n_{st}^i}{g_{st}}$,其中,$n_{st}^i$ 为指标 s 到指标 t 通过指标 i 的最短路径的数目,g_{st} 为指标 s 到指标 t 的最短路径的总数目。紧密中心性的公式为:$D_{\mathrm{avg}}(v_i) = \dfrac{1}{N-1} \sum_{j \neq i}^{n} g(v_i, v_j)$,其中,$N$ 为指标 v_i 所属网络的总指标数量,$g(v_i, v_j)$ 为指标 v_i 和 v_j 间的最短距离。特征向量中心性的公式为:$v_i = c \sum_{j=1}^{N} a_{ij} v_j$,其中,$c$ 为一个比例常数,$A = \sum_{j=1}^{N} a_{ij}$ 为网络的邻接矩阵,v_j 为 A 不同特征值对应的特征向量。聚类系数的公式为:$C_i = \dfrac{2B_i}{m_i(m_i - 1)}$,其中,$C_i$ 为聚类系数,m_i 为相邻的指标数量,B_i 为指标到其 m_i 个相邻指标间的路径条数。平均路径长度的公式为:$L = \dfrac{1}{\frac{1}{2}N(N-1)} \sum_{i \geqslant j} d_{ij}$,其中,$d_{ij}$ 为指标 i、j 的最短路径的边数,N 为网络中的总指标数目。

8.3　SDGs 目标的指标相关性

8.3.1　SDGs 目标内的指标相关性

如图 8-1 所示，SDGs 内部指标对间的协同作用超过权衡作用，绝大部分目标内呈现显著协同效应。尤其是 SDG1（无贫穷）和 SDG3（良好健康与福祉），其内部指标呈现 100%的协同效应，这与临沧市政府高度重视脱贫及社会保障工作有关，区内贫困发生率由 2010 年的 15.6%下降至 2019 年的 0%，千人卫生技术人员数和千人医疗卫生机构床位数的增幅分别达 207.29%和 194.18%。SDG4（优质教育）、SDG6（清洁饮水和卫生设施）、SDG7（经济适用的清洁能源）、SDG8（体面工作和经济增长）、SDG9（产业、创新和基础设施）、SDG11（可持续城市和社区）和 SDG17（促进目标实现的伙伴关系）内的显著指标对（$p<0.05$）均呈现协同效应，表明一个指标的进展促进同一个目标内其他指标的实现，同一个目标内的指标在实现过程中具有兼容性（Nilsson et al.，2016）。

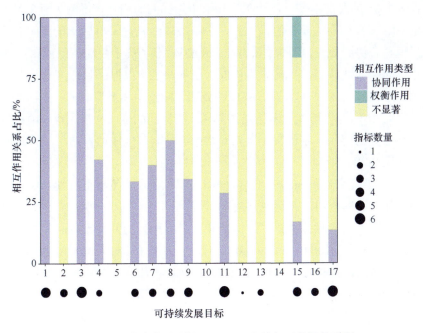

图 8-1　可持续发展目标（SDGs）内的相互作用关系图

同一个目标内的指标也存在权衡关系（Pradhan et al.，2017），临沧市的权衡指标出现在 SDG15（陆地生物），为 SDG15.1.1（森林面积占陆地总面积的比例）与 SDG15.7.1（野生生物贸易中偷猎和非法贩运的比例）间的权衡，2020年临沧市的森林覆盖率为 70.20%，森林面积的增加为动物繁衍提供了更多的栖息地，有利于种群数量扩大，但由于管护能力有限导致野生动物贩卖风险提升。2010~2018 年区域野生生物贸易中偷猎和非法贩运案件每年发生 5 起左右，属于偶发性低概率事件，2019~2020 年非法贩运野生生物案件规模增加，2020 年达到 76 起，显示区域需要加大打击非法贩运野生生物的力度，促进生物多样性的保护。

SDG2（零饥饿）、SDG12（负责任消费和生产）、SDG13（气候行动）和 SDG16（和平、正义与强大机构）目标内指标数量相对较少，分别包含 3 个、1 个、2 个和 3 个指标，目标内部指标的相关性未通过显著性检验（SDG2、SDG13 和 SDG16），或数量不足以支撑分析 SDGs 内部的指标相关性（SDG12）。

8.3.2　SDGs 目标间的指标相关性

在 $p<0.05$ 的显著程度下，绘制了临沧市指标间的相互作用图（图 8-2），分析了临沧 SDGs 指标间的权衡协同关系。分析发现，临沧市目标间指标的互动关系整体呈现显著协同效应，协同关系占比（39.63%）显著高于权衡关系占比（5.49%）。基于指标间相关性结果，将其分为协同与权衡两类，绘制了目标间的协同与权衡网络图（图 8-3，点由小到大，线条由细到粗，颜色由浅至深，显示指标间相关性逐渐增强）。协同与权衡互动网络结果显示，指标间的度中心性、紧密中心性和特征向量中心性的指标排名较为一致，介数中心性与其他中心性指标的排序结果略有差异（表 8-2）。

SDG1（无贫穷）和 SDG3（良好健康与福祉）在临沧市可持续发展目标中协同关系明显（协同作用占比超过 55%，不显著占比不超过 40%）。协同网络中，SDG1.a.2［用于基本服务（教育、保健和社会保护）的开支在政府总开支中的比例］、SDG3.3.3（每 1000 人中的疟疾发生率）的度中心性、紧密中心性和特征向量中心性均较高，两指标与其他指标的协同效应占比达 60%以上，协同指标集中在 SDG1、SDG3、SDG4、SDG6、SDG7、SDG8、SDG9、SDG11 和 SDG17，少量权衡指标出现在 SDG2、SDG12、SDG13、SDG15 和 SDG16，权衡关系占比不足 3%。有效提升强协同性指标发展水平有助于促进区域可持续发展整体水平的提升，以 SDG1.a.2 为例，2010～2020 年临沧市政府的教育、医疗和社会保障支出呈增加趋势，增幅分别为 50.99%、27.74%和 18.37%，直接助力 SDG3、SDG4 和 SDG16 目标发展水平的提升。值得注意的是，尽管上述支出已大幅提升，但仍低于云南省同期平均水平，这主要受限于临沧市自身财政收入不足，需要通过转移支付等统筹方式进一步加大投入力度。

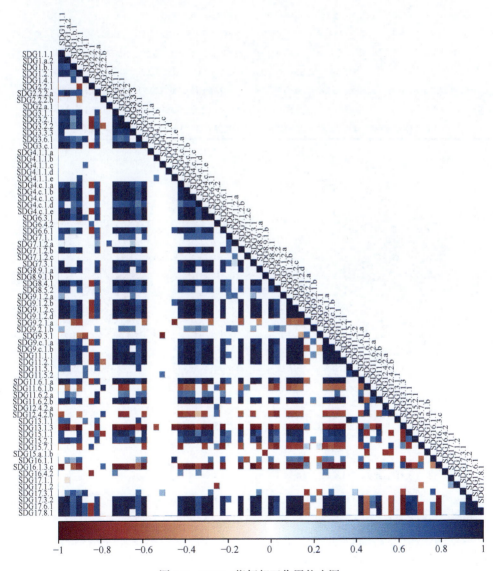

图 8-2　SDGs 指标相互作用热力图

表8-2　可持续发展整体网络的指标中心性排名

排序	协同关系				权衡关系			
	度中心性	紧密中心性	介数中心性	特征向量中心性	度中心性	紧密中心性	介数中心性	特征向量中心性
1	SDG1.a.2	SDG 1.a.2	SDG 7.1.2.a	SDG 1.a.2	SDG 13.1.3	SDG 17.1.2	SDG 13.1.3	SDG 13.1.3
2	SDG 9.c.1.a	SDG 7.1.1	SDG 7.1.1	SDG 9.c.1.b	SDG 16.1.3	SDG 6.4.2	SDG 16.1.3.c	SDG 16.1.3.c
3	SDG 8.9.1.a	SDG 9.c.1.a	SDG 2.a.1	SDG 7.1.2.b	SDG 2.2.1	SDG 13.1.3	SDG 12.4.2.b	SDG 2.2.1
4	SDG 9.c.1.b	SDG 8.9.1.a	SDG 9.2.1.a	SDG 3.3.3	SDG 12.4.2.b	SDG 16.1.3.c	SDG 15.a.1.b	SDG 15.7.1
5	SDG 7.1.2.b	SDG 9.c.1.b	SDG 13.1.3	SDG 8.9.1.a	SDG 15.7.1	SDG 3.2.1	SDG 2.2.1	SDG 12.4.2.b
6	SDG 3.3.3.	SDG 7.1.2.b	SDG 16.1.3.c	SDG 4.c.1.e	SDG 11.6.1.b	SDG 15.1.1	SDG 9.2.1.a	SDG 3.2.1
7	SDG 9.1.2.d	SDG 3.3.3	SDG 1.4.1	SDG 11.6.2.b	SDG 3.2.1	SDG 2.2.1	SDG 12.4.2.a	SDG 15.1.1
8	SDG 2.2.2.a	SDG 9.1.2.d	SDG 9.1.2.a	SDG 9.1.2.d	SDG 15.1.1	SDG 12.4.2.b	SDG 15.7.1	SDG 4.c.1.e
9	SDG 1.2.1	SDG 1.1.1	SDG 17.1.1	SDG 9.c.1.a	SDG 4.c.1.e	SDG 4.c.1.e	SDG 16.1.1	SDG 9.1.2.b
10	SDG 1.1.1	SDG 4.c.1.e	SDG 3.2.2	SDG 9.1.2.b	SDG 9.1.2.b	SDG 9.1.2.b	SDG 4.1.1.e	SDG 8.5.2

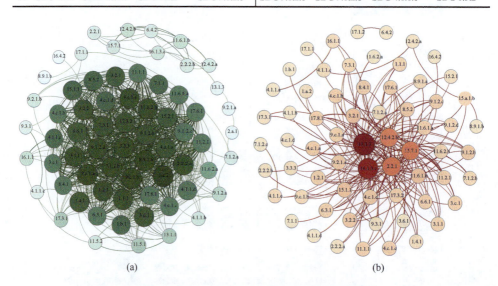

(a)　　　　　　　　　　　　　　(b)

图 8-3　SDGs 指标相互作用的社会网络分析图
（a）协同关系指标对；（b）权衡关系指标对

SDG2（零饥饿）、SDG4（优质教育）、SDG6（清洁饮水和卫生设施）、SDG7（经济适用的清洁能源）、SDG8（体面工作和经济增长）、SDG9（产业、创新和基础设施）、SDG11（可持续城市和社区）、SDG15（陆地生物）和SDG17（促进目标实现的伙伴关系）的协同作用显著大于权衡作用，但不显著的指标占比较高，均超过55%。在所有目标中，SDG12（负责任消费和生产）、SDG13（气候行动）

和 SDG16（和平、正义与强大机构）的权衡作用显著大于协同作用。SDG2（零饥饿）与 SDG15（陆地生物）整体的权衡作用不明显，但存在显著权衡指标。权衡网络中心的指标为 SDG2.2.1（5 岁以下儿童发育迟缓发病率）、SDG12.4.2.b（处理的危险废物的比率）、SDG13.1.3（依照国家减少灾害风险战略通过和执行地方减少灾害风险战略的地方政府比例）、SDG15.7.1（野生生物贸易中偷猎和非法贩运的比例）、SDG16.1.3（过去 12 个月内遭受性暴力的人口所占比例），上述各权衡指标的中心性指数均较高，各指标与其他指标的对应权衡关系占比分别为 40%、37.14%、62.86%、37.14% 和 52.86%，呈现高权衡性特征。权衡网络中心指标的发展趋势多背离目标进展方向，不利于其他目标的顺利实现，可通过一系列的政策和技术措施弱化其权衡属性（Moyer and Bohl，2019）。针对临沧 SDGs 重点权衡指标，建议通过加强有害废物处理、强化灾害信息预警覆盖率、增强野生动物保护宣传教育、增加儿童营养健康知识普及等措施来减弱指标权衡作用，促进可持续发展目标的实现。

8.4　维度内与维度间的相关性与优化

现有研究表明，目标间存在部分性和整体性的协同与权衡关系（王红帅和董战峰，2020）。分类研究可简化目标之间的复杂关系，改善部门间对可持续发展目标的管理，促进不同管理机构之间的相互协作（Fu et al.，2019）。对临沧市可持续发展指标互动网络分析发现，SDGs 互动网络的平均聚类系数为 0.721，平均路径长度为 1.825，表征网络具有较高易达性与小世界效应，可开展分类研究（Zhu et al.，2013）。本研究整理了目前现有的 SDGs 分类结果（表 8-3），结合欠发达山区发展的紧迫性与进展相对缓慢的现状，按照 Fu 等（2017）对于 17 个可持续发展目标的分类结果，从整体出发，重视各个目标在可持续发展中的地位，对应将临沧市的可持续发展目标分为基本需求（SDG2、SDG6、SDG7、SDG15）、预期目标（SDG1、SDG3、SDG4、SDG8、SDG16）和治理（SDG9、SDG11、SDG12、SDG13、SDG17）3 个维度。

基于临沧市基本需求维度、预期目标维度与治理维度 3 个维度内的指标相关性，绘制了三大维度内的社会网络图（图 8-4，点由小到大，颜色由浅至深，显示指标间相关性逐渐增强，红色线条为权衡作用，绿色线条为协同作用）。3 个维度内目标间指标的互动关系均呈现显著协同效应，同时均存在权衡指标。3 个维度的可持续发展目标均未完全实现，且维度内协同网络中心指标与目标间协同网络中心指标略有差异。

表 8-3　可持续发展目标分类的专家知识

序号	来源	分类数	分类及对应指标
1	Niestroy（2016）	4	人类福祉（SDG1、SDG3～5、SDG10、SDG16）、基础服务（SDG2、SDG6～9、SDG11～12）、自然环境（SDG13～15）、执行手段（SDG17）
2	Fu 等（2019）	3	基本需求（SDG2、SDG6～7、SDG14～15），预期目标（SDG1、SDG3～5、SDG8、SDG10、SDG16）和治理（SDG9、SDG11～13、SDG17）
3	United Nations（UN）（2015）	5	2030 年议程确立了五个支柱（"5 Ps"）：人（SDG1～7）、地球（SDG8～12）、繁荣（SDG13～15）和平（SDG 16）、伙伴关系（SDG 17）
4	Costanza 等（2016）	3	生活经济（SDG7～9、SDG11～12）；公平分布：保护繁荣的能力（SDG1～5、SDG10、SDG16～17）；可持续规模：留在行星边界内（SDG6、SDG13-15）
5	Folke 等（2016）	4	生态维度（SDG6、SDG13～15），社会维度（SDG1～5、SDG7、SDG11、SDG16），经济维度（SDG8～10、SDG12），管理维度（SDG17）
6	Elder 等（2016）	6	社会目标（SDG1、SDG3-5、SDG10）、资源（SDG2、SDG6～7）、经济（SDG8-9、SDG11-12）、环境（SDG13-15）、教育（SDG4）、管理（SDG16）
7	Kumar 等（2018）	3	自主目标（SDG5、SDG9～10、SDG12）、依赖目标（SDG1-3、SDG8、SDG11、SDG16～17）、独立目标（SDG4、SDG6～7、SDG13-15）

协同比例最高的为预期目标维度，维度内的协同指标对、权衡指标对比例分别为 49.74%和 4.59%。其协同指标主要出现在 SDG1（无贫穷）与 SDG3（良好健康与福祉），国内贫困人口比例（SDG1.2.1）、政府的基本服务开支比例（SDG1.a.2）与家庭可获得的基本服务（SDG1.4.1）、孕产妇死亡率（SDG3.1.1）与新生儿死亡率（SDG3.2.2）、旅游业收入占比（SDG8.9.1.a）处于维度内协同网络的中心位置（图 8-4），除整体网络显示的政府基本服务的保障与旅游业收入的协同作用外，脱贫、孕产妇与新生儿死亡率的度中心性、紧密中心性均较高，其实现对与其相连的预期目标维度指标的实现具有重要促进作用。

基本需求维度内的不显著指标较多，维度内的协同指标对、权衡指标对、不显著指标对比例分别为 24.22%、6.25%和 69.53%。维度内的协同指标主要出现在 SDG6（清洁饮水和卫生设施）、SDG7（经济适用的清洁能源）和 SDG15（陆地生物），水污染处理能力（SDG6.3.1）、电力普及率（SDG7.1.1）、太阳能及沼气等清洁能源普及率（SDG7.1.2）、森林面积占比（SDG15.1.1）等指标处于协同网络的中心位置，除整体网络显示的电力保障与能源结构优化的协同作用外，森林面积占比与水污染处理能力的度中心性、紧密中心性、特征向量中心性均较高，且

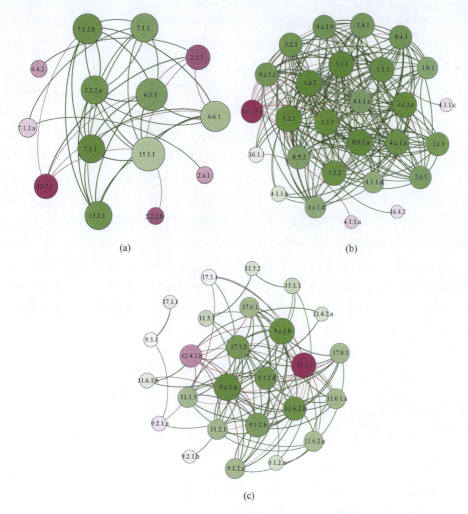

图 8-4　基本需求（a）、预期目标（b）和治理（c）3 个维度的社会网络图

森林面积占比的介数中心性也较高，显示区域丰富的森林资源可直接或间接促进基本需求维度内其他指标的实现，水污染处理能力与基本需求维度内其他指标的联系较为密切。已有研究也揭示生态系统的可持续发展是其他目标实现的基础（Wood et al.，2018），清洁水和卫生设施的实现可显著促进水和陆地生态系统的进展（Bhaduri et al.，2016），清洁能源的使用可保护陆地与水域的生态系统的稳定，改善健康生活与缓解气候变化（SDG3、SDG6、SDG13、SDG14、SDG15）（Zhu et al.，2013；McCollum et al.，2018）。

　　治理维度内的不显著指标也较多，维度内的协同指标对、权衡指标对、不显著指标对比例分别为 20.58%、7.41% 和 72.02%。维度内的协同指标主要出现在SDG9（产业、创新和基础设施），SDG9.c.1（移动网络所覆盖的人口比例，包括移动电话普及率、互联网宽带接入用户数）、SDG9.1.2.b（货运量）的度中心性、紧密中心性、特征向量中心性均较高，SDG9.2.1.a（制造业附加值占国内生产总值的比例）的介数中心性较高，显示与通信基础设施建设、交通运输能力相连的指标多为治理维度内的重要指标，其实现可促进维度内其他指标的实现。基础设施滞后是临沧市发展的一大短板，"十三五"期间的交通通信基础设施建设直接促进道路安全、公共交通与运输体系的完善，创造就业机会，促进可持续生计，减少贫困和饥饿，降低水资源和清洁能源的供给和管理的前期投资（SDG1、SDG2、SDG3、SDG6、SDG7、SDG8、SDG11）（UN-Habitat，2015；United Nations，2017；Bersaglio et al.，2021），除完善基础设施的建设外，临沧市同时鼓励企业加大创新技术改造，2020 年的规模以上工业中制造业增加值占地区生产总值的比率达到 9.8%，工业"制造"向"智造"的转变，作为桥梁促进经济和生态环境的可持续发展。

表 8-4　可持续发展维度内的指标中心性排名

类型	协同关系				权衡关系			
	度中心性	紧密中心性	介数中心性	特征向量中心性	度中心性	紧密中心性	介数中心性	特征向量中心性
基本需求	SDG15.1.1	SDG15.1.1	SDG15.1.1	SDG15.1.1	SDG15.7.1	SDG15.7.1	SDG2.2.1	SDG15.7.1
	SDG6.3.1	SDG6.3.1	SDG7.1.1	SDG6.3.1	SDG2.2.1	SDG2.2.1	SDG15.7.1	SDG2.2.1
	SDG7.1.2.b	SDG7.1.2.b	SDG2.2.1	SDG7.1.2.b	SDG2.2.2.b	SDG2.2.2.b	SDG2.2.2.b	SDG2.2.2.b
预期目标	SDG1.2.1	SDG1.2.1	SDG1.4.1	SDG1.2.1	SDG16.1.3.c	SDG16.1.3.c	SDG16.1.3.c	SDG16.1.3.c
	SDG3.1.1	SDG3.1.1	SDG3.2.2	SDG1.a.2	SDG4.1.1.a	SDG4.1.1.a	SDG4.1.1.a	SDG4.1.1.a
	SDG1.a.2	SDG1.a.2	SDG16.1.1	SDG8.9.1.a				
治理	SDG9.c.1.a	SDG9.c.1.a	SDG9.c.1.a	SDG9.c.1.a	SDG13.1.3	SDG13.1.3	SDG13.1.3	SDG13.1.3
	SDG9.c.1.b	SDG9.c.1.b	SDG9.2.1.a	SDG9.c.1.b	SDG12.4.2.b	SDG12.4.2.b	SDG9.2.1.a	SDG12.4.2.b
	SDG9.1.2.b	SDG9.1.2.b	SDG9.c.1.b	SDG9.1.2.b	SDG9.2.1.a	SDG9.2.1.a	SDG12.4.2.b	SDG9.2.1.a

　　基本需求、预期目标和治理 3 个维度间的指标互动关系均呈现显著协同效应，协同比例最高的也为预期目标维度，其与基本需求、治理维度内的指标的协同比例达 33.26% 和 35.58%，基本需求与治理维度的协同比例为 26.39%，两维度与其他维度间指标的不显著比例较高，均超过 55%。在维度间的具体协同

目标方面，预期目标高度协同的目标为基本需求维度的 SDG6、SDG7、SDG15
与管理维度的 SDG9、SDG11、SDG17，基本需求维度与预期目标维度的 SDG1、
SDG3、SDG4、SDG8 和管理维度的 SDG9、SDG11、SDG17 呈明显协同关系，
管理维度与预期目标的 SDG1、SDG3、SDG4、SDG8 和基本需求的 SDG6、
SDG7、SDG15 显著协同，维度间总体呈现协同作用的目标为 SDG1、SDG3、
SDG4、SDG6、SDG7、SDG8、SDG9、SDG11、SDG15 和 SDG17，维度间的
协同目标与目标间的协同关系较为一致。3 个维度内与维度间的权衡指标对的
比例均未超过 9%，与目标间的权衡指标一致，出现在基本需求维度的儿童营
养不良（SDG2.2.1）、野生动物非法贩卖（SDG15.7.1），预期目标维度的性暴
力事件（SDG16.1.3.c），治理维度的废物综合利用（SDG12.4.2.b）与政府防灾
预警能力（SDG13.1.3）。

8.5　结论与建议

8.5.1　SDGs 指标相关性结果

临沧市可持续发展指标间协同效应明显，协同占比（39.63%）显著高于权衡
占比（5.49%）。可持续发展各目标内指标基本呈现协同效应，权衡指标对仅出现
在 SDG15(陆地生物)，为 SDG15.1.1(森林面积占陆地总面积的比例)与 SDG15.7.1
(野生生物贸易中偷猎和非法贩运的比例)。可持续发展目标间，协同网络中心性
最高的指标为基本服务开支占比（SDG1.a.2）与疟疾发生率（SDG3.3.3），对应
SDG1（无贫穷）、SDG3（良好健康与福祉）；协同中心性较高的指标包括政府的
农业支出比例（SDG2.a.1）、电力保障（SDG7.1.1）、清洁能源普及（SDG7.1.2）、
旅游业发展（SDG8.9.1.a）及基础设施建设（SDG9.c.1、SDG9.1.2.d），对应 SDG2
（零饥饿）、SDG7（经济适用的清洁能源）、SDG8（体面工作和经济增长）、SDG9
（产业、创新和基础设施）；权衡网络中心性较高的指标为儿童营养（SDG2.2.1）、
有害废物处理（SDG12.4.2.b）、灾害预防（SDG13.1.3）、野生生物贸易中偷猎和
非法贩运的比例（SDG15.7.1）、性暴力事件（SDG16.1.3.c），分布在 SDG2（零饥
饿）、SDG12（负责任消费和生产）、SDG13（气候行动）、SDG15（陆地生物）和
SDG16（和平、正义与强大机构）。

临沧市基本需求、预期目标和治理 3 个维度内与维度间也呈现显著协同效

应，预期目标维度的协同比例最高，其与基本需求、治理维度内的指标的协同比例达 33.26%和 35.58%。维度内协同网络的中心指标与整体网络略有差异，基本需求维度的水污染处理能力（SDG6.3.1）、森林面积占比（SDG15.1.1）的协同中心性也较高，对应 SDG6（清洁饮水和卫生设施）、SDG15（陆地生物）。3 个维度均存在权衡指标，维度内的权衡指标与整体网络较为一致。

8.5.2 SDGs 指标相互作用的政策响应

政策是调节指标关系的重要措施，协同中心性较高的指标多为政策覆盖的指标，协同指标多朝着目标实现方向且取得明显进展（Fader et al.，2018；Kroll et al.，2019；Peters and Peters，2021；Singh et al.，2021）。回顾临沧市 2010~2020 年的相关政策发现，政府高度重视脱贫、基础设施建设、水资源管理与生物多样性保护，并结合资源禀赋，制定了打造全省乃至全国一流的"绿色能源""绿色食品""健康生活目的地"的绿色高质量发展战略，与政策对应的脱贫（SDG1）、粮食安全（SDG2）、医疗（SDG3）、水安全（SDG6）、清洁能源（SDG7）、旅游发展（SDG8）、基础设施（SDG9）与生物多样性（SDG15）等指标均朝着目标实现方向且取得明显进展。

参考贝斯塔曼基金会与联合国可持续发展解决方案网络（sustainable development solutions network，SDSN）于 2017 年发布的报告《SDGs 指数和指示板》《中国落实 2030 年可持续发展议程国别方案》，以及世界、中国、云南省平均水平综合评估和多元评估等方法，临沧市 51 个指标中有 28 个指标已实现或有望实现，13 个指标已取得进展、但不足以实现。临沧市属于经济欠发达地区，财政收入较低，尽管政府高度重视，但可用于可持续发展的经费总量有限。在资金约束背景下，建议优先实施有助于巩固拓展山地区域脱贫攻坚成果、持续提升区域医疗健康水平的相关政策，促进协同性较高的 SDG1（无贫穷）、SDG3（良好健康与福祉）目标率先实现，同时加大对陆地和水生生态系统保护的关注、加强提升协同中心性较高的指标的发展水平，充分发挥上述目标、指标的协同效应，提升临沧可持续发展水平，探索欠发达山区可持续发展的临沧模式，可为我国西南地区及南亚、东南亚类似区域的可持续发展提供借鉴。

8.5.3 SDGs 指标相关性与现有文献对比

临沧市 SDG1（无贫穷）和 SDG3（良好健康与福祉）的协同互动最为突出，

欠发达区域消除极端贫困和相对贫困的政策有助于促进可持续发展目标进展的良性循环（Pradhan et al., 2017; Kroll et al., 2019），低收入、低社会地位、低受教育程度与非传染性疾病之间存在正相关，SDG3 的实现将有效降低传染性疾病与健康不平等，是可持续发展目标实现的关键驱动因素（Niessen et al., 2018），Sachs（2012）指出消除贫困和健康 2 个目标的协同与其千年发展目标期间的进展有关，临沧市两目标的协同作用可能与政策倾向下目标取得的进展有关，反映脱贫与医疗保障是提高人类幸福感的重要政策，欠发达山区的脱贫与医疗等社会保障体系的不断完善可促进其他目标的实现；SDG12（负责任消费和生产）、SDG13（气候行动）的权衡互动最为明显，不当的气候行动将加剧贫困与不平等，造成社会和经济的倒退（Jokhio et al., 2005），最大限度地减少与 SDG12 的权衡是助力 2030年可持续发展议程实现的最有效措施（Pradhan et al., 2017），与全球其他区域的研究结果较为一致（Jokhio et al., 2005; Hogan et al., 2010）。水安全（SDG6.3.1）、清洁能源的普及（SDG7.1.1 和 SDG7.1.2）、旅游发展（SDG8.9.1.a）与森林可持续管理（SDG15.2.1）的协同效应也得到文献证实（United Nations（UN），2015; World Tourism Organization, 2015; Bhaduri et al., 2016; Fuso et al., 2018; McCollum et al., 2018; Wood et al., 2018）。

山区因其自然地理条件与资源禀赋的特殊性，与全球可持续发展指标间互动结果略有差异。在目标内，Pradhan 等（2017）发现权衡指标出现在 SDG7 的用电普及率与不可再生能源的使用比例增长、SDG8 的人均国内生产总值与物质足迹均存在权衡，临沧市的权衡指标出现在 SDG15（陆地生物），因区域可再生能源富集，非化石能源消费量占能源消费总量比重稳定在 60%以上，但区域生物多样性丰富，野生动物非法贩卖的风险较高，因而目标内权衡指标略有差异；在目标间，临沧市的农业投资（SDG2.a.1）与基础设施建设（SDG9.c.1 和 SDG9.1.2.d）显著促进其他目标的实现，已有研究显示交通通信基础设施建设将促进 SDG1、SDG2、SDG3、SDG6、SDG7、SDG8、SDG11 的实现，电力与移动网络的普及可确保人类的基本物质需求与人权，农业发展可提高农业生产率与资源效率，同时，基础设施的发展与粮食生产在温室气体排放、生物多样性丧失、土壤污染、健康之间存在潜在权衡关系（Arrow et al., 2004; Sachs, 2012; EIder et al., 2016; 鄢和琳和包维楷，2021; Cinderby et al., 2021），临沧市属于欠发达山区，交通基础设施建设可缓解制约社会经济发展的瓶颈，发展茶叶、坚果、甘蔗等特色农产品具有区域优势，且区域多为绿色食品，可大幅降低食品生产过程中伴随的权衡作用。

8.5.4 SDGs 指标相关性研究的数据与方法局限性

数据短缺是可持续发展目标相互作用定量评估的主要问题（Fuso et al.，2019；Marcinko et al.，2021）。本研究通过多方努力收集了 2010～2020 年的 51 个 SDGs 指标数据，数据类型包括统计数据、监测数据、调查数据及遥感数据，但仍存在序列数据较短，目标间数据有偏性及不足，导致部分指标间呈现不显著关系等缺陷。针对市级小尺度数据不足问题，研究团队与统计和相关部门开展协作，争取将本地化的替代指标纳入统计范畴，形成长期稳定的数据来源，并在之后工作中进一步融合多源数据，提高数据的空间精度和时间范围，提供更为详细和精确的 SDGs 间互动关系。

研究方法方面，数理方法可判断目标间的影响程度，机理方法可识别目标间的因果关系，是数理方法的良好补充（Singh et al.，2018；Breu et al.，2021）。本研究针对统计学方法（数理方法）仅依赖数据变动趋势的不足，补充了区域相应 SDGs 指标进展情况评估结果与已有文献的研究结论，提高了研究结果的可信度。下一步将基于已有文献与利益相关者专家知识，进一步加强区域可持续发展指标间权衡、协同的因果分析和反馈机制研究，从而为区域可持续发展目标优先实施顺序的制定提出针对性的政策建议，促进可持续发展目标及 2030 年可持续发展议程的实现。

参 考 文 献

方精云, 沈泽昊, 崔海亭. 2004. 试论山地的生态特征及山地生态学的研究内容. 生物多样性, 12(1): 10-19.

郭彩玲. 2006. 我国山地旅游资源特征及可持续开发利用对策探讨. 地域研究与开发, 25(3): 56-59.

胡霞. 2007. 关于日本山区半山区农业直接补贴政策的考察与分析. 中国农村经济 (6): 71-80.

刘军. 2004. 社会网络分析导论. 北京: 社会科学文献出版社.

刘军. 2009. 整体网分析讲义: UCINET 软件实用指南. 上海: 格致出版社.

唐磊(Lei Tang)等. 2012. 社会计算: 社区发现和社会媒体挖掘. 文益民, 闭应洲译. 北京: 机械工业出版社.

汪小帆, 李翔, 陈关荣. 2012. 网络科学导论. 北京: 高等教育出版社.

王红帅, 董战峰. 2020. 联合国可持续发展目标的评估与落实研究最新进展——目标关系的视角. 中国环境管理, 12(6): 88-94.

魏彦强, 李新, 高峰, 等. 2018. 联合国 2030 年可持续发展目标框架及中国应对策略. 地球科学进展, 33(10): 1084-1093.

许月卿. 2007. 喀斯特山区生态经济区划及生态建设研究——以贵州省猫跳河流域为例. 中国农业资源与区划, (6): 31-34.

鄢和琳, 包维楷. 2001. 川西山地生态旅游开发及其持续发展初步研究. 自然资源学报, 16(6): 557-561.

Alcamo J, Thompson J, Alexander A, et al. 2020. Analysing interactions among the sustainable development goals: findings and emerging issues from local and global studies. Sustainability Science, 15(6): 1561-1572.

Anson M J P, Fabozzi F J, Jones F J. 2010. The handbook of traditional and alternative investment vehicles: investment characteristics and strategies. New York: John Wiley & Sons.

Arrow K J, Panosian C, Gelband H, et al. 2004. Saving lives, buying time: economics of malaria drugs in an age of resistance. Institute of Medicine. Committee on the Economics of Antimalarial Drugs. Washington DC: National Academies Press.

Baffoe G, Zhou X, Moinuddin M, et al. 2021. Urban–rural linkages: effective solutions for achieving sustainable development in Ghana from an SDG interlinkage perspective. Sustainability Science, 16(4): 1341-1362.

Bersaglio B, Enns C, Karmushu R, et al. 2021. How development corridors interact with the Sustainable Development Goals in East Africa. International Development Planning Review, 43(2): 231-256.

Bhaduri A, Bogardi J, Siddiqi A, et al. 2016. Achieving sustainable development goals from a water perspective. Frontiers in Environmental Science, 4: 64.

Breu T, Bergöö M, Ebneter L, et al. 2021. Where to begin? Defining national strategies for implementing the 2030 Agenda: the case of Switzerland. Sustainability science, 16(1): 183-201.

Chan E. 2009. Harvard Business School Confidential: Secrets of Success. New York: John Wiley & Sons.

Cinderby S, De Bruin A, Cambridge H, et al. 2021. Transforming urban planning processes and outcomes through creative methods. Ambio, 50(5): 1018-1034.

Costanza R, Floramonti L, Kubiszewski I. 2016. The UN sustainable development goals and the dynamics of well-being. Frontiers in Ecology and the Environment, 14 (2): 59.

Dolley J, Marshall F, Butcher B, et al. 2020. Analysing trade-offs and synergies between SDGs for urban development, food security and poverty alleviation in rapidly changing peri-urban areas: a tool to support inclusive urban planning. Sustainability Science, 15(6): 1601-1619.

Elder M, Bengtsson M, Akenji L. 2016. An optimistic analysis of the means of implementation for sustainable development goals: Thinking about goals as means. Sustainability, 8(9): 962.

Fader M, Cranmer C, Lawford R, et al. 2018. Toward an understanding of synergies and trade-offs between water, energy, and food SDG targets. Frontiers in Environmental Science, 6: 112.

Folke C, Biggs R, Norströ M A V, et al. 2016. Social-ecological resilience and biosphere-based sustainability science. Ecology and Society, 21(3): 41.

Fu B J, Wang S, Zhang J Z, et al. 2019. Unravelling the complexity in achieving the 17 sustainable-development goals. National Science Review, 6(3): 386-388.

Fuso N F, Sovacool B, Hughes N, et al. 2019. Connecting climate action with other Sustainable Development Goals. Nature Sustainability, 2(8): 674-680.

Fuso N F, Tomei J, To L S, et al. 2018. Mapping synergies and trade-offs between energy and the Sustainable Development Goals. Nature Energy, 3(1): 10-15.

Gil J D B, Daioglou V, van Ittersum M, et al. 2019. Reconciling global sustainability targets and local action for food production and climate change mitigation. Global Environmental Change, 59: 101983.

Griggs D J, Nilsson M, Stevance A, et al. 2017. A guide to SDG interactions: from science to implementation. Paris: International Council for Science.

Hauke J, Kossowski T. 2011. Comparison of values of Pearson's and Spearman's correlation coefficient on the same sets of data. Quaestiones geographicae, 30(2): 87-93.

Hegre H, Petrova K, von Uexkull N. 2020. Synergies and trade-offs in reaching the sustainable development goals. Sustainability, 12(20): 8729.

Hogan M C, Foreman K J, Naghavi M, et al. 2010. Maternal mortality for 181 countries, 1980–2008: a systematic analysis of progress towards Millennium Development Goal 5. The lancet, 375(9726): 1609-1623.

Independent Group of Scientists Appointed by the Secretary General. 2019. Global sustainable development report 2019: the future is now–science for achieving sustainable development.

Jokhio A H, Winter H R, Cheng K K. 2005. An intervention involving traditional birth attendants and perinatal and maternal mortality in Pakistan. New England Journal of Medicine, 352(20): 2091-2099.

Kroll C, Warchold A, Pradhan P. 2019. Sustainable Development Goals (SDGs): Are we successful in turning trade-offs into synergies? Palgrave Communications, 5(1): 1-11.

Kumar P, Ahmed F, Singh R K, et al. 2018. Determination of hierarchical relationships among sustainable development goals using interpretive structural modeling. Environment, Development and Sustainability, 20(5): 2119-2137.

Le Blanc D. 2015. Towards integration at last? The sustainable development goals as a network of targets. Sustainable Development, 23(3): 176-187.

Li Y R, Zhang X, Cao Z, et al. 2021. Towards the progress of ecological restoration and economic development in China's Loess Plateau and strategy for more sustainable development. Science of the Total Environment, 756: 143676.

Lieberman A. 2019. UN forum reveals continued disconnect between SDGs and local work. Devex report.

Marcinko C, Nicholls R, Daw T, et al. 2021. The Development of a Framework for the Integrated Assessment of SDG Trade-Offs in the Sundarban Biosphere Reserve. Water, 13(4): 528.

McCollum D L, Echeverri L G, Busch S, et al. 2018. Connecting the sustainable development goals by their energy inter-linkages. Environmental Research Letters, 13(3): 033006.

Moyer J D, Bohl D K. 2019. Alternative pathways to human development: Assessing trade-offs and synergies in achieving the Sustainable Development Goals. Futures, 105: 199-210.

Niessen L W, Mohan D, Akuoku J K, et al. 2018. Tackling socioeconomic inequalities and non-communicable diseases in low-income and middle-income countries under the Sustainable Development agenda. The Lancet, 391(10134): 2036-2046.

Niestroy I. 2016. How are we getting ready. Bonn: German Development Institute/Deutsches Institut für Entwicklungspolitik.

Nilsson M, Griggs D, Visbeck M. 2016. Policy: map the interactions between Sustainable Development Goals. Nature News, 534(7607): 320-322.

Nyamekye C, Kwofie S, Ghansah B, et al. 2020. Assessing urban growth in Ghana using machine learning and intensity analysis: A case study of the New Juaben Municipality. Land Use Policy, 99: 105057.

Peters K, Peters L E R. 2021. Terra incognita: the contribution of disaster risk reduction in unpacking the sustainability–peace nexus. Sustainability Science, 16(4): 1173-1184.

Pradhan P, Costa L, Rybski D, et al. 2017. A systematic study of sustainable development goal (SDG) interactions. Earth's Future, 5(11): 1169-1179.

Sachs J D. 2012. From millennium development goals to sustainable development goals. The lancet, 379(9832): 2206-2211.

Sebestyén V, Bulla M, Rédey Á, et al. 2019. Network model-based analysis of the goals, targets and indicators of sustainable development for strategic environmental assessment. Journal of environmental management, 238: 126-135.

Singh G G, Cisneros-Montemayor A M, Swartz W, et al. 2018. A rapid assessment of co-benefits and trade-offs among Sustainable Development Goals. Marine Policy, 93: 223-231.

Singh G G, Oduber M, Cisneros-Montemayor A M, et al. 2021. Aiding Ocean development planning with SDG relationships in Small Island Developing States. Nature Sustainability, 4(7): 573-582.

Stafford S M, Griggs D, Gaffney O, et al. 2017. Integration: the key to implementing the Sustainable Development Goals. Sustainability science, 12(6): 911-919.

United Nations (UN). 2015. Transforming our World: The 2030 Agenda for Sustainable Development. New York: Division for Sustainable Development Goals.

United Nations (UN) . 2017. High-level political forum on sustainable development. thematic review of SDG-9: build resilient infrastructure, promote inclusive and sustainable industrialisation and foster innovation.

United Nations(UN). 2021. International year of sustainable mountain development, 2022. New York: United Nations.

United Nations Human Settlements Programme, United Nations Environment Programme, Partnership on Sustainable, Low Carbon Transport. 2015.Analysis of the Transport Relevant of Each of the 17 SDGs. Nairobi: UN-Habitat.

Weitz N, Carlsen H, Nilsson M, et al. 2018. Towards systemic and contextual priority setting for implementing the 2030 Agenda. Sustainability science, 13(2): 531-548.

Wood S L R, Jones S K, Johnson J A, et al. 2018. Distilling the role of ecosystem services in the Sustainable Development Goals. Ecosystem Services, 29: 70-82.

World Tourism Organization (UNWTO). 2015. Tourism and the Sustainable Development Goals. Madrid: World Tourism Organization (UNWTO).

Zhou X, Moinuddin M, Xu Z. 2017. Sustainable Development Goals Interlinkages and Network Analysis: A practical tool for SDG integration and policy coherence. Kanagawa: Institute for Global Environmental Strategies (IGES).

Zhu D, Wang D, Hassan S U, et al. 2013. Small-world phenomenon of keywords network based on complex network. Scientometrics, 97(2): 435-442.

第 9 章　贫困对欠发达山区可持续发展目标的影响

可持续发展目标之间的协同和权衡影响着可持续发展的最终实现，了解可持续发展目标之间的相互作用是实现可持续发展目标的关键。消除贫困作为可持续发展目标的首要目标，对可持续发展的影响是全方位的。然而，贫困如何影响可持续发展目标之间不断变化的协同和权衡关系仍有待探索。鉴于此，以中国典型欠发达山区为研究区域，计算可持续发展目标指数和多维贫困指数，分析可持续发展目标之间的协同和权衡效应，并进一步实证探究贫困对差异性群体可持续发展的异质性影响和对可持续发展目标间协同与权衡关系的作用机制，以便为其他欠发达山区的可持续发展提供决策参考。

9.1　研究进展与分析视角

可持续发展目标（sustainable development goals，SDGs）是联合国（United Nations，UN）设定的 17 个全球发展目标，旨在从 2015 年到 2030 年间以综合方式解决社会、经济和环境的发展问题（United Nations，2015）。在 2000 年通过的千年发展目标的基础上，可持续发展目标覆盖范围更加广泛（Nilsson et al.，2016），包括解决不平等、经济增长、体面工作、可持续城市和社区、工业化、海洋、生态系统、能源、气候变化、可持续消费和生产，以及和平与正义等方面的问题（Schmidt et al.，2017；Zhenmin and Espinosa，2019；Blasi et al.，2022）。这一系列可衡量的目标旨在指导和追踪全球和各个国家实现可持续发展的努力。

2030 年可持续发展议程将 17 个可持续发展目标视为相互关联的（Van Soest et al.，2019），这意味着一个目标的进展与其他目标的发展状况息息相关（Miola et al.，2019；Anderson et al.，2021）。此外，研究表明，不同可持续发展目标之间存在复杂的相互反馈关系，包括协同（优势）和权衡（劣势）效应（Le Blanc，

2015；Zhang et al.，2022）。Kroll 等（2019）预测了 2030 年之前可持续发展目标的发展趋势和相互作用，分析了目标之间的权衡和协同关系。Wu 等（2022）以 166 个国家的 SDGs 数据库为例，使用相关网络方法分析了 SDGs 之间的相互作用，发现在低可持续性水平和高可持续性水平下，SDGs 之间存在更强的正相关和负相关；然而，在中等水平上，它们聚集成更孤立的积极关联组。除了关注整个可持续发展目标网络及它们之间的权衡和协同作用外，研究人员还旨在探索某些目标与其他目标或影响因素之间的关系。De Neve 和 Sachs（2020）探索了可持续发展目标成就与主观幸福感之间的联系，并发现在大多数情况下，SDGs 之间存在很强的正相关关系；然而，SDG12（负责任的生产和消费）和 SDG13（气候行动）与福祉呈负相关，这表明可持续发展可能存在一些短期权衡。Wang 等（2022）发现，清洁水相关的可持续发展目标（SDGs 6 和 SDGs 14）与其他 SDGs 之间存在 319 种相互作用，其中 286 种为正相互作用（协同），33 种为负相互作用（权衡）。

　　了解可持续发展目标之间的相互作用是实现可持续发展目标的关键（Bennich et al.，2020）。虽然研究证实可持续发展目标之间存在相互作用，但这种相互作用的具体机制需要进一步研究（Nilsson et al.，2018）。实现可持续发展目标可以促进全球可持续性，确保福祉、经济繁荣和环境保护（Clough et al.，2019；Sebestyén et al.，2019；Xu et al.，2020），因此，所有可持续发展目标都需要得到充分发展（Sachs et al.，2019；Blicharska et al.，2021），实现这些目标在很大程度上取决于能否充分利用协同效应并避免权衡取舍（Moyer and Bohl，2019）。在一定程度上，如何利用 SDGs 间协同效应并避免权衡对规划者和政策制定者构成了挑战（Caiado et al.，2018；Pedercini et al.，2019）。

　　消除贫困是人类社会的共同目标（Vosti and Reardon，1997）。联合国的 2030 年可持续发展议程和相应的可持续发展目标将减贫作为重中之重，旨在最终在全世界消除贫穷（United Nations，2015）。目前，超过 8 亿人每天的生活费不足 1.25 美元，发展中地区 1/5 人口的生活水平与此相似，数百万人的收入勉强超过这一水平，许多人面临着重新陷入贫困的风险（World Bank，2020）。此外，新冠肺炎疫情的冲击有可能逆转几十年来在消除贫穷方面取得的进展（Naidoo and Fisher，2020；Ge et al.，2022），这进一步阻碍了可持续发展目标的实现（Qadeer et al.，2022）。消除贫穷与其他大多数可持续发展目标具有很强的协同效应，并与其他目标的进展密切相关（Jolliffe and Prydz，2016）。

　　调查贫穷如何影响可持续发展目标之间的协同和权衡，并探索实现协同效应的方法，已成为重要的研究问题（Griggs et al.，2017；Messerli et al.，2019；Di Lucia et al.，2022）。Pradhan 等（2017）使用官方可持续发展目标指标数据分析了 227 个国家的可持续发展目标相互作用；他们发现，消除贫困（SDG1）与大多数其他目标具有协同作用，特别是 SDG3（健康福祉）、SDG4（优质教育）、SDG5（性别平等）、SDG6（清洁水和卫生设施）和 SDG10（缩小差距）。Lusseau 和 Mancini（2019）使用不同收入水平国家的可持续发展目标指标的全球时间序列来估计可持续发展目标相互作用网络，他们发现专注于减轻贫困和减少不平等将对所有其他可持续发展目标产生积极影响。Campagnolo 和 Davide（2019）提供了一项事前评估，即根据《巴黎协定》提交的国家自主贡献（nationally determined contributions，NDCs）将对无贫穷（SDG1）和减少不平等（SDG10）的可持续发展目标产生影响。Soergel 等（2021）使用综合动态测量（IAM）框架评估 SDG 1（无贫困）和 SDG 13（气候行动）之间的潜在权衡，并探索了减轻这种权衡的方法。Bruckner 等（2022）利用全球支出数据计算了不同国家的人均碳足迹，发现实现可持续发展目标 1（无贫困）将使超过 10 亿人摆脱贫困，而排放量仅增加 1.6%~2.1%，从而能够继续朝着气候目标迈进。贫穷几乎对实现所有可持续发展目标构成威胁（Fuso et al.，2019）。在这一点上，旨在减少贫穷的政策可能对实现所有可持续发展目标产生积极和持久的影响（Griggs et al.，2014）。

关于可持续发展目标之间的权衡和协同效应的研究已经非常丰富，一些研究者已经注意到贫困在实现可持续发展目标过程中的重要作用。然而，以下研究空白仍有待补充：首先，研究者们已经认识到贫困阻碍了可持续发展目标的发展，但需要进一步的定量研究来分析不同可持续发展目标之间的不同影响和动态变化；其次，大多数研究关注的是贫困与具体可持续发展目标之间的正相关和负相关关系，很少有研究考虑到贫困群体及其不同特征，事实上他们才是可持续政策实践的关键参与者；最后，现有研究并未明确贫困对可持续发展目标之间权衡和协同效应的具体和动态影响，这值得进一步研究。

考虑到消除贫穷在可持续发展目标中的核心作用，此研究的目的是帮助更好地理解贫困对可持续发展目标之间的协同和权衡作用的影响，以及贫困对不同贫困群体的可持续发展目标发展的异质性影响，这些影响可能会阻碍消除贫穷的努力。换句话说，此研究旨在探讨贫困的作用，以及贫困如何成为欠发达地区实施可持续发展目标的核心障碍。云南省临沧市是中国典型的欠发达地区。以临沧市为研究区域，采用定性与定量相结合的方法，测算可持续发展目标指数（SDG Index）和多维贫困指数（multidimensional poverty index，MPI），并对可持续发展目标之间的协同和权衡效应进行评价。我们进一步分析了贫困对不同群体的异质性影响，以及可持续发展目标指标之间的协同和权衡效应机制。在此基础上，我们提出了减轻贫困对实现可持续发展目标影响的措施。

本研究的主要贡献可概括为以下三点：①对研究区 16 个目标中的 91 个指标（58 个可持续发展目标指标和 33 个地方化指标）进行了评估（由于研究区不是沿海地区，排除了 SDG14），构建了中国市级可持续发展目标指标评价框架。这是对现有可持续发展目标研究的补充和扩展。②定量评价了贫困对研究区不同贫困群体 SDG 指数的异质性效应，这对可持续发展相关理论和政策，以及制定针对不同贫困群体的具体减贫措施具有重要意义。③本研究也首次探讨了贫困对 SDGs 之间协同和权衡效应的影响，证实了贫困会抑制协同效应并放大权衡取舍。研究发现贫困对某些 SDGs 之间的关系具有颠覆性影响，即将协同效应转化为权衡取舍。

9.2　数据与方法

9.2.1　数据来源

通过参考 SDGs 标准数据库，并结合研究区域的实际情况和数据可用性，本研究评估了 16 个目标的 91 个指标（58 个 SDGs 指标和 33 个本地化指标）。91 项指标数据及贫困相关数据来源于《临沧市统计年鉴》《临沧市水资源公报》《临沧市国民经济和社会发展统计公报》《地球大数据支撑的临沧市 SDGs 进展评估报告》、临沧市贫困家庭官方统计资料及政府部门提供的信息。通过数据收集、分类、计算、评价，以及补充研究，完成了临沧市 2013～2020 年 16 个 SDG 指数计算与农户 MPI 测算。

9.2.2　研究方法

1. 数据标准化与指标赋权

在多指标评价体系中，由于评价指标的性质不同通常具有不同的量纲和数量级。当各指标间的水平相差很大时，如果直接用原始指标值进行分析，就会突出数值较高的指标在综合分析中的作用，削弱数值较低的指标的作用。因此，为了保证结果的可靠性，需要对原始数据进行标准化处理。本研究所有数据均采用 Min–Max 标准化方法，以使随后计算的 SDG 指数在不同目标之间具有可比性。Min–Max 标准化是指对原始数据进行线性变换，将值映射到[0, 1]之间（Jain et al., 2018）。最大值 1 并不意味着 SDGs 目标已经实现。标准化值越接近 1，该指标衡量的发展水平就越高。标准化公式为

$$x^* = \frac{x_i - \min x_i}{\max x_i - \min x_i} \tag{9-1}$$

式中，x_i 为评价指标原始数据，x^* 为标准化的各指标数据，$\max x_i$ 和 $\min x_i$ 为指标的最大值和最小值。

在计算 MPI 与 SDG 指数过程中，本研究采用熵权法对各指标进行赋权（Wu and Zhang, 2011）。熵权法是一种客观赋权方法，其基本思路是根据指标变异性的大小来确定客观权重。其依据的原理是：指标的变异程度越小，所反映的信息量也越少，其对应的权值也应该越低（Kumar et al., 2021）。计算步骤如下：

假设有 n 个要评价的对象，m 个评价指标构成的矩阵 X_{nm}，对 X_{nm} 中数据 x_{ij} 进行标准化，标准化后的矩阵记为 Z_{ij}，其中的每一个元素：

$$Z_{ij} = x_{ij} \bigg/ \sqrt{\sum_{i=1}^{n} x_{ij}^2} \tag{9-2}$$

计算第 j 项指标下第 i 个样本所占的比重，并将其看作相对熵计算中用到的概率 P，概率矩阵 P_{ij} 中的每一个元素如下：

$$P_{ij} = Z_{ij} \bigg/ \sum_{i=1}^{n} Z_{ij} \tag{9-3}$$

计算每个指标的信息熵和信息效用值，并归一化得到每个指标的熵权。对第 j 个指标而言，其信息熵 e_j 的计算公式为

$$e_j = -\frac{1}{\ln n} \sum_{i=1}^{n} P_{ij} \ln\left(P_{ij}\right) \tag{9-4}$$

e_j 越大，则第 j 个指标的信息熵越大，其对应的信息量越小。定义信息效用值 d_j，计算公式如下：

$$d_j = 1 - e_j \tag{9-5}$$

将信息效用值归一化，得到每个指标的熵权：

$$a_j = d_j \bigg/ \sum_{j=1}^{m} d_j \tag{9-6}$$

2. Spearman 相关系数

Spearman 相关系数用于评估两个变量之间的关联强度。它被广泛用于识别两个变量之间超越线性相关的一般关系。与 Pearson 相关系数不同，Spearman 的相关系数可以捕捉变量之间的非线性相关性，它不要求数据为正态分布，并且对异常值不太敏感（Hauke and Kossowski，2011）。因此，我们使用 Spearman 相关系数来分析 SDGs 之间的关系。

Spearman 相关系数值（ρ）大于 0.6 表示两个可持续发展目标之间的协同作用（正相关，其中一个目标的进展促进了另一个目标的进展），小于–0.6 表示两个可持续发展目标之间的权衡（负相关，其中一个目标的进展阻碍了另一个目标的进展）（Pradhan et al.，2017）。Hauke 和 Kossowski（2011）建议避免过度解释 Spearman 相关系数作为两个变量之间关联强度的度量，因此–0.6 和 0.6 之间的 ρ 未分类，表明两个目标之间协同或权衡关系不明确。本研究将协同效应（$\rho>0.6$）进一步细分为弱协同效应（$0.6<\rho<0.7$）、一般协同效应（$0.7<\rho<0.8$）和强协同效应（$\rho>0.8$）；权衡效应（$\rho<-0.6$）又分为弱权衡（$-0.7<\rho<-0.6$）、一般权衡（$-0.8<\rho<-0.7$）和强权衡（$\rho<-0.8$）。

3. 结构方程模型（Structural Equation Modeling，SEM）

本研究使用结构方程模型探究贫困对 SDGs 的影响（Rosseel，2012）。结构方程模型为观察和处理难以直接观察的潜在变量提供了分析工具，相较于传统的回归分析方法，它具有能处理多个因变量、考虑测量误差影响等优势，适用于处理由一系列潜在变量构成可测变量的多因素多结果问题（Henseler et al.，2015）。具体模型如下：

$$y = \alpha + \beta y + \Gamma x + \xi \tag{9-7}$$

式中，y 是内生变量，x 是外生潜变量，β 是内生变量之间的相关系数矩阵，Γ 是外生潜在变量对内生变量的影响系数矩阵，ξ 是残差矩阵。

9.3　多维贫困评估

9.3.1　多维贫困指数（MPI）测算

我们使用 Alkire–Foster 模型（Alkire and Santos，2014）对临沧市农户进行多

维贫困测算。首先，我们构建了一个多维贫困评价指标体系，如表 9-1 所示。在指标选取过程中，结合已有研究（Zeng et al.，2021；Vollmer and Alkire，2022），综合考虑临沧市不同地区的贫困状况，选取了经济保障、健康状况、教育水平、生活条件和社会保障 5 个维度的 10 个指标。其次，我们确定了每个指标的贫困剥夺阈值 k。贫困剥夺阈值是在多维贫困条件下判断一个家庭是否贫困的标准。当一个家庭没有达到一个指标的阈值时，该家庭在该指标上被视为贫困，并被赋予 1 的值；否则为 0。然后，采用熵权法确定各维度及各指标的权重，并对其合理性进行检验判断。最后，基于确定的各指标权重和多维贫困阈值 k，计算出每个家庭的多维贫困得分。主要计算多维贫困发生率（H）和多维贫困强度指数（A），H 与 A 的乘积为 MPI 值。公式如下：

$$H = q/n \tag{9-8}$$

$$A = \sum_1^q W_i C / q \tag{9-9}$$

$$\mathrm{MPI} = H \times A \tag{9-10}$$

式中，q 为多维贫困状态下的人口数量；n 为研究对象的总人口数；W_i 为维度上的权重系数，其中有 $\sum_1^n W_i = 1$；C 为多维贫困人口剥夺分值经过加权后的总数值。

表 9-1 多维贫困衡量指标体系和赋权

维度	指标	剥夺临界值	权重
经济安全	人均收入	如果家庭的人均收入低于年绝对收入贫困线，则值为 1，否则值为 0	0.1752
	人均现金和存款	如果家庭的人均现金和存款低于年绝对收入贫困线的 25%，则值为 1，否则值为 0	0.1597
健康状况	日常表现	在户外活动、用餐、购物、清洁和卫生等日常活动中，只要家庭成员不能独立进行其中一项活动，就被视为剥夺了进行日常活动的能力，值为 1，否则值为 0	0.0925
	慢性病	过去一年中患有慢性病的家庭成员，值为 1，否则值为 0	0.0798
教育程度	成人教育	如果家庭中有成人的教育水平为文盲或半文盲，则值为 1，否则值为 0	0.0649
	儿童上学情况	如果家庭中至少有一个学龄儿童失学，则值为 1，否则值为 0	0.0593
生活条件	房屋结构	如果房屋是砖木结构或钢筋混凝土结构，则值为 1，否则值为 0	0.0816
	饮用水水源	非自来水的家庭饮用水分配值为 1，自来水为 0	0.0748
社会保障	医疗保险	如果家庭成员之一未参加任何医疗保险，则值为 1，否则值为 0	0.1138
	最低生活保障	如果家庭成员之一参加了居民最低生活保障，则值为 1，否则值为 0	0.0984

MPI 值不仅可以反映多维贫困的广度和强度，还可以反映贫困的程度。根据

表 9-2 的结果，当剥夺阈值 $k=1$ 时，2013 年临沧市农民贫困发生率为 0.9126，说明 90%的受访农民在至少一项指标上处于贫困状态。贫困农民的比例为 0.4304，而 MPI 为 0.3928，贫困发生率（H）、贫困强度指数（A）和贫困率均高于全国平均水平。自 2013 年中国实施扶贫政策以来，临沧农民的贫困程度显著减轻，贫困发生率（H）、贫困强度指数（A）和 MPI 均呈逐年下降趋势（图 9-1）。2019 年，农村家庭贫困发生率降至 0.1638，贫困强度指数降至 0.0153，MPI 降至 0.0025。截至 2020 年底，全区域已有 9.4 万户家庭、36.9 万户登记贫困人口、562 个贫困村、8 个县（区）脱贫。因此，2020 年贫困发生率、贫困强度指数和 MPI 均降至 0。

表 9-2　2013~2020 年临沧 MPI 统计（$k=1$）

年份	贫困发生率（H）	贫困强度指数（A）	多维贫困指数（MPI）
2013	0.9126	0.4304	0.3928
2014	0.8357	0.3104	0.2594
2015	0.7691	0.2290	0.1761
2016	0.6529	0.1550	0.1012
2017	0.4286	0.1710	0.0733
2018	0.3172	0.0719	0.0228
2019	0.1638	0.0153	0.0025
2020	0	0	0

图 9-1　2013~2020 年临沧地区的贫困发生率（H）、贫困强度指数（A）和多维贫困指数（MPI）

9.3.2 贫困群体聚类识别

本研究使用扶贫系统数据，结合机器学习方法对贫困群体进行多维度识别，以此对贫困群体进行差异性分析（Zeng et al.，2021）。本研究采用多因子分析方法（multiple factor analysis，MFA）处理扶贫数据中连续变量与类别变量（escofier and pagès，1994），得到综合性扶贫维度。在贫困维度识别基础上，本研究采用 k–medoids 聚类方法进行差异群体识别（Park and Jun，2009）。k–medoids 聚类方法基于真实样本点，对噪声鲁棒性比较好，得到的聚类结果更为准确，更有利于贫困群体的精准识别（Zeng et al.，2021）。通过方差分析及 Games–Howell 成对比较检验分析不同贫困群体间各属性差异（Sauder and DeMars，2019）。同时，针对比例属性使用卡方检验，对差异显著群体使用 Bonferroni 调整 z 检测进行事后比较分析（Perneger，1998），最终确定差异性贫困群体的聚类群。使用上述方法获得四个贫困维度，如表 9-3 所示。

表 9-3　贫困维度及相应的属性特征值负荷

变量	家庭背景	民族与自身发展	地理环境	健康和劳动力
民族	0.0068	0.8749	0.0037	0.0016
年龄	0.0206	0.7504	0.0025	0.0074
教育水平	0.0837	0.4656	0.0214	0.1258
健康状态	0.5007	0.0049	0.0421	0.8125
劳动能力	0.4892	0.1684	0.0230	0.7762
家庭总人口	0.7858	0.0253	0.0047	0.0051
家庭中的工作人口	0.8236	0.0027	0.0039	0.7664
家庭中的农民工	0.7859	0.0043	0.0026	0.6355
到最近的城市的距离	0.0037	0.0014	0.8572	0.0097
到最近的车站的距离	0.0098	0.0036	0.8901	0.0196
距离最近的公共设施的距离	0.0188	0.0025	0.8012	0.0054

基于"家庭背景""民族与自我发展""地理环境"和"健康与劳动力"四个维度，可以得到四个集群（表 9-4）。不同集群之间存在显著差异。第 1 组贫穷群体是"少数民族和大规模家庭"。少数民族人口占这一群体的比例最高，达 62.37%。家庭规模相对较大，平均家庭人口为 4.25 人。第 2 组贫穷群体为"年轻，地理条件优越"，该群体中大多数为年轻人或中年人（58.50%）。与其他群体相比，具有较好的地理环境条件，靠近医院、学校和车站等基础设施，交通便利。这一群体以农民工和非农业劳动者为主（68.62%）。第 3 组贫穷群体是"年龄大和受教育程度低"。该群体中有许多老年人（> 60 岁），平均年龄为 65.42 岁。教育水平低，

文盲率为 51.28%。第 4 组贫穷群体是"患病、残疾和孤独"。这一群体的人健康状况差，劳动能力不足，家庭成员少。这一群体中的大多数是留守老人。

表 9-4 贫困群体集群

集群	组	组特征
集群 1	少数民族和大规模家庭	少数民族比例最高；家庭规模很大
集群 2	年轻，地理条件优越	中青年人口比例最高；地理位置优越
集群 3	年龄大和受教育程度较低	老龄人口比例最高；低教育水平
集群 4	患病、残疾和孤独	患有疾病和残疾的人口比例最高；家庭规模小

9.4 SDGs 目标之间的关系

9.4.1 SDGs 指数计算

由于研究区不涉及海洋，也缺乏相关数据，因此不包括 SDG 14（水下生物）。研究领域涉及 16 项目标和 91 项指标（包括 58 项可持续发展目标指标和 33 项本地化指标）。表 9-5 显示了 SDG 指数值的统计信息。

表 9-5 2013～2020 年临沧 SDG 指数统计

目标	内容	平均值	最小值	最大值	标准差
SDG 1	无贫穷	0.6049	0.2818	0.8650	0.22
SDG 2	零饥饿	0.6206	0.3234	0.8623	0.19
SDG 3	良好健康与福祉	0.6498	0.3062	0.8221	0.20
SDG 4	优良教育	0.5828	0.3975	0.8279	0.15
SDG 5	性别平等	0.4651	0.2898	0.7337	0.16
SDG 6	清洁饮水和卫生设施	0.6562	0.3896	0.8242	0.16
SDG 7	经济适用的清洁能源	0.4246	0.2249	0.8509	0.23
SDG 8	经济增长	0.6942	0.3660	0.8085	0.16
SDG 9	产业、创新和基础设施	0.6014	0.2859	0.8217	0.18
SDG 10	减少国家内部和国家之间的不平等	0.6032	0.2741	0.8096	0.21
SDG 11	可持续城市和社区	0.5092	0.2032	0.8501	0.24
SDG 12	负责任的消费和生产	0.4100	0.2018	0.8543	0.23
SDG 13	气候行动	0.4875	0.2108	0.8368	0.23
SDG 15	陆地生物	0.5381	0.3336	0.8347	0.19
SDG 16	和平正义强大的机构	0.5733	0.2674	0.7829	0.18
SDG 17	促进目标实现的伙伴关系	0.6821	0.3973	0.8178	0.17

图 9-2 描述了研究区 2013 年至 2020 年 SDG 指数随时间变化的趋势。尽管存在波动，但所有 SDG 指数都随着时间的推移而上升。2013 年 SDGs 的得分存在显著差距，其中 SDG4 得分最高为 0.3975，SDG12 得分最低为 0.2018。随着时间的推移各 SDG 指数间差距逐渐缩小，2017 年之后，收窄趋势明显加快。到 2020 年，SDG1 得分最高为 0.8650，SDG5 得分最低为 0.7337。当 SDG 指数较低时，SDG6、SDG8 和 SDG17 是该指数发展中相对占主导地位的 SDGs。这意味着随着这些主导目标的发展，许多其他 SDGs 将得到不成比例的改进（反之亦然）。当 SDG 指数较高时，各 SDGs 得到了协调发展，发展差距进一步缩小。

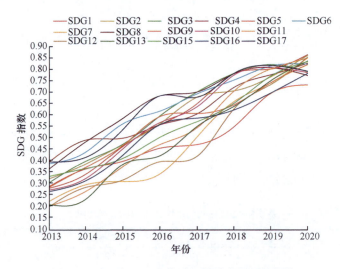

图 9-2　2013～2020 年临沧可持续发展目标指数

9.4.2　SDGs 作用关系

图 9-3（右上角）展示了 SDGs 之间的 Spearman 相关系数。大多数 SDGs 之间呈正相关，而少数 SDGs（如 SDG12、SDG13 和 SDG15）与其他目标呈显著负相关。在此基础上，我们分析了研究区 SDGs 之间的协同和权衡效应，如图 9-3（左下角）所示。SDG1 与大多数其他目标具有协同增效作用，而 SDG12 则经常与其他 SDGs 存在权衡取舍关系。有四对协同效应很强的 SDGs：SDG1 和 SDG2、SDG1 和 SDG3、SDG2 和 SDG3，以及 SDG2 和 SDG6。9 对具有一般协同效应，13 对具有弱协同效应。8 对 SDGs 有一般性的权衡，14 对有微弱的权衡。我们发现，协同效应在很大程度上超过了某些 SDGs 中的权衡取舍，特别是

对 SDG1、SDG2、SDG3 和 SDG6 而言。对于一些目标而言，主要是 SDG12、SDG13 和 SDG15，我们还发现了比协同效应更强的权衡效应。

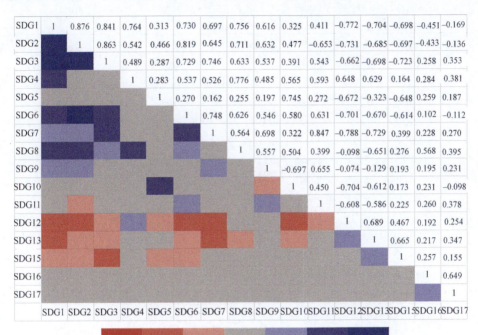

	SDG1	SDG2	SDG3	SDG4	SDG5	SDG6	SDG7	SDG8	SDG9	SDG10	SDG11	SDG12	SDG13	SDG15	SDG16	SDG17
SDG1	1	0.876	0.841	0.764	0.313	0.730	0.697	0.756	0.616	0.325	0.411	−0.772	−0.704	−0.698	−0.451	−0.169
SDG2		1	0.863	0.542	0.466	0.819	0.645	0.711	0.632	0.477	−0.653	−0.731	−0.685	−0.697	−0.433	−0.136
SDG3			1	0.489	0.287	0.729	0.746	0.633	0.537	0.391	0.543	−0.662	−0.698	−0.723	0.258	0.353
SDG4				1	0.283	0.537	0.526	0.776	0.485	0.565	0.593	0.648	0.629	0.164	0.284	0.381
SDG5					1	0.270	0.162	0.255	0.197	0.745	0.272	−0.672	−0.323	−0.648	0.259	0.187
SDG6						1	0.748	0.626	0.546	0.580	0.631	−0.701	−0.670	−0.614	0.102	−0.112
SDG7							1	0.564	0.698	0.322	0.847	−0.788	−0.729	0.399	0.228	0.270
SDG8								1	0.557	0.504	0.399	−0.098	−0.651	0.276	0.568	0.395
SDG9									1	−0.697	0.655	−0.074	−0.129	0.193	0.195	0.231
SDG10										1	0.450	−0.704	−0.612	0.173	0.231	−0.098
SDG11											1	−0.608	−0.586	0.225	0.260	0.378
SDG12												1	0.689	0.467	0.192	0.254
SDG13													1	0.665	0.217	0.347
SDG15														1	0.257	0.155
SDG16															1	0.649
SDG17																1

强权衡　一般权衡　弱权衡　关系不明确　弱协同　一般协同　强协同

图 9-3　Spearman 相关系数与可持续发展目标之间的协同和权衡关系

9.5　贫困对 SDGs 目标之间权衡/协同关系的影响

9.5.1　贫困对 SDGs 的动态影响

在以上研究的基础上，我们使用 AMOS 24.0 软件构建结构方程模型来衡量贫困对 SDGs 的影响（表 9-6）。从不同 SDGs 来看，贫困除了对 SDG12、SDG13、SDG15 在 10%的显著性水平上存在显著正向作用之外，对其他大多数 SDGs 都有不同程度的阻碍作用，SDG5、SDG16 和 SDG17 受贫困的负向影响不显著。从时间维度上来看，贫困对 SDGs 的消极影响随着时间的推移而减弱，这可能是因为随着可持续发展议程的推广和减缓贫困政策的实施，贫困对实现 SDGs 的阻碍作用逐渐得到缓解。

表 9-6 多维贫困对可持续发展目标的影响

原因变量	结果变量	2013	2014	2015	2016	2017	2018	2019	2020
MPI	SDG 1	-0.576***	-0.482**	-0.401**	-0.385**	-0.237*	-0.115	-0.073	—
	SDG 2	-0.477**	-0.361*	-0.396**	-0.261*	-0.275*	-0.169	-0.227*	—
	SDG 3	-0.364*	-0.384**	-0.248*	-0.297*	-0.118	-0.146*	-0.062	—
	SDG 4	-0.359*	-0.336*	-0.291*	-0.280*	-0.206*	-0.118	-0.096	—
	SDG 5	-0.069	-0.085	-0.093	0.062	-0.048	-0.052	-0.061	—
	SDG 6	-0.406**	-0.458**	-0.363*	-0.358*	-0.225*	-0.192*	-0.229*	—
	SDG 7	-0.389**	-0.396**	-0.319*	-0.285*	-0.214*	-0.193*	-0.202*	—
	SDG 8	-0.322*	-0.340*	-0.270*	-0.279*	-0.239*	-0.206*	-0.143	—
	SDG 9	-0.287*	-0.258*	-0.262*	-0.220*	-0.280*	-0.192*	-0.172*	—
	SDG 10	-0.156	-0.172*	0.018	-0.098	-0.092	0.003	-0.024	—
	SDG 11	-0.223*	0.104	-0.090	-0.082	0.056	-0.127	-0.219*	—
	SDG 12	0.271*	0.323*	0.235*	0.218*	-0.190*	-0.207*	-0.253*	—
	SDG 13	0.245*	0.289*	0.208*	0.157	0.170	0.123	0.168	—
	SDG 15	0.278*	0.231*	0.172*	0.192*	0.149	0.179*	0.144	—
	SDG 16	-0.078	-0.023	-0.012	0.063	-0.053	0.057	-0.011	—
	SDG 17	-0.083	-0.034	-0.028	0.049	-0.042	0.085	0.002	—

*、**和***分别表示在10%、5%和1%水平上的显著性。

贫困对可持续发展目标的阻碍作用在不同目标之间存在显著差异，在不同的发展时期也存在差异。特别是，贫困对SDG12的影响在2017年之前是积极的，而在2017年之后是消极的。这说明临沧在贫困率高、SDG指数水平低的前期，经济增长与生产消费模式之间的矛盾并不尖锐。当时的贫困客观上造成了人们对自然资源的利用强度和利用能力较低。然而，随着研究区经济的快速发展和极端贫困的缓解，贫困逐渐成为可持续消费和生产的障碍。贫困客观上阻碍了人们应用清洁生产技术的能力。负责任的消费和生产模式可以推动经济发展，但目前的资源使用模式过度依赖自然环境，并继续对地球产生破坏性影响（Johnsson et al.，2020）。临沧丰富的自然资源为其发展提供了优势，但也倾向于形成资源依赖性的增长路径。可持续消费和生产意味着用更少的资源做更多更好的事情，这也意味着要消除经济增长与环境退化之间的联系，提高资源效率，促进可持续的生活方式，这就必须改变生产和消费模式，以协调环境、经济和社会发展，促进人与自然的和谐共处（Wackernagel et al.，2017）。

新冠肺炎大流行给可持续发展目标的实现带来了巨大挑战，与此同时，贫困对可持续发展目标的阻碍作用更加巨大。在新冠肺炎大流行的影响下，贫困人口的可持续发展面临更大的障碍。新冠肺炎大流行正在加剧不平等（Zhao et al.，2022）。尽管如此，我们应该意识到，大流行也为可持续发展转型提供了机会，包括从规划和行动、社会经济复苏计划和使用信息和通信技术中吸取的经验教训（Pradhan et al.，2021）。针对贫困的方案和行动，如防治大流行病的经济复苏计划，可以通过各区域自身的环境友好行为和发展道路选择，直接使各区域转向更可持续的发展。如何在疫情环境的影响下抓住机遇，突破可持续发展的瓶颈，值得进一步研究。

9.5.2　贫困对不同集群可持续发展的平均影响

将 MPI 作为原因变量，以各项 SDGs 历年平均指数为结果变量，探讨贫困对不同集群组可持续发展的平均影响（表 9-7）。总体而言，除 SDG15 外，贫困对不同聚类群体可持续发展均有抑制作用，但平均影响程度存在差异。SDG1 作为和贫困直接相关的指标，在所有 SDGs 中受到贫困的消极影响最大，SDG11 则对 MPI 不敏感。

表 9-7　多维贫困对不同集群群体的平均影响效应

原因变量	结果变量	集群 1	集群 2	集群 3	集群 4
MPI	SDG 1	−0.385**	−0.370***	−0.457***	−0.464***
	SDG 2	−0.309**	−0.271*	−0.388**	−0.395**
	SDG 3	−0.232*	−0.213*	−0.344**	−0.327**
	SDG 4	−0.256*	−0.197*	−0.394**	−0.319**
	SDG 5	−0.132*	−0.051	−0.079	0.081
	SDG 6	−0.207*	−0.196*	−0.332**	−0.350**
	SDG 7	−0.172*	−0.180*	−0.293*	−0.312**
	SDG 8	−0.299**	−0.341**	−0.322**	−0.356**
	SDG 9	−0.236*	−0.212*	−0.178*	−0.192*
	SDG 10	−0.203*	−0.171*	−0.116*	−0.123*
	SDG 11	−0.012	−0.056	0.022	0.049
	SDG 12	−0.179*	−0.097*	0.034	0.028
	SDG 13	0.019	0.009	−0.199*	0.028
	SDG 15	0.317**	0.101*	0.052	0.023
	SDG 16	−0.121*	−0.117*	0.034	0.026
	SDG 17	−0.114*	−0.091	−0.013	−0.015

*、**和***分别表示在 10%、5%和 1%水平上的显著性。

临沧是一个多民族和欠发达的地区。实证结果表明，贫困对不同集群群体的可持续发展有抑制作用，但其影响存在异质性。有研究将可持续发展目标分为人类福祉目标（社会），包括 SDG1、SDG3、SDG4、SDG5、SDG10 和 SDG16，基本条件目标（经济），包括 SDG2、SDG6、SDG7、SDG8、SDG9、SDG11 和 SDG12，以及自然环境目标（生态），包括 SDG13、SDG14 和 SDG15（Fu et al.，2019；Ge et al.，2022）。SDG 17 单独作为一种执行手段（图 9-4）。

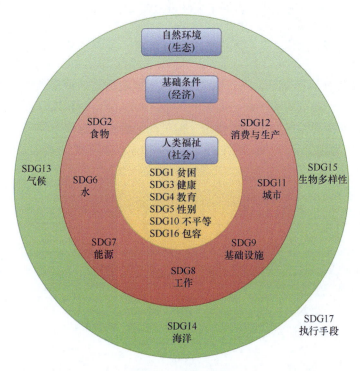

图 9-4　SDGs 分类

在我们的研究中，贫困对集群 1 的人类福祉目标、基本条件目标和自然环境目标有显著的负面影响。这主要是因为集群 1 主要由生活在不发达地区的少数民族组成。极端贫困将对他们的生活环境和生产条件产生不利影响，从而阻碍其可持续发展。贫困对集群 2 的基础条件目标抑制作用显著，集群 2 青壮年人口比例最高，贫困对地理环境、交通状况的负面作用会制约其生存发展。集群 3 老龄化人口比例最高、受教育水平低，贫困会恶化他们的生活条件，对他们的人类福祉目标有明显的消极影响。贫困对集群 4 的人类福祉目标、基础条件目标负面作用显著，集群 4 患有疾病、残疾人口比例最高且家庭人口单薄，贫困严重制约了他们的生存与发展，阻碍了可持续发展目标的实现。鉴于贫困对不同群体的异质性影响，区域政策应体现针对性和差异性，对异质群体的政策优化将有利于欠发达地区的可持续发展。

9.5.3　贫困对 SDGs 间协同与权衡关系的影响

使用 MPI 作为中介变量，进一步研究贫困对可持续发展目标之间协同和权衡效应的影响。表 9-8 和表 9-9 分别显示了多维贫困对 SDGs 间协同关系和权衡关系的影响。其中直接效应表示 SDGs 之间直接作用的结果，间接效应是指作为原因变量的 SDG 通过影响中介变量 MPI 而对作为结果变量的 SDG 的间接影响，总效应为直接效应与间接效应之和。

如表 9-8 所示，绝大多数作为因变量的 SDGs 对于作为结果变量的 SDGs 的直接效应在 10%的统计水平下显著为正，这进一步验证了它们之间存在协同作用，即一个目标的进展有利于其他目标的进展。在模型中加入 MPI 作为中介后，间接效应系数均为负，这表明贫困会阻碍 SDG1 与其他 SDGs 之间的正向联系。我们不但在与贫困直接相关的 SDG1 方面发现这种抑制作用的存在，实证结果表明贫困在 SDG2、SDG3、SDG4、SDG5、SDG6 与其他 SDGs 的协同关系中也表现出显著阻碍作用，使 SDGs 之间的协同作用减弱。特别地，在 SDG1 与 SDG7、SDG2与 SDG8、SDG3 与 SDG8 这 3 对具有协同作用的 SDGs 对中，MPI 对它们之间的关系有颠覆作用，使其从协同变为权衡。

表 9-8　多维贫困对可持续发展目标之间协同效应的影响

原因变量	中间变量	结果变量	直接影响	间接影响	总影响
SDG 1		SDG2	0.356***	−0.229**	0.127
		SDG3	0.319***	−0.187*	0.132
		SDG4	0.203**	−0.114*	0.089
		SDG6	0.216**	−0.126**	0.090
	MPI	SDG7	0.115*	−0.128*	−0.013
		SDG8	0.206**	−0.077	0.129
		SDG9	0.110*	−0.038	0.072
SDG 2		SDG3	0.309**	−0.115*	0.194
		SDG6	0.298**	−0.096*	0.202

原因变量	中间变量	结果变量	直接影响	间接影响	总影响
SDG 2		SDG7	0.039	−0.018	0.201
		SDG8	0.233**	−0.258**	−0.024
		SDG9	0.042	−0.055	−0.013
SDG 3		SDG6	0.281**	−0.177*	0.104
		SDG7	0.267**	−0.092*	0.174
		SDG8	0.122*	−0.165*	−0.043
SDG 4		SDG8	0.129*	−0.094*	0.036
		SDG12	0.037	0.018	0.055
SDG 5	MPI	SDG10	0.213**	−0.076	0.138
SDG 6		SDG7	0.236**	−0.147*	0.089
		SDG8	0.028	−0.048	−0.020
		SDG11	0.114*	−0.063	0.051
SDG 7		SDG9	0.095*	−0.043	0.053
SDG 9		SDG11	0.103*	−0.032	0.071
SDG 12		SDG13	0.109*	−0.042	0.067
SDG 13		SDG15	0.121*	−0.073	0.048
SDG 16		SDG17	0.041	−0.026	0.015

*、**和***分别表示在10%、5%和1%水平上的显著性。

表 9-9 显示了贫困对 SDGs 之间权衡的影响。结果显示，SDG12、SDG13、SDG15 与其他 SDGs 之间的直接效应显著为负，这进一步说明 SDG12、SDG13、SDG15 与其他 SDGs 之间存在权衡关系。以 MPI 作为中介变量后，SDG12 与 SDG1、SDG2、SDG3、SDG5、SDG6、SDG7、SDG10、SDG11 之间的间接效应显著为负，SDG13 与 SDG1、SDG7、SDG10 之间的间接效应显著为负，SDG15 与 SDG1、SDG2 之间的间接效应显著为负，SDG2 与 SDG11、SDG9 与 SDG10 之间的间接效应显著为负。在 10%的统计水平下，SDG3 与 SDG13 之间的间接效应显著为正（0.096），总效应为负（−0.014）。这说明良好健康与福祉与气候行动在经济发展水平较低、贫困率较高的时期并不会出现尖锐的矛盾，甚至可能会存在协同。但随着贫困人口大幅度减少、人们生活水平不断提高，人们粗放的生产生活方式会对气候环境造成负面影响，与此同时气候变化也会对人类的福祉和健康构成日益严重的威胁（Roy et al.，2021；Soergel et al.，2021）。

表 9-9　多维贫困对可持续发展目标之间权衡效应的影响

原因变量	中间变量	结果变量	直接影响	间接影响	总影响
SDG 1		SDG 12	−0.198**	−0.112*	−0.310
		SDG 13	−0.115*	−0.093*	−0.208
		SDG 15	−0.070	−0.105*	−0.175
SDG 2		SDG 11	−0.066	−0.117*	−0.183
		SDG 12	−0.114*	−0.128*	−0.242
		SDG 13	−0.042	−0.039*	−0.081
		SDG 15	−0.067	−0.082*	−0.149
SDG 3		SDG 12	−0.125*	−0.144**	−0.269
		SDG 13	−0.110*	0.096*	−0.014
		SDG 15	−0.146**	0.014	−0.132
SDG 5	MPI	SDG 12	−0.050	−0.167**	−0.216
		SDG 15	−0.035	0.059	0.024
SDG 6		SDG 12	−0.102*	−0.127*	−0.229
		SDG 13	−0.077	−0.054	−0.131
		SDG 15	−0.073	0.011	−0.062
SDG 7		SDG 12	−0.116*	−0.115*	−0.231
		SDG 13	−0.113*	−0.082*	−0.195
SDG 8		SDG 13	−0.088*	−0.066	−0.154
SDG 9		SDG 10	−0.124*	−0.146**	−0.270
SDG 10		SDG 12	−0.118*	−0.152**	−0.270
		SDG 13	−0.083*	−0.091*	−0.174
SDG 11		SDG 12	−0.077	−0.123*	−0.199

*、**分别表示在 10%、5%水平上的显著性。

实证结果显示，贫困对 SDGs 间的协同关系有抑制作用（抑制了协同），对 SDGs 间的权衡关系有促进作用（加剧了权衡），对个别 SDGs 间的关系有颠覆作用（使协同变为权衡）。我们从以下三个方面阐述其可能存在的作用机制：

贫困是经济发展不可持续的诱因（Mäler，1998）。一方面，作为促进经济发展的、质量较高的生产要素倾向于向经济发达、效益高的地区聚集。这样一来，贫困地区就失去了促进经济可持续发展的资源优势。另一方面，贫困地区的劳动力人口素质较低，低水平的劳动只能换来低水平的经济收入，过低的收入使得有效需求难以扩大，阻碍了国民经济的发展（Warchold et al.，2020）。这些因素交织在一起，无疑会阻碍经济可持续目标的实现。同时，贫困造成的人口素质低下、环保意识淡薄、生产生活方式粗放等问题，也严重阻碍了经济可持续和协调发展。

贫困阻碍人力资本可持续发展，是社会不和谐的主要根源（Piff et al.，2020）之一。在劳动力市场中，贫困人口劳动生产率低、获得的报酬很少，其经济状况堪忧。贫困地区的人们缺乏创业的信心和决心、较难接受新知识、新思想、新事物，对气候变化、环境保护问题也缺乏关注（McAreavey and Brown，2019），这往往会使得贫困地区人口陷入"贫困–人口素质低–思想保守–经济贫困"的恶性循环。贫困地区的收入与待遇水平相对较低，是导致教育与科技发展薄弱的主要原因。贫困地区教育与科技人才的匮乏，又造成贫困地区生产力的低下，又反过来加剧了贫困。这些因素相互交织、互相作用，成为阻碍社会可持续发展的元凶。

贫困也在一定程度上导致了环境问题（Duraiappah，1998）。贫困、人口、环境（poverty, population, environment，PPE）怪圈理论解释了贫困、人口和环境之间的因果关系（Dasgupta，1995）。具体来说，它指的是"贫困-人口增长-环境退化"的恶性循环。PPE 怪圈的基本作用原理是：随着人口的过度增长，在人类现有的开发能力下，能利用的环境与资源不足以满足人们的需要时便产生贫困，此时人均资源减少，失业人口增多，人均收入减少，社会设施不足。与此同时产生环境问题，例如对大气资源的污染，对土地资源的过度开垦、林木的过度砍伐、草场的过度放牧、水资源污染严重，水土流失及盐碱化严重，这些导致自然灾害增多（Flörke et al.，2019）。贫困与环境之间的相互作用是：贫困群体的当前生存需要压倒了环境保护的长期需要，导致对环境问题和行为的长期后果的无知（即贫困对环境的影响）。环境的恶化对人类的生存和发展进一步产生不利影响（即环境对贫困的影响）。因此，贫困可以被认为是限制环境可持续发展的一个主要因素。

9.6　结论与建议

以中国典型欠发达山区云南省临沧市为研究区域，本研究探讨了在欠发达地区贫困对实现可持续发展目标的影响及其如何成为核心障碍。在完成当地 16 个SDGs 指数计算与农户 MPI 测算后，进一步分析了贫困对差异性群体的异质性影响，以及对 SDGs 各指标间协同与权衡关系的作用机制。研究结果表明：①贫困对可持续发展目标的阻碍作用在不同目标间存在显著差异。尽管贫困对可持续发展目标的负面影响随着时间的推移而减弱，但在不同的发展时期，负面影响的程度有所不同。②由于贫困群体社会人口学特征的差异，贫困对不同集群可持续发展的影响具有异质性。这表现在不同贫困群体对经济、社会和生态可持续发展目标的影响程度不同。③MPI 作为中介变量，对 SDGs 间的协同关系有抑制作用（抑制了协同），对 SDGs 间的权衡关系有促进作用（加剧了权衡），对个别 SDGs 间的关系有颠覆作用（使协同变为权衡）。

本研究对临沧等欠发达地区的可持续发展目标的实现具有启示意义。可持续性不仅仅是实现 17 个可持续发展目标，而是关于前进的过程本身（Weitz et al.，2018）。可持续发展目标相互关联、相互促进、相互竞争（Bali Swain and Ranganathan，2021）。能否实现可持续发展目标很大程度上取决于能否充分利用目标之间的协同效应。此外，突出的权衡对实现可持续发展目标构成了障碍，需要对当前战略进行更深入的改革，以使可持续发展目标在结构上不受阻碍（Allen et al.，2021）。贫困是世界各国面临的共同问题，不容忽视。它制约着经济、社会和环境的可持续发展。因此，消除贫困对于实施可持续发展战略具有重要意义。同时，要以可持续发展的理念指导欠发达地区消除贫困。在消除贫困的过程中，需要协调人力、经济和自然资源，以实现可持续发展。消除贫穷必须与一系列可持续发展战略齐头并进，包括促进经济增长，解决教育、卫生、社会保护和就业方面的社会需求，遏制气候变化，保护环境（Haines et al.，2017；Nhamo et al.，2019；Yamasaki and Yamada，2022）。此外，政策制定者需要注重在不同发展时期灵活运用政策，并针对不同贫困群体制定有针对性的措施（Masuda et al.，2022；Kyprianou et al.，2022）。这将有助于促进可持续发展目标之间的协同作用、减少权衡，以实现可持续发展。

本研究对如何记录和评估欠发达地区实现可持续发展目标的进展进行了有益的探索。然而，目前对可持续发展目标的研究仍然存在数据体系不完善的问题，这阻碍了对可持续发展目标进展的量化（Allen et al.，2018）。量化可持续发展目标的进展对于追踪全球可持续发展工作以及指导政策的制定和实施至关重要，未来关于可持续发展目标的研究应该在此方向上继续深入探讨。

参 考 文 献

Alkire S, Santos M E. 2014. Measuring Acute Poverty in the Developing World: Robustness and Scope of the Multidimensional Poverty Index. World Development, 59: 251-274.

Allen C, Metternicht G, Wiedmann T. 2018. Initial progress in implementing the Sustainable Development Goals SDGs: a review of evidence from countries. Sustainability Science, 13: 1453-1467.

Allen C, Metternicht G, Wiedmann T. 2021. Priorities for science to support national implementation of the sustainable development goals: a review of progress and gaps. Sustainable Development, 29: 635-652.

Anderson C C, Denich M, Warchold A, et al. 2021. A systems model of SDG target influence on the 2030 Agenda for Sustainable Development. Sustainability Science, 17: 1459-1472.

Bali Swain R, Ranganathan S. 2021. Modeling interlinkages between sustainable development goals using network analysis. World Development, 138: 105136.

Bennich T, Weitz N, Carlsen H. 2020. Deciphering the scientific literature on SDG interactions: a review and reading guide. Science of the Total Environment, 728: 138405.

Blasi S, Ganzaroli A, De Noni I. 2022. Smartening sustainable development in cities: Strengthening the theoretical linkage between smart cities and SDGs. Sustainable Cities and Society, 80: 103793.

Blicharska M, Teutschbein C, Smithers R J. 2021. SDG partnerships may perpetuate the global North-South divide. Scientific Reports, 11: 22092.

Bruckner B, Hubacek K, Shan Y, et al. 2022. Impacts of poverty alleviation on national and global carbon emissions. Nature Sustainability, 5: 311-320.

Caiado R, Leal W, Quelhas O, et al. 2018. A literature-based review on potentials and constraints in the implementation of the sustainable development goals. Journal of Cleaner Production, 198: 1276-1288.

Campagnolo L, Davide M. 2019. Can the Paris deal boost SDGs achievement? An assessment of climate mitigation co-benefits or side-effects on poverty and inequality. World Development, 122: 96-109.

Clough E, Long G, Rietig K A. 2019. Study of Partnerships and Initiatives Registered on the UN SDG Partnerships Platform. New York: UNDESA.

Dasgupta P S. 1995. Population, poverty and the local environment. Scientific American, 272: 40-45.

De Neve J E, Sachs J D. 2020. The SDGs and human well-being: a global analysis of synergies, trade-offs, and regional differences. Scientific Reports, 10: 15113.

Di Lucia L, Slade R, Khan J. 2022. Decision-making fitness of methods to understand Sustainable Development Goal interactions. Nature Sustainability, 5: 131-138.

Duraiappah A K, 1998. Poverty and environmental degradation: a review and analysis of the nexus. World Development, 26: 2169-2179.

Escofier B, Pagès J. 1994. Multiple factor analysis AFMULT package. Computational Statistics and Data Analysis, 18: 121-140.

Flörke M, Bärlund I, Van Vliet M T H, et al. 2019. Analysing trade-offs between SDGs related to water quality using salinity as a marker. Current Opinion in Environmental Sustainability, 36: 96-104.

Fu B J, Wang S, Zhang J Z, et al. 2019. Unravelling the complexity in achieving the 17 sustainable-development goals. National Science Review, 6: 386-388.

Fuso N F, et al. 2019. Connecting climate action with other Sustainable Development Goals. Nature

Sustainability, 2: 674-680.

Ge Y, Liu M X, Hu S, et al. 2022. Who and which regions are at high risk of returning to poverty during the COVID-19 pandemic? Humanities and Social Sciences Communications, 9: 183.

Griggs D, et al. 2014. An integrated framework for Sustainable Development Goals. Ecology and Society, 19: 49.

Griggs D, Nilsson M, Stevance A, et al. 2017. A Guide to SDG Interactions: From Science to Implementation. International Council for Science.

Haines A, et al. 2017. Short-lived climate pollutant mitigation and the Sustainable Development Goals. Nature Climate Change, 7: 863-869.

Hauke J, Kossowski T. 2011. Comparison of values of Pearson's and Spearman's correlation coefficients on the same sets of data. Quaestiones Geographicae, 30(2): 87.

Henseler J, Ringle C M, Sarstedt M. 2015. A new criterion for assessing discriminant validity in variance-based structural equation modeling. Journal of the Academy of Marketing Science, 43: 115-135.

Jain S, Shukla S, Wadhvani R. 2018. Dynamic selection of normalization techniques using data complexity measures. Expert Systems With Applications, 106: 252-262.

Johnsson F, Karlsson I, Rootzén J, et al. 2020. The framing of a Sustainable Development Goals assessment in decarbonizing the construction industry-avoiding "greenwashing". Renewable and Sustainable Energy Reviews, 131: 110029.

Jolliffe D, Prydz E B. 2016. Estimating international poverty lines from comparable national thresholds. Journal of Economic Inequality, 14: 185-198.

Kroll C, Warchold A, Pradhan P. 2019. Sustainable Development Goals (SDGs): Are we successful in turning trade-offs into synergies? Palgrave Communications, 5: 140.

Kumar R, et al. 2021. Revealing the benefits of entropy weights method for multi-objective optimization in machining operations: A critical review. Journal of Materials Research and Technology-JMRandT, 10: 1471-1492.

Kyprianou I, Serghides D, Carlucci S. 2022. Urban vulnerability in the EMME region and sustainable development goals: A new conceptual framework. Sustainable Cities and Society, 80: 103763.

Le Blanc D. 2015. Towards integration at last? The sustainable development goals as a network of targets. Sustainable Development, 23: 176-187.

Lusseau D, Mancini F. 2019. Income-based variation in Sustainable Development Goal interaction networks. Nature Sustainability, 2: 242-247.

Mäler K G. 1998. Floor Discussion of "Environment, Poverty, and Economic Growth". Annual World Bank Conference on Development Economics (1997), World Bank.

Masuda H, Kawakubo S, Okitasari M, et al. 2022. Exploring the role of local governments as intermediaries to facilitate partnerships for the Sustainable Development Goals. Sustainable Cities and Society, 82: 103883.

McAreavey R, Brown D L. 2019. Comparative analysis of rural poverty and inequality in the UK and the US. Palgrave Communications, 5: 120.

Messerli P. 2019. Expansion of sustainability science needed for the SDGs. Nature Sustainability, 2: 892-894.

Miola A, Borchardt S, Neher F, et al. 2019. Interlinkages and Policy Coherence for the Sustainable

Development Goals Implementation: An Operational Method to Identify Trade-offs and Co-benefits in a Systemic Way. Publications Office of the European Union.

Moyer J D, Bohl D K. 2019. Alternative pathways to human development: assessing trade-offs and synergies in achieving the Sustainable Development Goals. Futures, 105: 199-210.

Naidoo R, Fisher B. 2020. Sustainable Development Goals: pandemic reset. Nature, 83: 198-201.

Nhamo G, Nhemachena C, Nhamo S. 2019. Is 2030 too soon for Africa to achieve the water and sanitation sustainable development goal? Science of The Total Environment, 669: 129-139.

Nilsson M, et al. 2018. Mapping interactions between the sustainable development goals: lessons learned and ways forward. Sustainability Science, 13: 1489-1503.

Nilsson M, Griggs D, Visbeck M. 2016. Policy: map the interactions between Sustainable Development Goals. Nature, 534: 320-322.

Park H S, Jun C H. 2009. A simple and fast algorithm for K-medoids clustering. Expert Systems With Applications, 36: 3336-3341.

Pedercini M, Arquitt S, Collste D, et al. 2019. Harvesting synergy from sustainable development goal interactions. Proceedings of the Indian National Science Academy, 116: 23021-23028.

Perneger T V. 1998. What's wrong with Bonferroni adjustments? BMJ-British Medical Journal, 316: 1236-1238.

Piff P K, Wiwad D, Robinson A R, et al. 2020. Shifting attributions for poverty motivates opposition to inequality and enhances egalitarianism. Nature Human Behaviour, 4: 496-505.

Pradhan P, Costa L, Rybski D, et al. 2017. A systematic study of Sustainable Development Goal(SDG) interactions. Earths Future, 5: 1169-1179.

Pradhan P, Subedi D R, Khatiwada D, et al. 2021. The COVID-19 Pandemic Not Only Poses Challenges, but Also Opens Opportunities for Sustainable Transformation. Earths Future, 9.

Qadeer A, Anis M, Ajmal Z, et al. 2022. Sustainable development goals under threat? Multidimensional impact of COVID-19 on our planet and society outweigh short term global pollution reduction. Sustainable Cities and Society, 83: 103962.

Rosseel Y. 2012. An R Package for Structural Equation Modeling. Journal of Statistical Software, 48: 1-36.

Roy J, Some S, Das N, et al. 2021. Demand side climate change mitigation actions and SDGs: literature review with systematic evidence search. Environmental Research Letters, 16: 043003.

Sachs J D, et al. 2019. Six Transformations to achieve the sustainable development goals. Nature Sustainability, 2: 805-814.

Sauder D C, DeMars C E. 2019. An Updated Recommendation for Multiple Comparisons Advances in Methods and Practices in Psychological. Science, 2: 26-44.

Schmidt T G, Kroll C, Teksoz K, et al. 2017. National baselines for the Sustainable Development Goals assessed in the SDG Index and Dashboards. Nature Geoscience, 10: 547-555.

Sebestyén V, Bulla M, Rédey Á, et al. 2019. Network model-based analysis of the goals, targets and indicators of sustainable development for strategic environmental assessment. Journal of Environmental Management, 238: 126-135.

Soergel B, Kriegler E, Bodirsky B L, et al. 2021. Combining ambitious climate policies with efforts to eradicate poverty. Nature Communications, 12: 2342.

Soergel B, Kriegler E, Weindl I, et al. 2021. A sustainable development pathway for climate action within the UN 2030 Agenda. Nature Climate Change, 11: 656-664.

United Nations. 2015. Sustainable Development Goals: 17 goals to transform our world.

United Nations. 2015. Transforming our world: The 2030 agenda for sustainable development. General Assembley 70 session.

Van Soest H L, et al. 2019. Analysing interactions among Sustainable Development Goals with integrated assessment models. Global Transitions, 1: 210-225.

Vollmer F, Alkire S. 2022. Consolidating and improving the assets indicator in the global Multidimensional Poverty Index. World Development, 158: 105997.

Vosti S A, Reardon T A. 1997. Sustainability, Growth, and Poverty Alleviation: a Policy and Agroecological Perspective. Baltimore and London: Johns Hopkins Univ Press.

Wackernagel M, Hanscom L, Lin D. 2017. Making the sustainable development goals consistent with sustainability. Frontiers in Energy Research.

Wang M, Janssen A, Bazin J, et al. 2022. Accounting for interactions between Sustainable Development Goals is essential for water pollution control in China. Nature Communications, 13: 730.

Warchold A, Pradhan P, Kropp J P. 2020. Variations in sustainable development goal interactions: population, regional, and income disaggregation. Sustainable Development, 29: 285-299.

Weitz N, Carlsen H, Nilsson M, et al. 2018. Towards systemic and contextual priority setting for implementing the 2030 Agenda. Sustainability Science, 13: 531-548.

World Bank. 2020. Projected Poverty Impacts of COVID-19 Coronavirus.

Wu J Z, Zhang Q A. 2011. Multicriteria decision making method based on intuitionistic fuzzy weighted entropy. Expert Systems With Applications, 38: 916-922.

Wu X, Fu B, Wang S, et al. 2022. Decoupling of SDGs followed by re-coupling as sustainable development progresses. Nature Sustainability, 5(5): 452-459.

Xu Z, Chau S N, Chen X, et al. 2020. Assessing progress towards sustainable development over space and time. Nature, 577: 74-78.

Yamasaki K, Yamada T. 2022. A framework to assess the local implementation of Sustainable Development Goal 11. Sustainable Cities and Society, 84: 104002.

Zeng Z, Tuo S, Zeng Y. 2021. Research on the identification of rural poor groups and the effect of poverty alleviation in multi-ethnic areas——Based on k-medios clustering and association rules method. Modern Agricultural Science and Technology, 20: 197-201, 203.

Zhang J Z, Wang S, Pradhan P, et al. 2022. Untangling the interactions among the Sustainable Development Goals in China. Science Bulletin, 67: 977-984.

Zhao W, Yin C, Hua T, et al. 2022. Achieving the Sustainable Development Goals in the post-pandemic era. Humanities and Social Sciences Communications, 9: 258.

Zhenmin L, Espinosa P. 2019. Tackling climate change to accelerate sustainable development. Nature Climate Change, 9: 494-496.

第 10 章　特色产业助力欠发达山区 SDGs 实现

让世界走上可持续且具有恢复力的道路已成为全球共识，在那些对人类和地球至关重要的领域中采取行动已成为全球共同关注的话题。山区占地球陆地表面积的 22%，蕴藏着丰富的自然资源和文化资源，为超过 50%的世界人口提供基本的生态系统服务，对全球可持续发展起着举足轻重的作用，但因其自然系统的不稳定性、敏感性和复杂性，山区也成为全球环境变化、生态退化最为激烈和迅速的地域。当前，急需探索富有特色的发展路径助力山区实现社会、经济与环境可持续发展，立足山区资源环境禀赋的特色产业无疑是一条助推欠发达山区实现 SDGs 的富有成效的路径。

10.1　研究进展与分析视角

进入 21 世纪，气候变化、资源枯竭等全球性危机日益加深，推动全球可持续发展已成为人类共识（吴大放等，2020）。1987 年，世界环境与发展委员会首次将可持续发展定义为"既能满足当代人的需要，又不对后代人满足其需要的能力构成危害的发展"（WCED，1987）。2015 年 9 月，联合国可持续发展峰会正式通过了《变革我们的世界：2030 年可持续发展议程》，提出了 17 项可持续发展目标（SDGs）及 169 项具体目标，要求世界各国到 2030 年实现经济增长、社会和谐与环境美好的三位一体协调发展，成为继千年发展目标之后全球可持续发展的重要指引（The General Assembly of the United Nations，2015）。作为世界上最大的发展中国家，中国高度重视联合国 2030 年可持续发展议程，于 2016 年发布《中国落实 2030 年可持续发展议程国别方案》，将 2030 年可持续发展议程与中国中长期发展规划有机结合，提出在"十三五"期间，创建 10 个左右"国家可持续发展议程创新示范区"，通过搭建以科技创新驱动可持续发展为主题的交流合作平台，向世界提供可持续发展的中国方案。特色产业作为促进农村发展的关键，对经济增长、社会发展、生态保护和文化传承均具有积极作用（王睦欣和庞德良，

2019)，极大推动了山区可持续发展。当前，中国乃至世界正处于实现联合国可持续发展目标的关键阶段，探究特色产业助力可持续发展目标的实现路径，不仅有助于推动乡村振兴战略的实施，更可为快速实现联合国可持续发展目标提供支撑。

目前，可持续发展目标研究已成为学术界关注的热点问题。相关研究主要集中在可持续发展指标体系构建（王鹏龙等，2018；邵超峰等，2021）、可持续发展目标之间的关系（王红帅和李善同，2021；Wu et al.，2022）、可持续发展目标进展监测（卢善龙等，2021），以及生态政策（Liu et al.，2022）、生态系统服务（Wood et al.，2018）、美丽中国建设（程清平等，2020）、公共支出（Cristóbal et al.，2021）、采矿业（Hilson and Maconachie，2020）等与可持续发展目标之间的关系和作用。例如，Liu 等（2022）发现"水土流失防治""防护林带建设""湿地保护"是青藏高原林芝地区实现可持续发展目标的关键项目；Yin 等（2022）指出土壤保持服务对可持续发展目标的进程起着促进作用，并提出应以社会、经济和环境维度的不同需求为导向推动可持续发展目标的实现；Ofosu 和 Sarpong（2022）还指出小型采矿业的改善有助于 SDG1（无贫困）、SDG2（零饥饿）和 SDG8（体面工作和经济增长）的实现，且通过创造就业机会、管理劳动力和改善工作环境等方式可促进可持续发展目标的实现。

特色产业作为巩固拓展脱贫攻坚成果、实现稳定脱贫和持续增收的长效措施，以及推动国家现代农业发展、乡村全面振兴的基础和关键，也引起了学术界的广泛关注。已有研究主要围绕特色产业的发展路径（杨亚东等，2020；郑志来，2018）、空间分布及其影响因素（吴娜琳等，2018）、特色产业发展对农户生计（马彩虹等，2021）、村庄减贫（Santika et al.，2021）、区域经济（Zada et al.，2019）、气候变化（Khanal et al.，2021；Jahan et al.，2022），以及生态系统等的影响展开。例如，马彩虹等（2021）指出乡村特色产业的发展对农户收入和就业作出了很大贡献；Zada 等（2019）发现小型农林业不仅可以提高贫困农户的生计恢复力、当地的经济水平，还可以小范围内保护生物多样性；Jahan 等（2022）则指出可以将发展特色农林业作为减缓气候变化的选择之一；Ahirwal 等（2022）等发现印度东北部的农户通过种植油棕，显著提高了土壤质量、作物产量和生态系统碳储量。总体来看，当前虽在可持续发展目标进展、特色产业对区域经济、社会、环境等维度的影响等方面开展了大量研究，但对可持续发展目标的实现路径以及特色产业对可持续发展目标的影响关注较少。

山区占地球陆地表面积的 22%，蕴藏着丰富的自然资源和文化资源，为超过50%的世界人口提供基本的生态系统服务（Gerlitz et al.，2017），对全球可持续发展起着举足轻重的作用。然而，由于自然系统的不稳定性、敏感性和复杂性，山区成为全球环境变化、生态退化最为激烈和迅速的地域。同时，由于受全球化、城镇化、工业化、信息化等的影响相对较弱且滞后，欠发达山区可持续发展进程更为迟缓。其中，发展中国家近40%的山区人口被认为易受粮食不安全的影响，贫困发生率较高，可持续发展面临着严峻挑战。产业作为人地关系中的中介，通常与技术进步、文明形态的变更紧密连接（丁建军等，2018），是推动乡村可持续发展的关键要素。基于山区资源环境禀赋优势的特色产业，将山区的自然资源、劳动力、村落、生态等物质要素和精神要素相结合，形成了不可分割的有机整体，不仅有助于提高山区农户的收入，更对山区社会发展及生态环境改善起到促进作用，被视为实现山区可持续发展的关键手段。

在经济维度，特色产业对农户收入增长和区域经济发展起着显著影响，其通过挖掘并推广地方特色农产品种植等，形成地方品牌与产业体系，提高农地产出效益，促进经济可持续发展。具体来看，特色产业可通过培育具有较强带动能力的龙头企业、农民合作社等经营主体，带动农户参与发展，增强农户和区域的自我发展能力。同时，还可通过一、二、三产业的融合发展完善农业体系，优化产业结构，例如在传统农业的基础上，衍生出观光、休闲、度假等产业形态，打造区域品牌产品，从而促进农民增收和区域经济发展（图10-1）。

在社会维度，特色产业可带动资金流、商流、技术流和人才逐渐向农村集聚，通过构建完善的社会化服务体系，如农业采摘、运输、电商销售等，增加大量临时性、季节性和长期的就业机会，并为农户提供免费的技能培训等服务以提高劳动力专业水平（杨槿等，2020）。同时，发展特色产业有助于针对性地增加公共投资，完善乡村基础服务设施和公共服务设施，驱动城乡统筹发展，增强乡村地区的吸引力和发展潜力（钟漪萍等，2020）。此外，特色产业还可传承历史文化、民俗习惯等，在保护文化的同时提高区域知名度、增强社会凝聚力（朱启臻，2018）。

在环境维度，农林特色产业具有净化空气、水源涵养、防风固沙、废物处理、生物多样性保护等生态价值，在某种程度上，特色农林业可使自然资源系统得到修复和强化，实现生态环境资源的服务和供给价值。其生产要素本身就是构成生态环境的主体因子，对生存环境的改善、保持生物多样性、防治自然灾害，为二、三产业的正常运行和分解消化其排放物产生的外部负效用等，具有积极的、重大的正效用。同时，特色新兴产业如康养、乡村旅游等需要配置生态景观资源，从而推动了乡村生活垃圾治理、生活污水处理、村容村貌整治以提高景观化水平（图10-1）。

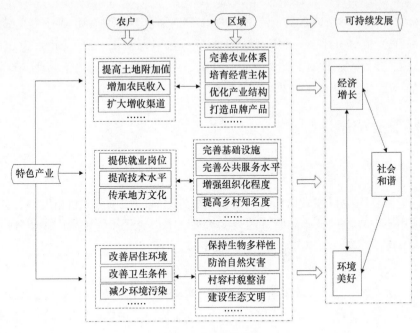

图 10-1 分析框架

10.2 数据与方法

10.2.1 数据来源

临沧不仅是世界茶树和茶文化起源中心,也是普洱茶原产地和滇红茶、大叶种蒸青绿茶的诞生地。茶树是临沧森林中的主要树种,古茶树群落在境内均有分布,现已发现的野生古茶树群落有 53333hm²,百年以上栽培型古茶园 7333 hm²。目前,临沧市获国家生产许可的茶叶加工企业有 277 家,茶叶初制所 4896 个。2021年,全市栽培茶园种植面积 115600 hm²,占全国的 3.2%;毛茶产量 15.38 万 t,其中,红茶 3.33 万 t、普洱茶原料晒青毛茶 10.59 万 t;茶叶产业综合产值达 257.91亿元;茶农达 140 万人,占全市总人数的 62.7%。

本研究使用的数据主要来源于:①人口、GDP、居民可支配收入等数据来自历年《中国县域统计年鉴》(2011~2021 年)和临沧市各县域统计公报(2010~2020 年)。②茶叶产量及面积、农业产值、乡村从业人员、初中巩固率等数据来源于临沧市农业农村局、教育局等相关部门。③30m 空间分辨率的数字高程模型

DEM，来源于地理空间数据云[①]。④NDVI 数据来自美国航天局（NASA）提供的 2010～2020 年 MOD13A1 数据产品[②]，时间分辨率为 16d，空间分辨率为 250 m。使用 MRT 批处理软件对原始数据进行裁剪、拼接及投影转换等预处理，形成 1～12 月的 NDVI 平均值来表征年 NDVI 值。

10.2.2 研究方法

1. 固定效应模型

考虑到样本数量和数据结构，为了更好地兼顾回归模型的自由度及各县茶产业发展中不可观测的、不随时间改变的特征，本研究采用固定效应模型分析茶产业对 SDGs 的影响（丁建军，2021），模型设定如下：

$$y_{it} = \beta_{0i} + \beta_1 X_{it} + M\beta + \mu_i + \varepsilon_{it} \tag{10-1}$$

式中，i 表示地区，t 表示年份，y_{it} 为被解释变量，X_{it} 为解释变量。β_0 表示截距项，μ_i 是各样本县自身不随时间变化的特征，β_1 是模型关键解释变量的估计参数，表示为每增加一单位的茶叶发展水平，相应的 y 将变化 β_1 个单位。ε_{it} 为随机扰动项。

2. 变量选择

基于区域资源禀赋优势的特色产业，不仅有助于促进山区农民增收，更有助于山区社会和环境的可持续发展（杨志良，2021）。其中，发展特色产业不仅有利于提高农业产值、拓宽农民增收渠道，更极大地帮助了贫困人口摆脱贫困，从而提高脱贫率和经济发展水平（Zada et al.，2019）。作为劳动密集型行业，因其乡村根植性与农户就近就业的需求相契合，特色产业的发展也可为劳动力在乡村就业提供机遇和平台（钟漪萍等，2020），增加乡村从业人数。在其发展过程中，乡村基础设施水平及与外界互联互通的能力不断加强，这也为农村经济社会发展转型、缩小城乡差距奠定了坚实的基础（王瑞峰，2022）。与此同时，种植茶叶、坚果等特色经济作物也会提高植被覆盖度、改善空气质量等，为生态环境的保护做出积极贡献（Baxter and Calvert，2017）。此外，自然环境和自然资源禀赋为区域可持续发展奠定了宏观基础；高素质的劳动力为区域可持续发展提供着关键性保

---

①http://www.gscloud.cn.
②https://ladsweb.modaps.eosdis.nasa.gov.

障；优良的公共服务及基础设施则为区域可持续发展提供着有力支撑；优化经济结构也是促进区域可持续发展的重要举措。

鉴于此，本研究以茶产业发展水平为解释变量，以 2030 可持续发展目标中的 SDG1（无贫困）、SDG2（零饥饿）、SDG3（良好的健康与福祉）、SDG8（体面工作和经济增长）、SDG10（减少不平等）和 SDG15（保护生态系统）的本地化指标为被解释变量，以人均林地面积表征自然资源禀赋、以每千人医疗机构床位数表征公共服务水平、以第一产业占 GDP 比重表征经济结构、以乡村劳动力数量及高中少数民族在校学生比例表征劳动力素质，将人均林地面积、乡村劳动力数量、以每千人医疗机构床位数、第一产业占 GDP 比重和高中少数民族在校学生比例作为控制变量，分析茶产业对 SDGs 的作用。其中，茶叶发展水平用茶叶产量、茶叶产值这 2 个指标衡量，首先，使用极差标准化法对指标进行标准化处理，其次，利用等权重法为指标赋权重，从而计算每个县的茶叶发展水平指数（表 10-1）。

表 10-1　变量的描述性统计

维度	变量	均值	标准差	最小值	最大值
经济	SDG1.1.1 农村居民可支配收入/元	7751.09	3094.62	2750	12622
	SDG 2.3.1 农业生产值/万元	203355.1	140145.7	65763	811700
	SDG 8.4.1 GDP/万元	63.77	35.82	12.66	170.2
社会	SDG1.2.1 脱贫率/%	42.38	34.51	9.26	100
	SDG 1.4.1 村路公路硬化率/%	70.86	20.06	26.65	95.02
	SDG 2.1.1 农村居民恩格尔系数	0.46	0.16	0.19	0.68
	SDG3.2.1 5 岁以下儿童死亡率/%	2.61	1.58	0.73	11.36
	SDG 8.5.1 乡村从业人数/人	155682.9	61081.74	78145	254185
	SDG 10.1.1 城乡可收入支配比/%	3.04	0.83	2.38	5.66
环境	SDG 15.1.1 森林面积占陆地总面积的比例/%	65.56	6.42	48.32	76.19
	SDG 15.4.2 植被覆盖度 NDVI	0.69	0.05	0.5	0.78
茶产业	茶叶产量/t	132124.9	85712.03	26000	381000
	茶叶产值/万元	30594.45	61272.05	3008	560000
	茶叶种植面积/hm²	11727.51	4871.464	5070	23733
自然资源禀赋	人均林地面积/亩	4.15	5.20	0.32	16.61
公共服务水平	每千人口医疗卫生机构床位数/个	4.29	3.49	1.14	25.87
经济结构	第一产业占 GDP 比重/%	0.5	0.13	0.21	0.98
劳动力素质	乡村劳动力资源数量/个	157309	60400.09	80588	265132
	高中少数民族在校学生比例/%	46.37	19.50	19.26	90.83

注：1 亩=666.7m²。

10.3 茶产业对 SDGs 的影响

10.3.1 茶产业的时空分布特征

临沧是较适宜茶叶规模化、工业化、机械化、标准化生产的地区，以及具有开发潜力和投资价值的茶叶生产基地。作为全国最大的茶叶主产区之一，截至 2020 年末，茶园面积达 11.01 万 hm^2，茶叶产量达 14.43 万 t。2010~2020 年临沧市茶叶种植面积和产量呈显著增加趋势。其中，茶叶种植面积由 2010 年的 85583 hm^2 增长至 2020 年的 110091 hm^2，增幅为 28.64%。2010~2020 年茶叶种植面积的年均增长率呈波动上升趋势 [图 10-2（a）]；茶叶产量由 2010 年的 59392t 增长至 2020 年的 144259t，增幅为 142.89%。2010~2020 年茶叶产量的年均增长率呈波动下降趋势 [图 10-2（b）]。这表明在区域产业政策的推进下，临沧茶园种植面积不断快速上升，但茶叶产量的增速却逐渐缓慢。原因可能在于，茶产业作为临沧的特色产业，近年来一直是农户维持生计的主要来源，在脱贫攻坚、乡村振兴政策的带动下茶园面积和茶叶产量不断扩大。但部分茶叶种植区为山区和丘陵，分布较散，生产通道、水利浇灌设施投入不足，茶园管理机械化程度低，加之消费者对名山茶的追捧，导致部分茶园处于弃采和半弃采状态，茶叶产量的增速逐渐放缓。

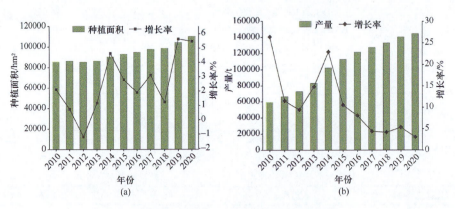

图 10-2 临沧市茶叶种植面积和产量

为了解临沧市茶产业的时空分布特征，选取 2010 年、2015 年和 2020 年县级尺度的茶叶种植面积和茶叶产量，利用 ArcGIS 软件，采用自然断点法划分为低值区、较低值区、中值区、较高值区和高值区。2010~2020 年临沧市茶叶种植面积的空间分布变化较明显，总体呈"东高西低"的分布态势。其中，高值县区比例变化较大，由 2010 年的 12.5%增长至 2020 年的 50%，主要由东北部的凤庆县向南逐渐延伸至临翔区、双江县，呈带状分布。而低值区比例稳定不变，主要分布在西部的镇康县。2010~2020 年临沧市茶叶产量总体呈"北高南低"的分布特征，空间格局变化较大。其中，高值县区比例由 2010 年的 12.5%增长至 2020 年的 25%，主要分布在东北部的凤庆县和云县；较高值县区比例由 0%增长至 50%。主要分布在中部地区的永德县、耿马县、双江县和临翔区，呈团状分布。总体来看，2010~2020 年临沧市茶叶种植面积和产量的高值区在凤庆县，低值区在镇康县。主要原因在于凤庆县素有"世界滇红茶乡"之称，该县有 75441 户农户 33.45 万人从事茶叶产业，茶农户均收入 1.81 万元。2021 年，凤庆滇红茶产业联盟成立，有效管控茶园面积 21666hm^2，与 133 个茶叶初制所建立利益联结机制。而镇康县虽有着得天独厚的优质茶叶资源，但由于宣传不到位，缺乏龙头企业带动，品牌效应得不到发挥，当前，镇康县已获"SC"质量生产安全许可认证的茶叶企业仅 4 户。

10.3.2　茶产业对 SDGs 的影响

方差膨胀因子（variance inflation factor，VIF）检验结果表明，所有变量的 VIF 值均小于 10，说明模型的解释变量不存在严重的多重共线性问题。结果显示（表 10-2），茶产业对 SDG1.1.1、SDG1.2.1、SDG2.1.1、SDG2.3.1、SDG8.4.1、SDG8.5.1 和 SDG15.1.1 有显著正向影响，均通过了 1%、5%或 10%的显著性检验。

具体而言，在经济维度，茶产业与 SDG1.1.1 农村人均可支配收入、SDG2.3.1 农业总产值和 SDG8.4.1GDP 存在显著的正相关关系。茶产业发展水平每增加 1%，其分别增长 1.30%、0.76%和 1.28%。可见，相较于传统产业，茶产业作为高附加值的特色经济作物，撬动并释放了乡村的土地、资本与劳动力，一定程度上消除了导致山区农村贫困的各种人、地、业障碍性因素，使得其所依附土地实现快速商品化，有效提升了农户的收入及农业总产值，从而促进区域经济发展。Baxter 和 Calvert（2017）也指出可可、棉花、棕榈树与橡胶等特色经济作物的产业化种植是南亚、东南亚、西非与拉丁美洲等区域经济增长的方式之一。

在社会维度，茶产业与 SDG1.2.1 脱贫率、SDG2.1.1 农村居民恩格尔系数和 SDG8.5.1 乡村从业人数存在显著的正相关关系，茶产业发展水平每增加 1%，其分别增长 0.77%、0.63%和 0.001%。这表明特色产业作为产业扶贫手段推行的政治经济运行机制，为农户提供了更多的就业机会，对山地乡村贫困减缓与农民可持续生计建立起到了重要作用。但茶产业对 SDG 1.4.1 村路公路硬化率、SDG3.2.1 5 岁以下儿童死亡率、SDG10.1.1 城乡可收入支配比影响不显著。这表明，临沧市茶产业的发展对提高区域基础设施水平、完善公共服务，以及城乡统筹发展的贡献较小。原因可能在于临沧市山地茶园较多且分布局散，存在基础设施建设不到位的情况，同时，茶产业专业合作组织发展缓慢、组织化程度较低，龙头企业总体规模较小，辐射带动作用没有完全发挥，一家一户的独立生产模式仍是茶叶生产的主体，导致产品质量安全难以控制，降低了产业发展水平。

在环境维度，茶产业对 SDG 15.1.1 森林面积占陆地总面积的比例起到正向影响，茶产业发展水平每增加 1%，其可增长 0.04%，主要原因在于茶树作为临沧市的主要树种，种植面积的增加可有效提高森林覆盖度，且目前种植的茶树普遍较矮，具有较强的保持水分、调节小气候的功能。这表明特色经济作物的种植作为促进区域经济增长的重要手段，能够促进山区乡村整体自然资源的经济价值与生态整体价值的耦合。Bukomeko 等（2019）也指出如果设计和管理得当，种植茶叶等作物还可以保护生物多样性以及适应和减缓局部气候变化。

表 10-2　面板固定效应模型估计结果

变量	模型 1 SDG1.1.1	模型 2 SDG1.2.1	模型 3 SDG2.1.1	模型 4 SDG2.3.1	模型 5 SDG8.4.1	模型 6 SDG8.5.1	模型 7 SDG15.1.1
茶叶发展水平	1.30***	0.77**	0.63***	0.76***	1.28***	0.001*	0.04***
	(5.75)	(3.58)	(5.25)	(7.67)	(9.71)	(1.79)	(4.69)
人均林地面积	0.02***	0.04***	0.02***	0.003	0.005*	0.004**	−0.001
	(5.51)	(10.81)	(7.10)	(1.48)	(1.73)	(2.94)	(−0.75)
乡村劳动力资源	0.48	3.00**	−0.84	1.3*	1.22	0.13**	−0.04
	(0.777)	(1.85)	(−0.93)	(1.75)	(1.23)	(2.65)	(−0.57)
每千人口医疗卫生机构床位数	0.12	0.19*	0.03	0.03	0.48***	0.003	0.004
	(1.38)	(2.4)	(0.6)	(0.81)	(9.45)	(1.20)	(1.09)
第一产业占 GDP 比重	−0.69***	0.22	−0.35**	0.18**	0.32**	0.02***	−0.003
	(−3.65)	(1.26)	(−3.4)	(2.11)	(2.88)	(4.16)	(−0.04)
高中少数民族在校学生比例	0.27	−0.21	−0.68**	0.41	0.29	0.005	0.03
	(0.4)	(−0.34)	(−1.88)	(1.37)	(0.73)	(0.27)	(1.08)
地区固定效应	控制	控制	控制	控制	控制	控制	控制
Adjust R²	0.77	0.85	0.76	0.79	0.95	0.99	0.65

注：*$p<0.1$，** $p<0.05$，*** $p<0.01$；括号中为 t 统计量。

1）稳健性检验

本研究进一步开展稳健性检验。首先，为避免实证结果因选择特定变量而出现偶然现象，运用替换变量法将茶叶产量替换为茶叶种植面积。其次，为了排除估计方法对回归结果的影响，选用混合效应模型最小二乘估计（ordinary least squares，OLS）对结果进行检验，回归结果如表 10-3、表 10-4 所示，茶产业对 SDG1.1.1、SDG1.2.1、SDG2.1.1、SDG2.3.1、SDG8.4.1、SDG8.5.1 和 SDG15.1.1 仍然存在显著的正向影响，认为通过了稳健性检验。

表 10-3　稳健性检验回归结果

变量	模型 1 SDG1.1.1	模型 2 SDG1.2.1	模型 3 SDG2.1.1	模型 4 SDG2.3.1	模型 5 SDG8.4.1	模型 6 SDG8.5.1	模型 7 SDG15.1.1
茶叶发展水平	0.79***	0.66**	0.38**	0.73***	0.85***	0.096***	0.03***
	(2.69)	(2.62)	(2.5)	(5.78)	(4.12)	(7.32)	(2.95)
人均林地面积	0.03***	0.05***	0.02***	0.003	0.007**	0.008	−0.006
	(5.42)	(10.60)	(6.89)	(1.58)	(2.09)	(1.08)	(−0.33)
乡村劳动力资源	1.02	3.26*	−0.58	1.54*	0.74	0.06	−0.02
	(0.52)	(1.95)	(−0.57)	(1.86)	(1.29)	(1.21)	(−0.32)
每千人口医疗卫生机构床位数	0.21**	0.24**	0.07	0.07	0.56***	0.002	0.006
	(2.13)	(2.86)	(1.38)	(1.65)	(8.34)	(1.18)	(1.72)
第一产业占 GDP 比重	−0.88***	0.12	−0.43***	0.07	0.50**	0.07**	−0.06
	(−4.03)	(0.64)	(−3.82)	(0.73)	(3.32)	(2.36)	(−0.76)
高中少数民族在校学生比例	0.74	−0.64	−0.91**	0.05	0.22	0.11***	0.009
	(0.92)	(−0.92)	(−2.15)	(0.17)	(0.39)	(2.68)	(0.3)
地区固定效应	控制	控制	控制	控制	控制	控制	控制
Adjust R²	0.69	0.82	0.73	0.85	0.89	0.99	0.80

注：*$p<0.1$，**$p<0.05$，***$p<0.01$；括号中为 t 统计量。

表 10-4　混合 OLS 模型检验结果

变量	模型 1 SDG1.1.1	模型 2 SDG1.2.1	模型 3 SDG2.1.1	模型 4 SDG2.3.1	模型 5 SDG8.4.1	模型 6 SDG8.5.1	模型 7 SDG15.1.1
茶叶发展水平	0.76***	0.64**	0.39**	0.52***	0.91***	0.55**	0.03***
	(4.59)	(4.31)	(4.50)	(6.63)	(6.95)	(2.55)	(5.50)
人均林地面积	0.04***	0.05***	0.02***	0.007***	0.009**	0.018	−0.001
	(9.50)	(15.17)	(10.39)	(4.02)	(3.18)	(4.01)	(−0.87)

变量	模型 1 SDG1.1.1	模型 2 SDG1.2.1	模型 3 SDG2.1.1	模型 4 SDG2.3.1	模型 5 SDG8.4.1	模型 6 SDG8.5.1	模型 7 SDG15.1.1
乡村劳动力资源	0.47	0.11	−0.66**	0.53**	2.47***	0.45	−0.12
	(1.07)	(0.29)	(−2.88)	(2.56)	(7.14)	(0.86)	(−7.5)
每千人口医疗卫生机构床位数	0.006	0.13**	0.003	0.07**	0.51***	0.01	0.01***
	(0.09)	(2.06)	(0.08)	(2.03)	(9.38)	(0.13)	(4.05)
第一产业占 GDP 比重	−0.45***	0.15	−0.21**	0.28**	−0.07**	0.18	−0.004
	(−2.49)	(0.95)	(−2.32)	(3.34)	(−0.48)	(0.84)	(−0.59)
高中少数民族在校学生比例	0.03	−0.05	0.03	0.009	0.16	0.12	0.01***
	(0.28)	(−0.68)	(0.56)	(0.21)	(2.14)	(0.21)	(3.95)
Adjust R^2	0.73	0.84	0.72	0.70	0.87	0.99	0.88

注：** $p<0.05$，*** $p<0.01$；括号中为 t 统计量。

2）异质性分析

由于各地区的经济发展水平存在较大差异，茶产业的发展对区域可持续发展目标进展的影响效应也可能存在区域性差异，因此，本研究进一步探究茶产业在不同经济发展水平地区对可持续发展目标的驱动作用。采用 GDP 表征经济发展水平，并以均值为界把总样本划分为高、低两组。

结果显示，茶产业在不同经济水平的地区对可持续发展目标的影响存在差异（表 10-5、表 10-6），在经济维度，茶产业在经济发展低水平地区对 SDG1.1.1 农村人均可支配收入的影响（2.91）显著大于经济发展高水平地区（1.15），而对 SDG2.3.1 农业总产值和 SDG8.4.1 GDP 则相反。这表明茶产业在经济发展水平较低地区对农户收入的促进作用更强，但在经济发展水平较高地区对农业总产值和 GDP 的促进作用更强。对于经济发展较好的地区，其通过科技创新、资金支持、建立品牌等手段，促进茶产业快速发展，而经济发展较差区域约束着茶产业发展，但可为贫困农户提供增收渠道，提高人均收入。

在社会维度，茶产业在经济发展低水平地区对 SDG1.2.1 脱贫率、SDG2.1.1 农村居民恩格尔系数和 SDG8.5.1 乡村从业人数的影响显著大于经济发展高水平地区，茶产业发展水平每增加 1%，其分别增长 0.6%、1.07%和 0.05%。原因可能在于，临沧将茶产业作为重要的扶贫产业在贫困地区推广，探索了"公司+合作社+基地+农户+贫困户""茶叶协会+党支部+农户+贫困户""茶叶大户带贫困户"等多种茶叶助推脱贫攻坚机制。同时，茶产业的发展促使茶山上原本仅仅被本地茶农雇佣采茶的外地劳工移民及原本没有茶树资源的贫困户成为了茶叶的生产者（尹铎和朱竑，2022）。由此可见，茶产业的发展可促进经济发展低水平地区的农户脱贫致富，是重要的减贫手段之一。

在环境维度，茶产业在经济发展高水平地区对 SDG 15.1.1 森林面积占陆地总面积的比例的影响大于经济发展低水平地区。这表明经济发展水平较高的地区，对茶树资源的利用也更强，且其从狭隘的"土地资源"拓展到了整体的"自然资源"，更注重乡村社会经济系统与自然系统的和谐统一，实现了在发展中保护的绿色发展要求。而某些经济发展水平较低区域，虽拥有良好的生态环境及特色的农林牧等标志性产品，但由于缺少产品的文化支撑和科技赋能，无法形成经济实力推动区域经济发展。因此，在国家乡村振兴战略的指引下，可从农产品及乡村社会文化等方面入手，探索当地发展潜力，通过对特色地理产品的生态保护，将绿水青山变成金山银山，带动区域可持续发展。

表 10-5　分样本回归结果（1）

变量	SDG1.1.1		SDG1.2.1		SDG2.1.1		SDG2.3.1	
	低	高	低	高	低	高	低	高
茶叶发展水平	2.91**	0.6***	1.07**	0.25	0.25	0.83***	0.6***	0.89**
	(3.52)	(1.12)	(3.59)	(1.17)	(1.17)	(5.42)	(1.12)	(2.45)
控制变量	控制	控制	控制	控制	控制	控制	控制	控制
地区固定效应	控制	控制	控制	控制	控制	控制	控制	控制
Adjust R²	0.84	0.87	0.89	0.66	0.66	0.92	0.87	0.90

注：** $p<0.05$，*** $p<0.01$；括号中为 t 统计量。

表 10-6　分样本回归结果（2）

变量	SDG8.4.1		SDG8.5.1		SDG15.1.1	
	低	高	低	高	低	高
茶叶发展水平	1.07**	0.6***	0.02*	0.02*	0.02*	0.04***
	(3.59)	(1.12)	(0.76)	(0.76)	(0.76)	(4.53)
控制变量	控制	控制	控制	控制	控制	控制
地区固定效应	控制	控制	控制	控制	控制	控制
Adjust R²	0.89	0.87	0.89	0.89	0.89	0.83

注：* $p<0.1$，** $p<0.05$，*** $p<0.01$；括号中为 t 统计量。

10.4 茶产业助推 SDGs 的实现路径

10.4.1 构建茶叶全产业链

临沧市茶产业链覆盖种植、加工、销售、旅游、服务等行业，产业基础面广而不厚，产业的高附加值潜力未得到释放。对此，可构建茶叶全产业链，坚持"大品牌、大企业、大市场"的发展思路，突出打造区域公用品牌、培育领军龙头企业、促进茶产业转型升级。在生产环节，应科学划定茶叶种类的生产优势区，完善田间道路、蓄排设施、电力设备等配套设施。同时，应大力开展农业科技培训，壮大高素质农民队伍；在加工环节，抓好龙头企业培育，加强茶叶基地标准化建设、初加工及精深加工标准化生产、产品研发等。可建设茶叶精深加工中心，引进先进的生产技术，加快推进新式茶饮、含茶食品、茶元素化妆品等产品的研发与生产。在流通环节，以构建商贸流通网络为重点，支持开展绿色、有机、地理标志农产品认证，可围绕昔归古树茶文化、马帮文化主题，打造地域特色鲜明、产品特性突出的区域公用品牌，并积极推进线上线下相结合的销售方式。同时，应积极推动茶旅融合发展，根据核心吸引物和依托物不同，构建多样的茶旅融合发展模式，例如，产品依托型、体验依托型和活动依托型等（图10-3）。

10.4.2 推动茶产业数字化

临沧市茶产业大多以分散化和粗放化经营为主，产品质量参差不齐，一定程度上导致茶叶品牌建设较为薄弱，发展受阻。对此，应支持互联网、物联网、大数据等数字技术在茶产业的广泛应用，加大科技支撑产业发展力度。首先，可通过现代"产业互联网"技术，构建多维度场景的特色茶产业链，如"种植、生产、包装、物流、分销、文旅"产业链，使得顾客可以在网络平台及时查看茶叶的生长情况、生产环境等。其次，可通过开设数字化茶厂推动茶叶生产标准化，使茶叶从鲜叶摊青、杀青到自动烘干这一生产线实现从靠人工控制向自动控制转变，茶叶加工全程实现智能化、连续化、标准化、规模化和清洁化。此外，还可开发茶产业相关的应用，形成茶叶数字资产和价值链，例如，构建基于国内国际茶叶的"市场数据、供给数据、销售数据、消费数据、客户数据、金融数据、信用数据"等细分行业的大数据商业应用，或构建茶叶从农户种植到生产物流、从分销到消费的全过程分布式数据记录的商业应用,实现可持续发展目标综合评估与可视化,为区域可持续发展提供决策支持(图 10-3)。

10.4.3　建设绿色生态茶园

当前,临沧市茶园生态价值实现路径单一,生态水平与经济效益未实现挂钩,且有机茶园的比例较低,绿色种植水平难以符合茶叶市场消费升级的要求。因此,可构建绿色生态茶园以进一步提高生态价值,首先,应优化茶园内部物种结构,构建山地立体茶园,合理配置生态位,从而营造良好的生态环境,保持水土和改良土壤。同时,积极推广绿色科学的技术模式,适当选用茶叶专用肥、有机肥,禁用生长调节剂等。并深入茶区进行科学防治茶树病虫害的技术培训,引导茶农使用"高效、低毒、低残留"的新型更替农药和生物农药。此外,还可以依靠科技创新建设智慧管理茶园,应用茶园气象监测预警技术和方法,如环境实时监测与防冻预警系统、监测茶园空气温、湿度和土壤水分含量的无线传感器网络节点与网络系统,物联网技术对茶叶生长过程中环境因素,病虫害发生情况等信息进行采集,建立茶叶生长信息库,及时对病虫害的暴发进行预警等(图 10-3)。

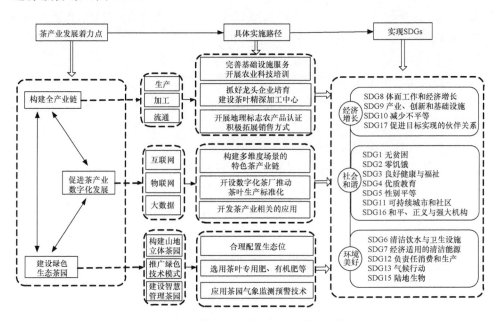

图 10-3　茶产业助推 SDGs 的实现路径

10.5 结论与展望

本研究以国家可持续发展议程创新示范区临沧市为例，在分析 2010~2020 年临沧市茶产业时空分布特征的基础上，运用面板固定效应模型分析茶产业对 SDGs 的影响，探讨了可持续发展背景下茶产业助推 SDGs 实现的具体实施路径。得出以下结论：

（1）2010~2020 年临沧市茶叶种植面积和茶叶产量均呈显著增加趋势。其中，茶叶种植面积总体呈"东高西低"的分布态势，茶叶产量总体呈"北高南低"的分布态势，空间格局变化较大。

（2）发展茶产业有助于临沧市经济、社会、环境维度部分可持续发展目标的实现。在具体目标中，茶产业对 SDG1.1.1 农村居民可支配收入、SDG1.2.1 脱贫率、SDG2.1.1 农村居民恩格尔系数、SDG2.3.1 农业总产值、SDG8.4.1GDP、SDG8.5.1 乡村从业人数、SDG 15.1.1 森林面积占陆地总面积的比例均有显著的正向影响。

（3）临沧市茶产业在不同经济水平区域对可持续发展目标的影响存在差异。其中，茶产业在低经济发展水平地区对 SDG1.1.1 农村人均可支配收入、SDG1.2.1 脱贫率、SDG2.1.1 农村居民恩格尔系数和 SDG8.5.1 乡村从业人数的影响显著大于高经济发展水平区域，而在高经济发展水平地区对 SDG2.3.1 农业总产值、SDG8.4.1GDP 和 SDG 15.1.1 森林面积占陆地总面积的比例的影响显著大于低经济发展水平地区。

（4）未来，临沧市可依据茶产业发展优势，以构建全产业链、推动茶产业数字化，以及建设绿色生态茶园为着力点，促进社会、经济和环境协同发展，从而助推 SDGs 的实现。

特色产业作为乡村振兴的关键，对经济增长、社会和谐和生态环境均具有积极的促进作用。本研究以茶产业为例，在分析临沧市茶产业时空分布特征的基础上，开展了特色产业对欠发达山区实现 SDGs 的作用，但限于资料的可得性，仅分析了茶产业对部分 SDGs 的贡献，未系统分析茶产业对 SDGs 的作用过程与作用机理。未来，将深入开展特色产业与 SDGs 的内在逻辑及其作用机制研究，进一步为山区乃至世界快速实现 SDGs 提供借鉴。

参 考 文 献

程清平, 钟方雷, 左小安, 等. 2020. 美丽中国与联合国可持续发展目标(SDGs)结合的黑河流域水资源承载力评价. 中国沙漠, 40(1): 204-214.

丁建军, 王璋, 余方薇, 等. 2021.精准扶贫驱动贫困乡村重构的过程与机制: 以十八洞村为例. 地理学报, 76(10): 2568-2584.

卢善龙, 贾立, 蒋云钟, 等. 2021.联合国可持续发展目标 6(清洁饮水与卫生设施)监测评估: 进展与展望. 中国科学院院刊, 36(8): 904-913.

马彩虹, 袁倩颖, 文琦, 等. 2021.乡村产业发展对农户生计的影响研究: 以宁夏红寺堡区为例. 地理科学进展, 40(5): 784-797.

邵超峰, 陈思含, 高俊丽, 等. 2021. 基于 SDGs 的中国可持续发展评价指标体系设计.中国人口·资源与环境, 31(4): 1-12.

王红帅, 李善同. 2021. 可持续发展目标间关系类型分析. 中国人口·资源与环境, 31(9): 154-160.

王睦欣, 庞德良. 2019. 乡村经济多元化发展及其推进路径研究. 经济纵横, (12): 116-123.

王鹏龙, 高峰, 黄春林, 等. 2018. 面向SDGs的城市可持续发展评价指标体系进展研究. 遥感技术与应用, 33(5): 784-792.

王瑞峰. 2022. 乡村产业高质量发展的影响因素及形成机理: 基于全国乡村产业高质量发展"十大典型"案例研究. 农业经济与管理, (2): 24-36.

吴大放, 胡悦, 刘艳艳, 等. 2020. 城市开发强度与资源环境承载力协调分析: 以珠三角为例. 自然资源学报, 35(1): 82-94.

吴娜琳, 李立 李二玲, 等. 2018.特色种植的空间持续性及其影响因素研究: 以河南省封丘县树莓产业为例. 地理科学, 38(3): 428-436.

杨槿, 徐辰, 朱竑. 2020. 本土产业发展视角下的乡村地方性重构: 基于阳美玉器产业的文化经济地理分析. 地理科学, 40(3): 374-382.

杨亚东, 罗其友, 伦闰琪, 等. 2020.乡村优势特色产业发展动力机制研究: 基于系统分析的视角. 农业经济问题, (12): 61-73.

尹铎, 朱竑. 2022. 云南典型山地乡村农业扶贫的机制与效应研究: 以特色经济作物种植为例. 地理学报, 77(4): 888-899.

郑志来. 2018. "互联网+"视角下民族地区特色产业精准扶贫发展路径创新. 当代经济管理, 40(7): 35-39.

钟漪萍, 唐林仁, 胡平波 . 2020. 农旅融合促进农村产业结构优化升级的机理与实证分析: 以全国休闲农业与乡村旅游示范县为例. 中国农村经济, (7): 80-98.

朱启臻. 2018.乡村振兴背景下的乡村产业: 产业兴旺的一种社会学解释.中国农业大学学报(社会科学版), 35(3): 89-95.

Ahirwal J, Sahoo U K, Thangjam U, et al. 2022. Oil palm agroforestry enhances crop yield and ecosystem carbon stock in northeast India: Implications for the United Nations sustainable development goals. Sustainable Production and Consumption, 30: 478-487.

Baxter R E, Calvert K E. 2017. Estimating available abandoned cropland in the United States: Possibilities for energy crop production. Annals of the American Association of Geographers, 107(5): 1162-1178.

Bukomeko H, Jassogne L, Tumwebaze S B, et al. 2019. Integrating local knowledge with tree diversity analyses to optimize on-farm tree species composition for ecosystem service delivery in coffee agroforestry systems of Uganda. Agroforestry Systems. 93: 755-770.

Cristóbal J, Ehrenstein M, Domínguez-Ramos A, et al. 2021. Unraveling the links between public spending and Sustainable Development Goals: Insights from data envelopment analysis. Science of the Total Environment, 786(2): 147459.

Gerlitz J Y, Macchi M, Brooks N, et al. 2017.The multidimensional livelihood vulnerability index: An instrument to measure livelihood vulnerability to change in the Hindu Kush Himalayas. Climate and Development, 9(2): 124-140.

Hilson G, Maconachie R. 2020.Artisanal and small-scale mining and the Sustainable Development Goals: Opportunities and new directions for sub-Saharan Africa. Geoforum, 111: 125-141.

Jahan H, Rahman M W, Islam M S, et al. 2022.Adoption of agroforestry practices in Bangladesh as a climate change mitigation option: Investment, drivers, and SWOT analysis perspectives. Environmental Challenges, 7: 100509.

Khanal U, Wilson C, Rahman S, et al. 2021.Smallholder farmers' adaptation to climate change and its potential contribution to UN's sustainable development goals of zero hunger and no poverty. Journal of Cleaner Production, 281: 124999.

Knickel K, Maréchal A. 2018.Stimulating the social and environmental benefits of agriculture and forestry: An EU-based comparative analysis. Land Use Policy, 73: 320-330.

Liu X X, Zhao W W, Liu Y X, et al. 2022. Contributions of ecological programs to sustainable development goals in Linzhi, over the Tibetan Plateau: A mental map perspective. Ecological Engineering, 176: 106532.

Ofosu G, Sarpong D. 2022. Mineral exhaustion, livelihoods and persistence of vulnerabilities in ASM settings. Journal of Rural Studies, 92: 154-163.

Santika T, Wilson K A, Law E A, et al. 2021.Impact of palm oil sustainability certification on village well-being and poverty in Indonesia. Nature Sustainability, 4: 109-119.

The General Assembly of the United Nations. 2015.Transforming our world: the 2030 agenda for sustainable development.

Wood S L R, Jones S K, Johnson J A, et al. 2018. Distilling the role of ecosystem services in the Sustainable Development Goals. Ecosystem Services, 29: 70-82.

World Commission on Environment and Development (WCED). 1987. Our common future. Oxford: Oxford University Press.

Wu X T, Fu B J, Wang S, et al. 2022. Decoupling of SDGs followed by re-coupling as sustainable development progresses. Nature Sustainability, 5(5): 452-459.

Yin C C, Zhao W W, Pereira P. 2022.Soil conservation service underpins sustainable development goals. Global Ecology and Conservation, 33: e01947.

Zada M, Shah S J, Yukun C. et al. 2019.Impact of small-to-medium size forest enterprises on rural livelihood: Evidence from Khyber-Pakhtunkhwa, Pakistan. Sustainability, 11: 2989.